I AM GOING BACK TO WEAR THAT BALL & CHAIN

다시 노예로 살고 싶지 않습니다

내 아들 현에게

신노예 Δοῦλος Νέος

최성환

앤길

자신도 모르는 사이에 노예가 되어 있고 싶지 않다면

깨어 있으라, 잠에 취하지 말고 깨어 있으라

부자들은 그다지 비싸지 않은 계란조차도, 만약의 사태를 대비하여 세 바구니에 나누어 담는다고 한다. 심지어 필요가 없게 된 물건들까지도 만약을 위해 따로 보관해 둔다. 평범한 일반인들은 개별적으로 박물관을 지어서 유지할 능력이 없지만 부자들은 자신들의 가문家門의 박물관을 지어서 온갖 것을 보관하기도 하고 필요할 때에는 다시 꺼내 사용할 수도 있다.

조선왕조실록朝鮮王朝實錄은 춘추관, 충주, 전주, 성주의 네 곳의 사고史庫에 분산해서 보관할 정도로 철저한 조치를 취했음에도 자주 소실되자, 태백산, 묘향산, 마니산, 오대산 등의 깊은 산속에까지 실록들을 피신시키게 된다. 600여 년간의 절박한 보존 노력에도 불구하고 지금 남아있는 실록들은 완벽한 한 벌이 안 될 정도이다.

평범한 일개 개인도 아니요, 500년 왕조를 유지한 최고 권력자들에 관한 기록임에도 말이다.

평범한 사람들은 이런저런 사정으로 이리저리 이사를 하다보면, 귀중한 집안 물품들을 하나둘씩 잃어버리게 마련이다. 마치 피난민이나 불난 집에서 맨몸으로 뛰쳐나온 사람마냥 당장 꼭 필요한 물건만 챙길 수밖에는 없을 것이다.

박물관과 이사 가는 이야기를 꺼낸 이유는, 낡고 더 이상 쓸모없다는 생각으로 무조건 버리는 것은 현명한 행위가 아니라고 말하고 싶었기 때문이다. 모순처럼 들릴지 몰라도, 미래를 위해서 과거를 보존해 놓을 필요가 있다. 물건이나 기록뿐만 아니라 낡고 쓸모없어진 인간이라는 존재에 대해서도 말하려는 것이다.

인공지능 컴퓨터가 모든 일을 도맡아 하다 보면, 정말로 사람이 일할 필요가 없을까?

1920년대 중반에서 1953년까지 소비에트연방의 지도자였던 스탈린은 인텔리젠시야(인텔리계층)를 공산세계에서 사라져줘야 할 계급으로 보았기 때문에, 대숙청大肅淸[1]을 통해 누명을 씌워 모두 학살하거나 시베리아의 수용소로 보내어 서서히 죽어가게 했다.

그 결과, 스탈린의 군대가 사실상 세계에서 가장 거대한 군사세력이었음에도, 온통 말발로만 무장된 정치선전군관軍官으로 채워진 채, 지휘관 부족으로 인하여 2차 세계대전중 독일군의 벼락같은 군사작전인 전격전電擊戰, blitzkrieg 공격을 막아낼 수 없었다. 독일과 불가침 조약이 맺어져있던 터라, 스탈린은 히틀러의 나치 군대의 기습공격을 예측하지 못하고 있었던 모양이다. 그때서야 수용소에 보내져 고문을 당하면서 손가락이 잘려나가고 이빨이 뽑히고 동

상으로 다리를 저는 장군들을 다시 급히 불러들여 지휘관으로 임명
하는 코미디를 연출하게 된다. 스탈린의 붉은군대는, 교체된 지휘관
들의 활약과 '증기롤러steam roller'라는 별명으로 유명한 인해전술로
독일군에 대한 열세를 만회하기는 한다.

　전 유럽이 전쟁터가 되었던 제1차 세계대전의 막바지인 1917년
에 러시아 공산혁명이 일어나는 등 극도의 내부의 혼란에도 불구하
고 초창기의 소비에트 정부는 다른 국가들의 간섭 없이 슬쩍 세계대
전의 소용돌이에서 벗어나서 국내문제를 해결할 기회와 시간을 얻
는 행운을 맛본 적이 있기에, 제2차 세계대전에서도 같은 방식이 통
할 것으로 낙관했을지도 모른다. 하지만 히틀러는 프러시아(독일제
국)의 황제[2]와는 달리 집요하게 소련에게 달려들었다. 지도상에서 소
련을 사라지게 할 기세였던 것이다. 결국 스탈린은 수용소에 갇혀
죽어가던 인텔리 장군들을 다시 불러내 지휘관으로 복직시켰는데,
대표적인 인물로는 대독일對獨逸전쟁 승리의 영웅인 콘스탄틴 로코
솝스키[3]가 있다. 목적은 수단을 정당화 할 수 있다고 생각하기에, 스
탈린은 젊은 시절, '혁명을 위해서는 죽여야 한다.'고 믿었던 사람이
다. 하지만 그도 결국 예외를 인정한 셈이 되고 말았다.

　'반면교사反面教師'라는 용어가 있는데, 많은 사람들이 이것이
무슨 고사성어라도 되는 듯 사용하고 있다. 특히, '하찮은 남의 언행
일지라도 자신을 수양하는 데 도움이 된다.'는 뜻을 가진 타산지석
他山之石과 같은 뜻으로 알고 오용하는 경우가 많다. 타산지석은 '시
경'의 소아편小雅篇에 등장하는 용어로, '다른 산의 나쁜 돌이라도
자신의 산의 옥돌을 가는 데 쓸 수 있다.'는 뜻으로 본이 되지 않는
남의 말이나 행동도 자신의 지식과 인격을 수양하는 데 도움이 될

수 있음을 비유적으로 이르는 말이다. 유사해 보이지만 맥이 조금 다르다.

1966~1976년 사이에 공산주의 중국에서는 소위 '문화대혁명'이라는 소동이 벌어졌는데, 혁명 후 영구적 계급투쟁이 실현되어야 함에도 불구하고 무산계급 혁명투쟁에 참여하지 않고도 공산당 집권 후 단순히 사상개조라는 면죄부만 받고 계속해서 관리, 학자 등의 인텔리 층과 지배층에 머물러 있던 사람들이 많았기 때문이었다. 혁명에 직접 참여했던 사람들의 불만이 대단했고 이러한 불순요소를 제거하는 대규모의 사상정화운동이 벌어지게 된다. 이 기간 동안에 중국본토의 귀중한 역사, 전통, 예술자료들이 불에 타 사라졌으며, 수많은 지식인, 전문인, 예술가들이 처형당하거나 숙청되었다.

그러나 도를 넘어선 문화파괴가 야기되자, 마오쩌둥毛澤東은 반면교사라는 용어를 들고 나온다. 그는 공산당 간부들을 대상으로 한 연설에서 "일부 중죄인을 빼고는 체포하거나 숙청하지 말고 그냥 제자리에 두고 고립시킨 채 반면교사로 이용하면 된다."고 말하였는데, 이는 비록 혁명에 위협이 되더라도 개인이나 집단에게는 교훈이 될 수 있다는 의미로 한 말이라고 한다. 즉, 적이라고 해서 다 죽이지는 말아야 한다는 뜻이다. 언젠가는 쓸모가 있고 또 보고 배워야 할 것이 있는 자들이므로, 너그럽게 살려두어 문화를 보존하고 간직하자는 소름끼치는 의미이기도 하다. 중국의 지도자 마오쩌둥도 결국 소련의 스탈린과 비슷한 실수를 했고 유사한 교훈을 얻은 듯하다.

여기서 우리도 교훈을 얻는데, 소위 혁명이라는 것에는 반드시

제한된 한 공간 안에 들어 있는 두 개의 풍선. 둘이 동시에 함께 마음껏 커질 수는 없는 법이다.

희생이 따른다는 점이다. 또 하나의 교훈은 자신이 새로운 혁명의 수혜자가 될 것인지 아니면 희생물로 전락하게 될 것인지를 판단할 능력을 갖추고 있어야하지 않겠느냐는 것이다.

지금의 최고 부자들과 최고 권력자들은 미래 세계에 대한 계획을 가지고 있으며 상당 기간 계획을 수행하기 위한 작업을 진행 중이다.

70억 세계 인구가 모두 함께 인간답게 살 수는 없는 법이다.

여기서도 1/3씩 셋으로 지구의 인구를 나누는 지혜가 필요하다. 1/3은 최고지도자들과 함께 공동으로 지구의 깨끗한 자연을, 그리고 개인적으로는 자유로운 지적, 육체적 생활을 향유할 자격이 있는 사람들이다. 이들이 인공지능 때문에 직장을 잃거나 삶을 포기하게 놔두어선 안 된다. 프로그래밍을 책임지고 인공지능과 로봇의 생산 행위를 감독할 인력이 필요하기 때문이며 이들이 곧 미래의 진정한 지구시민들이기 때문이다. 하지만 새로운 지구시민들에게는 향유할 특권만 있는 것은 아니고 더욱 혹독한 교육이 이루어지고 과제가 주어진다.

1/3은 순응하지 않을 계층이므로 제거해야 한다. 전쟁을 하건 사냥을 하건 이들을 추적하여 몰살시켜야 한다. 하지만 이들은 지하세계로 숨어들 것이다. 윈도우 체계에 반하여, 유닉스 체계를 중심으로 현실정치와 시스템에 저항하는 지하세계는 지금도 존재한다.

1/3은 '단 꿈에 취하게' 만들면 된다. 이들을 위한 교육은 이미 오래전부터 착착 진행 중이다. 예전에는 '얼리어답터early adopter'[4]라는 참 좋은 이름으로(사탄은 혐오감을 주는 무서운 모습이 아니라 귀엽고 호감 가는 스머프의 모습으로 우리에게 다가온다), 요즘에는 '설득기술persuasive technology'[5]이라는 그럴 듯한 명칭으로….

결코 협박도 강요도 아니다. 자기들 스스로 그 길을 가게 만드는 것이다. 강제로 노예를 만드는 것보다, 자발적으로 노예가 되도록 하는 것이 얼마나 바람직한 일인가? 같은 인간이기에 억지로 제거하는 것은 양심에 걸리니 말이다.

게다가 신종노예인 둘로스 네오스는, 옛날 노예처럼 일할 필요가 없다. 자칫, 이 신종노예가 오히려 주인보다 더 상전인 듯 보일지도 모른다. 왜냐하면 권력 부자 엘리트 계층은 뼈 빠지게 일하는데 노예들은 아주 편안한 환경 속에서 일도 안 하고 하고 싶은 것만 하고 공짜로 놀고먹을 수 있으니 말이다.

하지만 허점은 여기에 있다. 우리가 일해서 먹이고 입히고 재우고 즐겁게 해줄 테니, 너희는 영혼을 우리에게 내놓으라는 것이다. 신노예의 개념이 이것이다.

쉽게 말해서, 무심코 내려 받는 '앱' 또는 '어플' 하나하나가 마약일 수 있다. 천천히 권유받고 강요받는다. 앱 없이는 독립적으로 살아가지 못할 사람들이 생긴다. 앱app은 application의 약어로 apple과도 비슷하고 실제로 애플사의 로고가 한번 베어 문 사과인데, 이것은 일종의 선악과善惡果같은 상징성을 지니고 있다. 영어로는 선악과로 표현되지 않고 지식나무의 열매the fruit of the tree of knowledge라고 쓴다.

앞으로, 인공지능은 물론 가상현실virtual reality의 가공할 만한 발전으로 인하여, 많은 사람들이 실제 현실의 고통을 포기하거나 피하여 가상현실 속에 안주安住하게 될 가능성이 높다. 자기만의 공간(감옥)에 갇혀서 살지만, 실제 현실보다 더 멋진 바다여행, 우주여행, 실감나는 전투, 성적인 쾌감 등의 즐거움을 죽을 때까지 누리면서 살 수 있는 시대가 온다. 남을 방해하거나 방해받지 않으면서 말이다.

"힘들게 일할래? 편하고 쉽게 살래?" 이것이 요즘 젊은이들에게 묻는 필자의 질문이다. 하지만 이미 독毒은 세상에 퍼져 있다.

"힘들게 일할 편에 서라."고 우리 자녀들을 가르쳐야 한다. 사람들의 악이 세상이 달하고, 시집가고 장가가는 일에 몰두할 때에, 하나님은 노아를 부르신다. 필요한 8명만이 선택되어 방주를 타게 된다. 이 8명이란 판돈을 가지고 새로운 세상을 시작하면 되니까 말이다. 요즘 자주 등장하는 노아의 방주 프로젝트 등과 같은 것을 상상해 보면 느낌이 올 것이다.

지구촌 전체가 공업 선진화되고 인류가 지금의 속도로 발전하다가는 곧 지구의 종말이 올지도 모른다. 획기적인 대책 혹은 새로운 세계질서가 필요한 시기가 다가오고 있다.

물론, '지구가 파괴되기 직전에 탈출하느냐?' 아니면, '지구가 파괴되기 전에 미리 지구파괴를 막을 수 있느냐'의 차이뿐이다. 똑똑한 사람들끼리 뭉치면 지구파괴는 막을 수 있다고 최고 엘리트층들은 생각하고 있다. 이들은 무신론자에 가깝기 때문에 그런 희망을 갖기도 하지만….

4차 산업혁명 운운하며 다들 들떠 있는 이 시대에 전달할 메시지의 핵심은 아주 간단하다.

> 앞서지 못한 자는 앞선 자의 노예가 되고,
> 혁명은 앞선 자와 뒤선 자를 갈라놓는다.
> 누가 미래의 노예계층이 될 것인가?

잠들지 말고, 꿈속에서 헤매지 말고 깨어있으라.
세상의 노예가 되지 말고 깨어있으라.

1 대숙청大肅淸

엄청난 테러라는 의미로 Great Terror(러시아어: Большо́й терро́р)라고
도 부른다. Great Purge로도 불린다. 소비에트 연방에서 스탈린이 1936년
에서 1938년까지 저지른 정치적 탄압과 박해 사건이다. 소련 공산당 내부
에서 대규모 숙청이 단행되었고, 농민 탄압과 소수 민족 탄압도 함께 발생
하였으며, 일부 연고가 없는 사람들을 간첩 혐의로 수용소에 가두었다. 사
상자 수는 공식적으로는 681,692명이지만, 실제로는 2백만 명 이상일 것
이라고 추정된다. 겉으로는 반혁명분자나 인민의 적으로 의심을 받은 사
람들을 제거하는 것이 목적이었지만, 실제로는 당내에 있는 정적政敵과
스탈린의 독재에 대항할 우려가 있는 사람들을 제거하기 위한 것이었다.

2 프러시아(독일제국)의 황제

빌헬름 2세(1859~1941). 독일제국의 황제이자 프러시아의 왕이라고 해
야 맞다. 1888~1918년의 시기에 통치하였으며 1차 세계대전을 일으킨 인
물이다. 독일제국의 마지막 황제Kaiser이다.

3 콘스탄틴 로코솝스키

폴란드 출신이었기 때문에 폴란드 첩보조직과 내통한 죄로 1937년 대
숙청 기간에 체포 투옥되었다. 이때 받은 고문으로 갈비뼈가 세대, 치아가
아홉 개가 부러졌고, 발을 심하게 다쳐 평생 불편한 발로 다녔다고 한다.
수용소에서 거의 죽게 된 상태였지만 독일군의 위협과 소비에트 군대지휘
관들의 무능력 문제로 1941년 석방, 재임용되었으며, 2차 대전의 승전 기

념식에서 흰 말을 탄 주코프장군과 나란히 검은색 말을 타고 개선장군으로 등장한다.

4 **얼리어답터**early adopter

새로 나온 신제품을 남들보다 한발 앞서 사용하거나 구입해야만 만족감을 갖는 소비자들을 일컫는다. early와 adopter를 조합해 만든 말이며, 미국의 사회학자 에버릿 로저스의 1957년 저서에 처음 등장한다. 인터넷의 발달과 함께 얼리어답터들이 늘어나기 시작했으며 이들의 제품사용 평가를 통해 소비자와 제조사 양쪽이 이득을 얻는다는 생각이다. 소비자들은 믿을 만한 제품을 구입할 수 있는 기회를 얻고, 제조업체들은 소비자들의 요구와 시장동향을 파악할 수 있다. 하지만, 어린 나이부터 특정 회사의 특정 제품 이미지를 무의식적으로 각인시키기도 하기에 심리학적 견지에서는 일종의 세뇌교육의 효과를 보일 수도 있다.

5 **설득기술**persuasive technology

강압이나 속임수가 아닌 설득과 사회적 영향력을 통해 사용자의 태도나 행동을 변화시키는 기술이며, 연구 분야, 디자인분야, 상호작용적인 기술 분야 등에 적용되고 있다. 특히 건강관리, 환경관리 그리고 교육 및 마케팅 등에서의 행동을 변화를 추구한다.

그러나 과연 설득과 사회적 영향력이 전혀 강압적 요소 없이 이루어지는 것인지에 대해서는 의문이 제기된다.

차례

1장

노예제도의 발생

일하지 않는 자
먹지도 말라

　　　　　　　　인류는 수천 년 이전의 선사시대先史時代 이래, 대대로 내려온 실수의 반복 및 노력을 통하여 여러 경험을 익혀왔고 더 편리하고 효율적이고 생산적인 생활 방법을 찾기 위하여 애써왔다. 지금까지의 발전 수준은 엄청나며, 마치 인간의 지혜로움을 증명이라도 해주는 듯 수많은 과학 개념들과 발명품들이 탄생하였고 경제, 예술, 철학 및 종교까지도 최고의 경지에 올려놓았다. 인간은 집단을 이루고 사는 존재이다 보니 사람을 다스리는 통치 방법에 대한 제도의 변화도 부단히 겪어왔다.

　특히 지난 수천 년간에 걸친 발전에 비해 최근 수백 년 사이의 근세와 현대에는 지난 과거와는 도저히 비교하지 못할 정도의 급격한 발전이 이루어졌는데, 특정 분야에 있어서는, 신神들이 우리에게 주었던 도움보다 더 유용해 보이는 발명품도 있을 정도이다. 이러다가는 인간의 능력이 신神의 능력을 넘어서는 것이 아닐까 싶다. 다신교를 믿던 과거에는 인간보다 신이 많았을지도 모르겠지만, 유일신 개념을 주를 이루는 현대사회는 신은 한분이고 인간은 다수이기에, 그 옛날 바벨탑을 쌓을 때에 신에게 받은 방해를 다시 받지 않을 경우, 인간들끼리 협력만 잘해낸다면 신을 능가할 수 있을지도 모른다.

고대의 설화나 종교기록을 보면, 현재의 인류가 보유하고 있는 기술은 모두 신의 아들들이 가르쳐 준 것이라고 한다. 불의 사용부터, 흙을 빚는 기술, 여러 금속을 얻고 이를 이용하는 기술 등이 그렇다. 물길을 잡아서 홍수를 다스리거나 저수지를 만들어서 가뭄에 대비하는 지혜처럼 인간이 스스로 터득한 것도 있긴 하다.

신은 인간에게 새처럼 날개를 달아주지는 않았고 비록 날개를 포기했지만 날개가 없어도 새들보다 더 잘 날아다니고 있다. 물고기의 지느러미나 아가미를 달아주지 않았지만 강과 바다를 돌아다닌다. 심지어는 물속도 다닌다. 전기電氣라는 것도 발견하여 해가 진 어두운 밤에도 불을 밝혀 일도 하고 오랫동안 여가를 즐길 수 있게 되었다.

인간이 물질을 창조할 수 없었기에, 모든 것은 신이 준 재료를 이용하였지만 인간이 스스로 발견하여 개발하고 발전시킨 것들은 그 수를 셀 수도 없을 정도로 많다. 일부 신화에서는 신이 인간에게 불을 주었다고 되어 있다하더라도, 산불 같은 자연발화 현상을 보면서 인간은 우연히 불이란 것을 발견하고는 이용하게 되었을 것이다. 발효나 증류를 통해 술을 빚는 기술의 발견도 마찬가지였을 것이고 소금이 짠맛이 나며 식품을 오래 보전하는 데 사용할 수 있다는 점도 발견과 경험을 통해 익혀왔을 것이다.

사냥과 채집활동으로 먹이를 잡던 원시인류는 야생동물을 길들여 목축하는 법을 배웠으며, 식물의 씨앗을 이용해 농사짓는 방법을 터득하여 한 곳에서 정착생활을 할 수 있게 되었고, 농사기술이 발달하여 생산되는 농산물의 여유가 발생하게 되었으며, 잉여생산물이 증가함에 따라 삶의 여유를 얻어 그 시간을 이용하여 물물교환도 하고 언어와 문자를 발전시키고 음악과 미술도 발전시켰을 것이다. 늘어만 가는 잉여물자의 파악을 위해서는 기록과 계산을 위한 문자와 수학이 필요했을 것이다.

지구의 인구가 늘어, 과거의 단순한 식량 생산 방식으로는 공급이 부족해지자 서로 다른 종의 교배를 통해 더 많은 열매를 맺는 씨앗을 개발해냈고, 더 큰 우량종의 육축도 개량해냈다. 인간들이 모여 사는 방식도 발전을 거듭하게 되는데, 초기의 추장이나 족장이 지배하던 촌락 단위에서 도시국가형태를 발전시켰고, 여러 도시국가가 연합을 하였으며, 영토의 개념, 귀족과 왕, 중앙집권제도 등의 통치제도와 사회주의나 민주주의 사상 및 자본주의와 공산주의 등의 경제체제도 만들어냈다.

지금까지 인간이 보여준 개량능력은 최근 수세기간만에 갑자기 이룩된 것은 아닐 것이다. 당연히 장기간에 걸친 경험의 축적과 시행착오를 거쳐 왔던 기초가 형성되어 있었기에 가능하였을 것이다. 하지만 예측하기 어려운 급속한 변화도 존재한다. 이런 변화는 그동안의 평온을 깨거나 사람들이 적응하는 데 불편함을 줄 수도 있다. 각종 산업혁명이나 문화혁명은 물론, 정치적 혁명이 이에 해당된다. 우리가 직접 모든 급격한 변화를 직접 겪어본 것은 아니므로 모든 사람이 이러한 변화가 얼마나 충격적인 것인지 인지하기는 힘들다. 아무튼 우리는 급작스럽고 획기적인 변화를 '혁명'이라 부른다.

일부의 혁명은 인간에 대한 존중과 사랑으로부터 시작된 것이겠지만, 솔직하게 말해서 인간에 대한 사랑 때문에 모든 혁명이 벌어진 것은 아니다. 이유는 뒤에 설명하겠다.

그래도 잠깐 예를 들자면, 대형 건축물을 건설하기 위해 수십 킬로미터나 떨어진 채석장에서 수십 톤이 나가는 돌을 떼어 옮기는데 통나무나 바퀴를 사용하는 방법을 고안해 낸 것은 결코 돌을 옮기는 노예들의 고통을 줄여주기 위해서가 아닌 작업의 효율성을 높이고 공사기간을 단축시키기 위한 것이었다.

사람들이 하기 싫어하고 귀찮아하고 힘들어하거나, 사람이 직접 하기에는 너무 위험하고 커다란 희생을 감수해야 하는 일들이 존재한다. 이러한 일들을 기계가 대신해준다니 얼마나 고마운 일인가? 더 복잡하거나 크고 정밀한 기계들이 발명되어 소위 '문명의 이기利器'라는 것의 편리함을 누리게 되어가는 듯하다. 그런데 '사람이 할 일을 기계나 컴퓨터에게 맡긴다?'

'사람이 할 수 있는 일을 컴퓨터에게 맡긴다.'와 '컴퓨터가 할 수 있는 일을 사람에게 맡긴다.'는 두 문장의 차이를 염두에 두고 한번 생각해 보자. 과연 이것도 인간 존중과 사랑에서 나온 것일까?

인간은 일을 해야 먹고 산다.

"일하지 않는 자, 먹지도 말라"[1]는 말이 있다. 하는 일 없이 먹고 논다는 의미의 '무위도식無爲徒食'이란 사자성어도 존재한다.

1936년의 소비에트 연방헌법 제1장 12조에도 유사한 표현이 발견된다.

'일하지 않는 자여, 먹지도 말라'는 원칙에 따라 소비에트 연방에서의 노동은 장애가 없는 모든 시민들의 의무이자 명예이다. 이 원칙은 '능력에 따른 생산, 노동에 따른 분배'라는 공산주의 원칙을 말한다.

1920년대의 소비에트 포스터. "일하지 않는
자는 먹지도 말아야 할 것이다."라고 적혀있다.

　　무신론자들이며 유물론자들인 공산주의자들이 왜 예수님의 가
르침을 그토록 철저히 인용하였는지는 의문이지만, 소비에트 연방
헌법 12조의 조문은, 기독교 경전인 신약성경의 데살로니가후서 3
장 10절[2]에 기반을 두고 있는 사상이다. 공산주의에서 이 구절을 일
종의 정치 표어로 사용하였다.

　　우리가 너희와 함께 있을 때에도 너희에게 명하기를 누구든
　　지 일하기 싫어하거든 먹지도 말게 하라 하였더니
　　　　　　　　　　　　　　　　　　- 데살로니가후서 3장 10절

데살로니가 교회의 일부 교인들이 예수의 재림再臨 시기와 심판

의 날이 곧바로 닥치게 될 것이라고 속단하여 재산을 미리 다 처분하고 노동을 소홀히 하자, 사도 바울이 이를 꾸짖기 위해 한 말로, '일하기 싫으면 먹게도 하지 말라'며, 다른 교우들에게 의지하지 말고 자신의 힘으로 생활해 갈 것을 요구한 것이다. 사도였던 바울 자신도 데살로니가 남쪽에 위치한 고린도에 있을 때 생활비를 직접 벌어 충당하였다고 한다.

17세기 영국의 탐험가이자 북아메리카 영국인 정착민들의 지휘자였던 존 스미스[3]라는 인물도 1610년경 영국왕의 이름을 딴 제임스타운이라는 식민지를 미국의 버지니아 주 근방에 건설했을 때에 같은 표현을 사용했다고 한다. 물자와 식량부족으로 굶주림에 처해진 초창기 정착민들에게 "일하지 않으려는 자는 먹지도 말라that he will not work shall not eat."며 충고하며 독려하였다. 내가 일하지 않으면 그만큼 다른 동료들의 괴로움이 커지기 때문이었다.

소비에트 연방의 지도자였던 블라디미르 레닌은 1917년 그의 저서인 《국가와 혁명Государство и революция》[4]에서 이 표현을 공산주의의 원칙으로 천명하였으며, 다른 공산주의 국가들도 동일한 원칙을 채택하게 된다. 이는 직접 생산적 활동을 하는 개인들만이 그에 합당한 소비를 누릴 수 있다는 말이다.

이러한 표현은 노동자를 겨냥한 것이 아니라 일은 하지 않으면서 돈을 굴려 막대한 자산을 축적해가는 자본가들을 겨냥한 것이었다. 마르크스주의에 따르면, 노동자들의 노동만이 사회의 이윤의 원천이라고 했다.

우리나라에도, "일하지 않는 자여. 먹지도 마라. 자본가여, 먹지도 마라. 무노동 무임금, 노동자탄압 총파업으로 맞서리라!"라는 민중노동가요[5]가 등장할 정도로, 게으른 자는 먹지도 말라는 뜻이 아니라, 땀 흘리지 않고 자본축적을 통해 돈을 버는 사람들을 비난하는 의미로 변화하게 되었다. 노동자들의 노동만이 사회의 이윤의 원천이며 자본가들은 다만 노동자들의 노동력을 구매할 뿐이다. 따라서 이 표현은 공산주의 사회에서 사회적 이윤을 창출하지 않는 자본가는 자본주의 사회에서 받던 대접을 받을 자격이 없다고 해석될 수 있다.

'실업률'이라는 것의 정의는 무엇일까? '그 정도야 나도 잘 알지'라고 생각할지 모르지만, 시대에 따라 실업률의 정의도 달라진다.

일을 안 하고 국가의 복지기금으로 살아가겠다는 사람들이 현재 실업인구에 포함되어 있는지, 또는 제도의 허점과 감시의 어려움으로 인하여 일을 할 수 없는 장애인들만이 복지혜택을 받고 있는 것이 맞는지를 주시하라. 레닌의 소비에트에서도 일할 능력이 있으면서도 일하지 않고 빈둥거리는 무산자無産者 계층을 일러, 룸펜 프롤레타리아트[6]라 했다. 우리말 '놈팡이'가 어디에서 나왔는지 알 것 같다.

아예 개발을 포기한 미개발 국가는 제대로 된 일자리란 것이 없어서 인력이 남아돌겠고 산업화가 더디게 진행되고 있는 저개발 국가에서는 노동력 부족이 문제이겠지만, 선진국들은 사실은 노동력이 부족할 이유가 없다.

기술 선진국들은 노동력이 부족할 경우, 인공수정과 인간세포 배양을 통해 복제인간을 만들어 키우면 된다. 즉, 남의 부모 자식 억지로 빼앗고 잡아다가 노예처럼 부릴 필요 없이, 생물학적으로 아무 개의 자식도 아닌 무소속 인간을 복제해 내어 일을 시키면 된다.

하지만 자본주의 시장경제의 원리로 따져보면, 인간 복제보다는 로봇을 택한 이유는 비용과 시간이 너무 많이 소요되기 때문이지 생명을 존중했기 때문은 아닐 듯하다. 게다가 로봇은 학대해도 별 탈이 없다.

그리고 종교 및 인권 단체들이 인간세포배양, 인간복제를 반대하기에 과학자들이 인간배양을 미루고는 있지만, 이미 배양기술은 거의 확보된 상태이다. 인공수정이 가능해진 이상, 인간의 노동력이 무슨 가치가 있겠는가? 모자라면 생산하면 되는데….

2005년 개봉된 공상과학 영화 〈아일랜드〉의 장면이 현실이 될 수도 있다. 이 영화는 장기이식을 위해 사육되는 복제인간들의 끔찍한 삶을 처절하게 보여주었다. 이제는 장기 매매나 성노예로 삼기 위한 것이 아니라면 인간은 별로 쓸모가 없다. 더 이상 인간은 노동의 동력動力이 아니기 때문이다.

인간복제는 2008년도 전 세계적 합의하에 공식적으로는 금지되었다. 그러나 북한과 같이 이미 막다른 길에 다다른 집단은 핵무기 개발이 완성된 후에는 금지된 인간복제 쪽으로 눈을 돌리게 될 것이다. 복제양 돌리에서 보듯 인간복제는 불가능한 일이 아니다. 특정 국가가 다른 나라들보다 앞선 복제기술을 보유하게 될 경우 전체 인류를 혼란에 빠뜨릴 수 있다.

캐나다의 방송사인 BBC 아메리카에서 제작한 〈오펀 블랙Orphan Black〉[7]이라는 드라마는 불법으로 복제된 9명의 여성들이 진실을 모른 채 살아가다가 서로 맞닥뜨리게 되면서 벌어지는 사회적 문제들을 미스터리 스릴러물로 표현한 작품이다. 현실화 될 수 있는 상황이며 미래 사회에 대한 경고이다. 복제인간까지 거론하는 것은 지나친 상상력이라고 비판받을 수 있겠지만, 인공지능 로봇의 등장은 이미 시작된 현실이다.

4차 산업혁명을 통해 발생하게 될 변화는 이것인데, 앞으로 '노동자를 구매하여 그 노동력을 착취하는 자본가'는 이 세상에 더 이상 존재하지 않게 된다는 것이다. 즉, 노동자를 비인간적으로 부려먹는 자본가는 모두 사라질 것이라는 말이다. 악독한 자본가와 착취당하는 노동자가 사라진다니, 그토록 꿈꿔오던 자본주의와 공산주의가 멋진 합체를 이루는 유토피아 세상이라도 온다는 말인가?

미안한 말이지만, 이제 음식은 노동자 아닌 로봇이 먹어야 할 판이다.

자본가들의 영악한 전략일까? 노조가 무서워서 로봇과 컴퓨터를 만든 것일까?

● **'일하지 않는 자'라는 표현의 함정**

성경은, '일하려 하지 않은 자'라고 말하고 있고, 소비에트와 노조는, '일하지 않는 자'라고 말하고 있다. 둘의 의미는 명백히 다르다.

즉, "일할 의지가 있는 것" 만으로는 소비에트의 헌법을 피해 갈 수 없다. 영악한 자본가들은 노동자들의 약점을 이미 파악하였다. 일할 의지는 넘치지만 할 일이 없는 사람들이 존재한다는 점을 노동자와 소비에트가 간과했다는 것이다. 그동안 파렴치한으로 몰려 욕을 먹어온 자본가들의 대대적인 복수극은 시작되었다. 바로 4차 산업혁명이 그것이다.

이제는 일을 하고 싶어도 하지 못할 세상이 오고 있다. 고용주의 입장에서 굳이 비싼 인건비 들여서 오류투성이고 게을러빠지고 불만투성이인 인간을 고용해야 맞는 것일까? '노조 바이러스 프로그램'을 주입하지 않은 이상 로봇들은 파업을 하거나 임금인상을 요구하지는 않을 것이다.

'일하지 않는 자 먹지도 말라' 하였으니, 이제 할 일이 없어질 비자본가계급非資本家階級들은 말 그대로 먹지도 말아야 할 것 아닌가?

컴퓨터가 할 수 있는 일을 사람이 배워서 무엇 하나? 내가 배운 것을 컴퓨터가 더 잘 할 수 있다면, 나는 컴퓨터에 비해 열등한 존재이므로, 노예보다도 값어치가 없다. 그냥 쓸모없이 귀중한 식량자원과 맑은 공기를 소모하고 깨끗한 물을 오염시키는 가치 없는 고깃덩어리일 뿐이다. '잘 만든 로봇하나 열 노동자 안 부럽다'라는 표현도 등장할지 모른다.

아래의 성경구절은, 서기 70년의 예루살렘 멸망으로 인하여 발생된 수십만 유대인 포로들이 노예 시장에 너무 많이 팔려 나와 과잉공급으로 인하여 로마제국 전체의 노예 값이 급 폭락할 것임을 이미 유대국가 멸망 1500년 전에 예언한 구절이다.

여호와께서 너를 배에 싣고 전에 네게 말씀하여 이르시기를 네가 다시는 그 길을 보지 아니하리라 하시던 그 길로 너를 애굽으로 끌어가실 것이라 거기서 너희가 너희 몸을 적군에게 남녀 종으로 팔려 하나 너희를 살 자가 없으리라
- 구약 신명기 28장 68절

유대땅 점령되다(Ivdea Capta)라고 새겨진 베스파시안(Vespasian) 로마황제 시대의 동전. 뒷면에는 종려나무 아래에서 히브리 여자 노예를 도망가지 못하도록 감시하고 있는 로마 병사가 보인다.

고대 로마의 동전 중에는 'IVDEA CAPTA(유대 땅 점령되다)'라는 글귀가 새겨진 것이 있는데, 이는 베스파시안 로마황제가 서기 70년의 유대Judea 점령을 기념하기 위해 제작하여 로마제국에 대항하는 반란의 무모함을 인식시키기 위해 제국의 전역에 뿌린 것이다. 동전에는 유대지역의 상징인 종려와 그 아래에 쭈그리고 앉아 노예로 팔려나가기만을 기다리며 울고 있는 여성의 모습이 새겨져 있다. 팔려가야 잠자리와 끼니라도 해결할 수 있기 때문이다.

인간과 그가 가진 인격과 그리고 인간의 생명은 존엄尊嚴한 것이니 죽일 수도 없고 살릴 수도 없고, 쓸모없는 고깃덩어리들이 축내게 될 자원을 최소화 시키면서 데리고 사는 수밖에는 없다. 옛날처럼 인종청소 등의 잔혹한 방법을 사용하여 멸종시킬 수도 없는 입장이다. 몇 명씩 몰래 데려다가 생매장시킬까? 아님 아메리칸 인디언들이나 아르메니아 사람들에게 한 것처럼 이리저리 몰고 다녀서

지쳐서 죽게 할까? 엽기적인 크메르 루주Khmer Rouge의 킬링필드를 재현해 볼까? 아니면 유대인 수용소의 가스실을 부활시킬까? 시베리아의 굴락Gulag[8] 아니면 집단수용소나 교화소에 가두어 놓고 서서히 죽어가게 만들까?

인간적으로, 잔인한 방법을 사용하기엔 시대가 너무 발달했다. 그렇다면 어떤 방법이 좋을까?

그렇다. 새로운 노예제도를 만들고, 강요가 아닌 스스로 자발적으로 그 노예제도에 편입되도록 자연스럽게 유도하는 방법이 좋겠다. 노예제도라고 하면 싫어할 것이니, 그런 용어도 일절 사용하지 말고 비밀리에 진행하자.

방법은 다양하게 많은데, 아마 여러분들 중에도 자신도 모르는 사이에 스스로 그 절차를 밟아가고 계신 분들이 계실 것으로 예상된다(물론 자신들은 아니라고 주장하겠지만). 이미 δοῦλος νέος(둘로스 네오스) 즉, 신노예新奴隷라는 전혀 새로운 개념의 노예제도가 차근차근히 이 세상에 도입되어가고 있으니까.

잉여경제와
노예제도

인간은 곡식의 씨앗을 얻어 그것을 수확할 수 있다는 것을 깨닫기 전까지는 수렵생활狩獵生活을 하였다. 그리고 집단을 이루어 살게 된 인간들은 이 수렵생활에도 협동정신을 도입했다. 수렵 중 특히 날짐승을 사냥하는 것은 지적, 신체적으로 우세한 사람에게 유리했고 수렵으로 모아온 식량을 분배하는 데 있어서도 식량조달 역할에 가장 큰 공을 세운 사람이 더 많은 양을 가져갔다. 짐승사냥도 그렇고, 깎아지른 바위에 붙어있는 꿀벌 집을 채집할 때도 그랬고, 높은 나무를 기어올라 열매를 따온 사람도 마찬가지였다. 귀한 약초의 경우에는 그것을 가장 먼저 발견한 사람에게더 많은 것이 주어졌을 것이다.

이러한 과정을 거치면서 집단을 이끌 지도적 입장에 서게 되는사람이 등장하는데, 이들은 사냥활동 때에 가장 앞장서 나아갔던만큼 사냥감 중에서도 항상 더 좋은 부위를 더 많이 분배받았을 것이므로 주변의 부러움을 샀을 것이다. 이를 지켜보던 부족의 어린

암면미술(巖面美術)에 나타난 원시 수렵생활

아이들은 이 사람을 닮으려고 애를 썼을 것이다. 부족들은 스스로 획득한 수렵물에만 만족하지 않고 더 많은 먹잇감을 확보하기 위한 영토 확장을 위해 다른 집단에 쳐들어가 약탈하는 행위도 서슴지 않았다.

사냥을 주도하며 정신과 신체가 단련되어 지도층이 된 사람들은 침입해 오는 상대 집단의 약탈행위를 앞장서서 막아야 했고, 자신의 영토에 식량이 부족해지거나 생활환경이 열악해지면, 다른 집단의 식량을 약탈하거나 생활 장소를 빼앗아야 했기에 싸우는 방법을 익혀야만 했다.

그런 이유에서인지 한참 후인 중세나 근세시대까지도 귀족들의 사냥 습관이 남아 있어서, 중세의 영주들이나 왕들은 왕궁 곁에 사냥터를 따로 두기도 했으며, 최근까지도 종종 귀족이 남아 있는 나라에서는 여우사냥이 이루어지고 있다. 야생동물 사냥은 싸움을 대신한 전쟁 훈련의 일종이었기 때문에 전쟁이 없는 평화로운 시기에도 영주나 군주는 신임이 가장 두터운 신하들을 대동하여 사냥터에서 야영을 하며 사냥을 즐기곤 했다. 싸우는 방법과 기술이 녹슬지 않게 하려는 수단이었다고 본다. 비록 지금은 공원으로 바뀌었지만 런던 시내 한가운데 위치한 하이드파크도 왕들의 사냥터였다. 수렵이 아닌 농업위주의 시대로 옮겨짐에도 불구하고 싸움의 기술과 전쟁도구의 발달은 지속적으로 이루어진다.

씨를 심어 곡식을 자라게 하고 그 곡식에서 다시 씨를 얻어 곡물을 재수확하는 방법은, 수렵생활을 한 지 한참 후에야 실현되었다. 특이한 점은 수렵생활 당시에는 노예제도라는 것이 없었다는 점이다. 다들 기를 쓰고 지도자 이상의 능력을 발휘하려고 했으며, 사냥에 나갈 수 있는 나이의 어른이 되는 것을 가장 큰 명예로 여겼다. 어른이 되었음을 인정하는 성년식成年式도 농업이 아닌 수렵사회의 잔재라고 봐야 할 것이다. 농사에 나설 나이에는 큰 제한이 없었지만 사냥에 나서기 위해서는 어른으로 인정받아야 했다. 수렵사회에는 계급이 다양하지 않았고 단지 어른, 아이 그리고 여성의 세 가지 계급만 존재했을 것이다.

평균 수명이 길지 않았고, 문자가 발명되지 않았기 때문에 기력은 쇠하였어도 노인은 귀중한 자산으로 여겨졌다. 아버지의 아버지의 아버지 이야기를 들려줄 수 있는 사람은 오랫동안 생존해온 노인들뿐이었기 때문이며, 이들은 글이 아닌 말을 사용하여 부족이나 가족의 역사를 후손들에게 전달했다. 경험도 많았기 때문에 젊은 지도자들은 노인들에게 자문을 구해야 했다.

여성이 수렵사회에서 계급이 낮아진 이유는 사람의 지능 때문이라고도 한다. 발생학적으로 아기들은 태어난 뒤에도 뇌의 크기가 4배까지 자란다고 한다. 지능이 높다고 알려진 침팬지의 경우에는 뇌의 크기가 출생 후 2배 정도 더 성장한다고 한다. 인간의 경우에는 어머니 뱃속에서 머리가 충분히 커진 채로 나왔기 때문에 어머니의 골반은 둥글고 커야했다. 남성에 비해 골반이 큰 엄마들은 아빠들보다 빨리 뛰지 못했다. 자연스럽게 여성들은 수렵활동의 중심에서 밀려나게 되며 수렵을 통해 얻어온 식량, 가죽, 뼈 등을 다듬고, 아이들과 노인들을 돌보는 일을 하게 되었다. 그렇다고 완전히 수렵생활에서 제외된 것은 아니었다. 주거지와 가까운 곳에서 열매를 따거나 곤충과 작은 동물을 잡아 오기도 했다.

그러는 사이에 씨앗의 효력과 농사짓는 방법을 부분적으로 터득하게 되고, 물을 얻기 위해 강까지 나아가지 않고 샘을 파는 방법을 알게 된다. 거기다가 소금에 절이거나 건조하는 방법 등을 통해 식량을 더욱 오래 보관하는 방법도 깨우치게 된다. 소금의 효능을 알고 농사를 알면서 발생한 것이 1차 식량혁명이다.

어렵게, 어렵게 사냥감을 따라다니고 물을 찾아다녀야만 하는 고생스러운 생활은, 거주하는 영토를 자주 바꾸게 만들었고 온 부족이 이리저리 옮겨 다녀야만 했다. 늘 낯선 환경을 마주해야 했으며, 다른 부족과 맞닥뜨리기라도 하면 전쟁을 피할 수 없었다.

하지만, 농사짓는 법을 알게 되자 인간의 삶은 완전히 바뀌어버린다. 기름지고 물도 흐르고 지하수도 있고 방어하기에 좋은 땅을 골라 정착하게 되면, 이보다 더 유리할 수가 없었다. 주거할 집도 더욱 튼튼하게 지어 오랜 기간 살 수 있었으며, 멀리 사냥을 다닐 필요도 없어졌다.

더욱이 사로잡은 짐승들 중에는 가축으로 키워낼 수 있는 종류들도 있다는 것을 알게 되면서, 가축도 곡식처럼 키워서 잡아먹고, 또 힘든 일도 시키고 가죽까지 얻을 수 있었다. 야생동물을 가축으로 키워 식량과 노동력으로 사용하게 된 것 또한 하나의 혁명이다.

땅을 점점 넓혀 나가면 더 많은 곡식을 수확할 수 있었고, 농사일은 이전의 사냥에 비해 상대적으로 여자들이나 어린아이들에게도 크게 힘든 일이 아니었다.

농업을 늦게 배우게 되었거나, 농업이라는 혁명에 적응하지 못했거나, 이를 치졸한 삶의 방식이라고 생각한 일부 부족들은 농업을 하는 부족들이 점점 농토를 넓혀감에 따라 사냥터를 빼앗기고 산으로 올라가게 된다. 요즘 아프리카나 남아메리카에서 인간의 영역이 점점 넓어지면서 야생동물들의 삶터가 줄어드는 현상과 유사한 현상이다.

반면, 농업을 위주로 하게 된 부족은 더 이상 사냥의 필요성을 느끼지 않게 되었기에 사냥의 간접 효과인 싸움의 기술이 퇴화되고, 창과 활과 같은 무기보다는 농사를 짓기 위한 농업용 기구의 제작에 더 많은 재료와 시간을 할애하게 된다. 이러다 보니 자연스럽게 싸움의 능력은 점점 약화되어 간다.

반면, 산으로 올라간 부족들은 사냥터가 줄어들어 사냥감을 제대로 찾지 못한다. 좋은 땅에 정착하여 농업을 위주로 하는 부족들이 땅을 많이 차지할수록, 사냥꾼들이 이주할 수 있는 공간도 점차 좁아지게 된다. 하지만 이들도 그들만의 삶의 방법을 체득하게 되는데, 그것이 바로 약탈이란 것이다.

배가 고파지면 그냥 아무 때나 가서 다른 부족의 사냥감을 빼앗아오던 방식에서, 이제는 제법 세련된 방식의 약탈전이 벌어진다. 이것이 약탈의 혁명이며 약탈의 혁명은 대략 이렇다. 농사짓는 마을을 아무 때나 쳐들어가는 것이 아니라, 추수를 마치고 곡간에 식량을 들여놓을 무렵에 맞추어서 쳐들어가야 현명한 것이다. 힘든 보릿고개에 산적들이 쳐들어온다면 농사짓는 부족들도 인정사정 볼 것 없이 목숨 걸고 맞싸워야 했을 테니까, 봄은 공격하기에 좋은 시기가 아니다. 게다가 이들로 하여금 씨를 뿌릴 시간은 주어야 나중에 빼앗을 식량이 나오지 않겠는가? 또한 농민들이 추수에 대한 감사제를 지내며 가장 좋은 의복으로 차려 입고 잔치를 벌이고 있을 때에 습격하면 높은 신분과 좋은 인물의 사람을 그들의 옷과 함께 빼앗아 올 수 있었다.

이런 상황이 반복되자, 아예 정기적으로 쳐들어 올 산적山賊들에게 갖다 바칠 곡식을 따로 비축해 두기도 했을 것이다. 이것은 세금제도의 시작인 셈이다. 무자비한 약탈행위가 이성적인 세금징수 제도로 변한 혁명이다.

정착생활을 통해 생활환경이 개선된 인간들에게는 씨를 뿌리고 거두는 시간 사이의 여유시간이 생기고 생활에 안정감이 오면서 인구는 차츰 증가하게 된다. 매번 어렵게 이동을 반복해야 하는 부족보다는 좋은 땅에 정착한 농민들의 출산율이 더 높고 유아생존율도 더 높았을 것이다. 이것이 인구폭발의 혁명이다.

인구도 많아졌고, 나귀나 소, 말 등의 가축도 길들여졌으므로, 농업을 기반으로 한 종족들은 일부 건장한 젊은이들을 선발하여 무장시키고 싸우는 훈련을 시켰다. 이제 싸움에는 가축들까지 동원되었다. 이런 상황이다 보니 웬만한 산적들은 농민들과의 싸움에서 밀리게 되었다. 악독해진 산적들은 농민들의 씨를 아주 말리고 싶었겠지만, 무모한 무력사용은 자신들의 멸망과도 직결되었다. 둘 사이에 무언가의 타협을 이루어야만 했다. 정기적으로 세금을 거두어 가는 쪽이, 싸우는 것보다 훨씬 실리적이라는 점을 양측 모두가 알게 되었으며, 산적들도 농민들에게 색다른 기여를 하게 된다. 즉, 다른 부족들의 침입으로부터 농민들을 보호해 주거나 물물교환을 위해 먼 거리를 이동할 때에 호위를 맡아 주는 등의 역할을 하게 된다. 아마도 나중에는 특정지역의 농민과 산적 모두를 통합한 사람이 그 지역의 진정한 지도자가 되었을 것이다.

주민들이 영토내의 들과 산과 강을 안전하고 자유롭게 활보할 수 있게 되면서 험한 산속의 약초뿐만 아니라 지하 깊은 곳의 광물

채집도 손쉬워졌을 것이다. 다양한 약초 수집을 통한 경험적이고 과학적인 의술이 발달하고 금속기구의 활용률이 높아진다. 신령시神靈視되었던 높은 산에 신당神堂도 차려놓을 수 있게 되어 신앙의 발달도 가속도를 받는다.

물론 수렵 시절에도 짐승이 잘 잡히게 해달라고 자연신에게 빌던 버릇이 있었지만, 농업 위주의 생활은 햇볕과 비가 적절하게 있어줘야 했기 때문에 대자연의 현상에 더욱 더 의지하게 되었다. 종교 지도자의 위치도 개인의 병을 고쳐주거나 단순한 예언을 하던 주술사의 수준에서 집단 전체의 안정과 번영을 비는 제사장의 위치로 격상되게 된다.

유목민nomad 생활을 하던 인류는 정착을 하여 농업생활을 하면서 일정한 장소로의 인구의 집중이 이루어지고 도시국가형태로 발전해 나가게 된다. 통상 도시국가라고 하면 메소포타미아 지역의 우르, 바빌론, 니느웨, 고대 그리스의 테베, 아테네, 스파르타와 같은 대형도시인 메트로폴리스를 상상하게 되지만, 인구 만 명 정도의 촌락 수준의 도시국가들도 상당히 많이 존재했을 것이다. 결국 도시국가끼리 연합하거나 주변으로 영토를 늘리면서 점점 국가의 형태를 이루어 나가기 시작한다.

1000년가량 존재했던 서로마제국이 AD 530년경 사라지고 소위 신성로마제국이라는 존재가 로마제국의 명맥을 이어가던 시간동안 유럽대륙은 상당한 기간 동안 큰 변화 없이 답보 상태를 보였다. 소위 유럽의 암흑기라고 말하는 이 시기는 공교롭게도 이슬람제국의 최고의 중흥기와 일치한다. AD 700년경에서 AD 1400년 사이의 시대는, 몽골 세력의 천지개벽과 같은 일시적 세계 점령기를 제외하면, 이슬람제국이 700년간 과거의 로마제국의 동쪽 2/3와 이집트 및 바벨론 및 페르시안 제국 등 중동과 아라비아 전체를 통치하게 된다. 어떻게 보면 로마제국보다 더 강성했던 것이 이슬람제국이다. 앞서 수렵시절에는 존재하지 않던 노예제도가 농업이 정착되면서 발생되었다고 언급한바 있는데, 도시국가의 발생과 제국의 탄생은 노예의 수요를 한층 증가시켜 놓았다.

고대 그리스 이전시대부터 로마제국 시대에도 노예는 존재했지만, 대규모로 노예가 발생하고 노예교역이 활발했던 시기는 바로 AD 700년~1400년 사이의 700년간이다. 이후로도 노예제도는 꾸준히 유지되었으며, 심지어는 영국이 노예제도를 금지한 1833년과 미국에서 노예해방법이 비준된 1865년 이후에도 상당기간 사라지지 않고 남아있었는데, 이슬람권에서 최종적으로 노예제도가 불법화된 시점은 아프리카 서부의 회교국가인 모리타니아Mauritania의 1981년이므로, 이슬람권의 노예제도는 1000년 이상 지속되었다고 볼 수 있다. 중동의 사우디아라비아에서는 표면적으로 1962년에 노예제도를 폐지하였으나, 현재에도 지구상에 노예로 살고 있는 인구가 3천만 명 이상일 것으로 추정되고 있다.

종자種子의 개량 등으로 인해 농산물의 생산이 급격히 증가하게 되는 시기가 도래하는데, 그 이유는 특이하게도 르네상스(14~16세기) 혹은 종교개혁(1517년)의 시기와 맞물린다. 아마도 신학神學 중심의 사회에서 과학 중심의 사회로 전환되는 대규모 문화혁명이 벌어진 탓일지도 모른다.

아무튼 농사가 풍요롭게 지어지는 땅에서는, 여분의 식량이 생겨났고, 이렇게 생겨난 잉여식량은 물물교환의 방식으로 다른 부족이나 나라에 팔려 나간다. 이러한 물물교환이 계속 더 반복되면서 부富가 축적되고, 더 넓은 땅에 더 많은 농사를 짓기 위해 사람의 손이 더 많이 필요해진다. 결국 건축하는 일도 시키고 여기저기 보수사업과 잡다한 집안일 혹은 농사일도 시킬 겸해서 마구 다루어도 탈이 없는, 정당하게 돈 주고 사올 사람이 필요한데, 여기에서 노예제도가 발생한다. 노예와 노동자의 단순한 차이는 소유자에게 단번에 구매되느냐 아니면 지속해서 노동에 대한 대가를 노동을 제공하는 본인에게 지불하느냐의 차이겠지만, 대가 지불의 형태의 다양성과 노동력 착취의 범위를 살펴 볼 때, 현대사회에서도 노예와 노동자의 차이를 정확하게 구분하기는 어렵다.

이렇게 물물교환의 대상에는 식물과 동물 혹은 물질적인 물품이나 특산품뿐 아니라 사람도 포함되게 되었다. 사람이 노예라는 물품commodity으로 취급되기 시작하였다는 뜻이다. 대부분 인근 부족이나 국가 간의 전쟁 중 발생한 전쟁포로 혹은 패배당한 국가의 백성들이 노예로 팔렸지만 의외로 소규모, 대규모의 납치도 많았다. 심지어는 야속하게 자기네 동네 사람을 내다 팔기도 했고 부모가 자녀를 팔아먹기도 했다. 트래픽traffic이라는 단어를 우리는 교통交通이라고 번역하지만, 사실은 '무역을 하다to by and sell'라는 뜻이다. 그래서 납치하여 노예로 팔아먹는 행위를 트래피킹trafficking, 즉 밀매密賣라고 부른다.

경제 용어로 주식株式이나 채권債券을 본드bond라고 부르고, 주식시장을 스톡마켓stock market이라 부른다. 본드는 노예나 노예증서를 사고팔던 행위에서 유래되었다고도 하며 스톡의 경우는 비축된 물품도 뜻하지만 가축의 떼를 의미하므로 스톡마켓은 가축시장에서의 가축거래를 말한다. 추가로 본드의 원래 뜻은 '묶여 있다'이다.

르네상스, 종교개혁을 거치고 대항해시대를 열면서 약탈과 무역을 통해 서유럽이 제국주의 반열에 들어서고, 획득하게 된 식민지의 개척을 위해 노예제도를 활성화 시킨 것이 15~16세기경이므로, 노예제도의 '바톤baton'을 회교로부터 기독교가 이어받았다고 봐도 과언은 아닐 것이다. 16세기 이후 이슬람제국이 왜 그리도 처참하게 무너졌는지는 아직도 의문이지만, 현재에도 약 16억의 이슬람 신도들이 존재하여 단독 종교로는 가장 많은 교인숫자를 확보하고 있는만큼 아직은 그 저력이 쇠퇴했다고만은 볼 수 없다.

과학 중심의 사상은 사회의 여러 방면에서 커다란 변화를 이룩하게 되는데, 특히 20세기 냉장 기술의 발달로 인하여 상당기간 냉동식품을 보관하고 유통시킬 수 있는 또 하나의 식량혁명으로 인하여 기근을 예방할 수 있게 되었다. 그렇다고 하여 냉장 기술 발전 이전의 중세시대에는 식량난이 만연했다는 뜻은 아니다. 중세유럽에서 광범위한 식량난이 있었다는 증거는 없다. 물론 농사지을 겨를 없이 전쟁이 오래 지속된 지역에서의 국지적 기근이 발생하거나 한정적으로 우크라이나와 아일랜드에 환경요인으로 인한 끔찍한 대기근이 찾아오긴 했다. 15~16세기경을 시작으로 식량 생산은 제법 증가세를 보인다. 강낭콩으로 우성과 양성을 구분한 멘델의 유전법칙의 발견 이전까지는 식량의 잉여가 완벽하게 이루어지지는 않았겠지만, 경험으로 교배 방법을 터득한 사람들이 오래전부터 있었을 것이고 농사짓는 기술의 발전도 상당히 진보하게 됨으로써, 인구의 증가에도 불구하고 통계상으로는 식량의 여유가 생기게 된다. 식량이 부족해서 굶는 것이 아니라 유통이 되지 않아서 굶는다는 말이 더 정확하겠다. 지금도 쌀 생산 국가들이 자체 소모 및 수출 이후 남는 쌀을 바다에 버리고 있음에도, 이것이 아깝다고 가난한 나라에 대량의 쌀을 기부할 수가 없다. 그리고 현재 지구상에서 굶어 죽어가는 사람이 하루에 1만 명이 넘는다.

사람을 먹는 양羊.

농사꾼을 파괴하는 목초지

그토록 온순하고 말 잘 듣고 적게 먹던 당신의 양이, 굉장히 게걸스러워지고 거칠어져서, 인간 그 자체를 먹어치우고 삼켜버릴 정도가 되었다고 난 들었소.

－ 토마스 모어Sir Thomas More(1478~1535),

《유토피아》제1권 가운데

유럽에서의 주민들의 도시집중 및 편중현상은 산업혁명 이후가 아니라, 산업혁명 이전부터 이미 상당히 진행되고 있었다. 양털을 짜는 수동식 방직기紡織機械가 발명되고 울wool의 수요가 늘면서 지주地主들은 더 많은 양을 키우기 위해 농사짓는 땅을 줄여버렸으므로 농사지을 땅을 빼앗긴 농민들이 일감을 찾아 일찌감치 허드렛일이라도 하여 입에 풀칠을 하기 위해 농촌을 떠나 도시로 유입되는 도시집중화현상이 발생하게 된다.

인클로저운동Enclosure은 1700년대에 목축업의 자본주의화를 위한 경작지 몰수행위로, 직조기술이 발달하고 양모의 수요가 엄청나게 증가하자 영국의 잉글랜드와 웨일즈 지역의 지주들이 소작농들의 작은 농장을 폐쇄하고 대규모 농장을 짓거나 양모를 생산하기 위한 양 키우는 목초지의 확보를 위해 울타리를 치기 시작한 움직임을 말한다. 양을 치기 위한 울타리는 점점 더 큰 원을 그려나가듯 번져 나갔고 농사지을 땅은 점점 좁아져갔으며, 농민들은 자신들의 농토를 떠나 도시로 내몰리게 되고 도시의 하층 노동자나 빈민으로 전락하게 된다. 즉, 대다수의 농민들이 농노의 신분에서 도시노동자 혹은 도시빈민이 되어가는 현상이 발생한다. 인클로저운동은 증기기관의 동력을 이용한 대규모 공장형태의 직조공장이 세워지면서 발생한 제1차 산업혁명 이전부터 이미 이루어지고 있었다.

대항해시대로 인한 물물교환과 사업의 확장, 노예의 매매, 그리고 산업혁명으로 인한 기계의 발명, 교배법의 발달과 비료의 생산 등으로 인한 농업의 번창은 잉여의 인구를 낳게 된다. 농토의 면적에 비해 농사꾼의 숫자가 넘쳐나 농촌에서는 일자리를 얻을 수 없었고, 남의 땅을 빌려 비싼 소작료를 내어 가며 억지로 농사를 지을 수도 없는 형편이었다.

그러나 도시빈민으로 전락한 시골 출신들의 농민들과 비록 도시에서 태어나서 살았어도 별다른 벌이가 없었던 도시빈민들은 기계라는 물건이 도입된 1차 산업혁명의 큰 혜택을 받게 된다. 다량의 기계를 보유한 대형공장들이 생기고 식민지에서 들여온 원료들을 가공하여 되파는 무역도 활발해지고, 증기기관을 돌리기 위한 석탄채굴이 활기를 띠게 되므로 비록 고달파도 기계를 다루는 노동을 통해 먹고살 길은 트이게 된다.

미국의 남부 지역에서는 싼 값에 면화棉花를 재배하고, 남미에서는 사탕수수를, 아프리카에서는 코코아를 재배하였으므로 많은 노예가 필요했다. 기계를 사용하는 공장과는 달리, 대규모 농장인 플랜테이션plantation은 모든 것을 사람의 노동력에 의존해야 했으므로 여전히 인력의 수요가 높았다.

상당히 많은 수의 노예를 쓰던 영국은 자신들이 세계에서 가장 먼저 산업혁명에 성공하자, 갑자기 "노예도 사람"이라면서, 범세계적인 노예제도 폐지를 강력 주장하기 시작한다. 영국이 갑자기 착해지며 인권타령을 시작한 것이다. 노예 없는 생산 활동이 곤란한 다른 제국들이 영국을 따라오지 못하게 하려는 의도였을 것이다. 결국, 다른 열강들도 연이어 산업혁명에 성공하면서 노예제도의 폐지는 자연스러운 현상이 되어버린다.

좀 늦은 감이 있지만, 미국에서도 이러한 현상이 벌어지는데, 산업화된 북부 지역이 농업의존 수준에 머물러 있던 남부지역을 견제하고 궁극적으로는 북부에 편입시키기 위한 전략으로 아브라함 링컨 대통령은 노예해방을 주장한다. 이로 인해 미국 본토 내에서 벌어진 가장 피비린내 나는 전쟁이요 내전이 발생한다. 미국의 남북전쟁은 명분은 노예해방이었지만 산업혁명으로 주도권을 쥔 북부의 남부 흡수편입전쟁이었다.

지하에 좁은 굴을 파고 들어가 갱도에서 석탄과 철광을 캐는 광부들의 일상은 유쾌한 삶은 아니었을 것이다. 하지만 기계를 다루는 노동자들은 농민보다 수입도 안정적이고 도시에 살 수 있어 여러 혜택을 누릴 수 있었을 것이다.

산업혁명 이후에, 노예제도는 점차 사라져갔지만 산업화를 이룩하지 못한 나라들이 훨씬 더 많았기에 여전히 많은 수의 노동자를

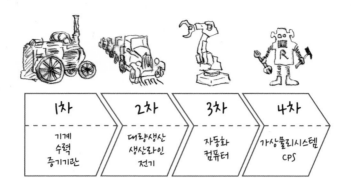

1차~4차 산업혁명의 과정
1차: 증기기관, 기계화. 18세기 말
2차: 대량생산, 전기. 20세기 초
3차: 전자, 컴퓨터, 자동화. 1970년대 초

4차: 가상 물리 시스템. 2010년대(CPS: Cyber Physical Systems)

필요로 하였으므로 일을 하지 않는 잉여 인구가 대규모로 발생하지는 않았다. 그 대신에 사람들은 돈과 시간에 얽매이게 된다. 시간이 곧 돈이었기 때문이다. 또 분업화라는 명목 하에 독창력과 창의력이 사라져 여전히 노예 같은 삶은 지속된다. 분업화를 통해 특정 부품의 제작만을 도맡아 하다 보니, 자신이 무슨 물건의 부품을 만들고 있는 것인지, 무슨 의미의 삶을 살고 있는 것인지를 잊게 되었다. 그저 머릿속에 남는 것은 노동, 시간 그리고 돈이었다.

곧이어 대량생산을 통해 생산되어 나오는 물건들은 자꾸 늘어만 가지만, 정작 이것을 사서 쓸 사람은 없을 정도로 생산 물자가 남아도는 물자잉여의 시대가 도래到來한다. 양말이 뚫어지면 기워 신고, 무릎이 해어진 바지는 덧대어 입고, 망가진 우산과 신발은 고쳐서 사용하던 시절은 이미 옛날이 되고 말았다. 물자도 풍부하고 물건 값도 저렴해진 만큼 구질구질하게 구두쇠처럼 아껴 쓰는 절약의

미덕이 사라지고 세계 경제시장이 돌아갈 수 있도록, 또 각 국가는 각자의 성장률을 높이기 위해 자꾸 만들고 새것을 써야했기 때문이다. '수출은 물론 내수도 진작해야 한다.'는 표현이 아껴 쓰기 캠페인을 대체한지 오래다.

옛날에는 튼튼한 물건을 만드는 회사가 잘 나가는 회사였는데 이제는 아닌 듯하다. 믿거나 말거나, 아프리카 북부 사하라 사막 모래 속에 2차 대전 이후 40년 동안 파묻혀 있던 폭스바겐 차량을 발견해서 끄집어냈는데, 시동을 거니 바로 걸리더라는 독일 제품의 신화神話를 들어본 사람들도 있을 것이다. 그런데, 튼튼하고 고장 안 나기로 유명한 독일산 제품들의 고장이 잦아졌다. 제품의 수명이 오래 가지 못하도록 일정 시간이 지나면 자동으로 망가지게 하는 기술도 개발되었다고 하니, 특정 국가가 지속적으로 발전해 나가고 성장을 이루기 위해, 내수 진작을 위해서, 고용을 유지하기 위해 필요 없는 것들을 계속 생산 해야만 하는 것이다. 과거에는 기워 입고 신던 옷이나 양말도 찢어지면 새것으로 산다. 아무리 가난해도 그렇게 한다. 멀쩡하게 생겼지만 오래된 물건들은 버려진다. 아깝지만 새로 구입하는 것이 고쳐서 다시 쓰는 것보다 돈이 덜 든다. 물건을 만드는 사람보다는 고치는 사람의 인건비가 높아져서인가?

자본주의의 병폐가 바로 무자비한 자원의 수탈收奪일 것이다. 솔직하게 말해서 새로 사는 것이 고쳐 쓰는 것 보다 비용 면에서 저렴하다면, 자본주의하에서는 남아나는 자원 없이 모두 고갈되어버릴 것이다. 그렇다고 해서 공산주의 경제사상이 옳다는 것도 아니다. 카를 마르크스는 공산주의 사회가 되면 개인의 개성과 인격이 존중되고 돈과 시간에 쫓기지 않는 삶을 살게 될 것이라고 예언했었다.

공장에 틀어박혀 무엇에 쓰는지도 모를 똑같은 나사부품만 하루 종일 만들다가 퇴근하는 자본주의 사회에서의 획일화된 삶과는 달리, 공산주의 세상에서 개인은 어떤 날은 독서가로, 다음 날은 낚시꾼으로, 또 어떤 날은 요리사로서의 개성, 여유, 자유를 누리는 인간적 삶을 모든 사람이 살게 될 것이라고 주장했다.

'계획적 구식화Planned obsolescence, built-in obsolescence'라는 시사용어가 있다. 유사 제품의 디자인을 개선시키거나 기능을 업그레이드하여 내놓게 되면, 옛 제품은 구식이 되어버리고 구매자는 새 제품으로 갈아탄다. 이런 효과는 스마트폰이나 승용차를 소유해 본 사람이라면 다들 느끼는 부분이다. 제품을 만드는 회사로서는 이런 전략으로 쏠쏠한 재미를 볼 수도 있겠지만, 너무 심하면 소비자들이 다른 경쟁회사 제품으로 갈아타 버릴지도 모른다. 해당 제품이 단종된 이후에도 약 8년 정도 부품 공급이 의무화되어 있는 자동차의 경우 부품이 공급되는 이상 계속 타도 무방하지만 컴퓨터의 소프트웨어 프로그램은 그렇지 않다. 소프트웨어 제작회사들은 고의적으로 해당 제품에 대한 기술적 지원을 중단하는 방법으로 소비자에게 새로운 제품의 구매를 강요할 수 있다. 스마트폰의 공급이 보편화되면서 '혹시 2년마다 제품 어딘가에 자동적으로 고장 나도록 설계되어있는 것 아닌가?'라는 소문이 돌고 있을 정도이다. 설마 상도덕이 그 정도로 땅에 떨어졌겠냐만, 아마도 약정 기간 2년 정도가 지나서 더 좋은 조건으로 신형 스마트폰을 장만하라는 억지설득 마케팅이 이런 소문의 진원지가 아닌가 싶다. 반면에 재활용recycling이라는 방식처럼 비교적 자연 순화적인 생산방식도 존재한다. 그나마 고용과 생산을 어느 정도 선에서 뒷받침해 주면서도 자원의 낭비가 덜한 방식이므로 경제, 산업, 환경적으로 잘만 이용하면 효율적 가치가 높은 방식이라 볼 수 있겠다.

실제 필요한 것보다 훨씬 더 많은 물건들이 쉴 없이 만들어지다 보니, 물건을 만드는 사람과 사는 사람 외에 전문적으로 물건을 전담해서 파는 사람(물론 옛날부터 상인은 존재해 왔지만)이 필요해진다. 즉 세일즈맨의 등장이다. 처음에는 사고파는 물건이 실질적으로 존재하며 눈으로 확인이 되는 물물교환이라는 방식으로 거래가 시작되었다. 파는 물건은 보이지만 그 값은 돈이라는 이상한 물건으로 대신 치르게 되는 세상이 오더니, 이제는 돈 대신 사용하는 신용카드까지 등장했다. 요즘의 우리는 눈에 보이지 않는 것을 역시 눈에 보이지 않는 것으로 사고판다. 유령이 곡할 노릇이다. 실제 쥐고 있는 돈이 아니라, 가상의 캐시cash 사용이 늘었다. 컴퓨터를 다루다 보면 발음은 똑같고 뜻은 조금 다른 단어를 발견하게 된다. 은닉처 혹은 고속기억장치를 뜻하는 cache도 캐시라고 읽는다. 고로 '사이버 캐시'라고 써놓으면 이것이 네트워크에서 통용되는 현금인지, 네트워크상에 존재하는 정보보관 장소인지를 구분할 수 없다. 아무튼 은닉처이건 현찰이건 아무리 두 눈 부릅뜨고 감시해 보려 해도 돈의 흐름이 어디로 가는지 모르겠으며, 정치와 경제 그리고 금융업, 증시, 서비스업 등의 보이지 않는 산업들이 무엇에 따라 춤을 추며 장단을 맞추는지는 잘 알지 못하겠다. 예측, 납득 및 이해가 가능한 세상이었으면 좋겠지만, 지금은 우리가 알지 못하는 것이 너무 많다. 큰돈이야 눈에 띄겠지만 하루에 몇 십 원 정도씩 자신도 모르는 채 물 새듯 빠져나가는 돈까지 감시할 능력은 없다고 본다.

아무튼 이렇게 불필요하게 발생하는 잉여 물자들을 어떻게 해결해야 할까? 당장 필요하지도 않은 것을 계속적으로 팔기 위해서는 더 끈질긴 정신의 세일즈맨이 필요하게 되었는데, 매일 수차례씩 여러분께 걸려오는 전화들을 생각해보라. "가입해라, 기기변경해라, 상담만 받아도 선물을 준다, 경품에 응모해라," 등 등. 강매로 소비자들에게 떠안기는 것이 점점 어려워지기 때문에, 강매는 더 이상 사용하기엔 부담스러운 방식이 되어버렸다. 다단계식 세일즈를 시작으로 해서, 기업들은 호기심이 많은 고객들을 상대로 얼리어답터early adopter를 키워내고, 어린 시절부터 특정 브랜드에 대한 세뇌를 시키는 얼리어댑터early adapter[9]를 양산해내는 방법을 고안해내었다. 더 나아가서 설득기술persuation-technology이라는 기법을 등장시켰으며, 자기가 좋아서 선택한다기보다는 세상에 적응하고 살기 위해서 어쩔 수 없이 앱을 다운 받는 세상이 되었다. 최대한도로 팔아 최대의 이익을 얻기 위해서는 억지로라도 팔아야 한다. 세일즈맨인 내가 살려니, 남들 형편을 봐줄 수가 없다. 그리고 소비자들은 때로는 미안해서, 무서워서, 허영에 차서, 동정심으로, 안 사면 값이 오를까봐, 품절될까봐 걱정이 되어… 구매한다. 전략은 이러하다, 빅 데이터를 장악한 거대자본가들과 일부 엘리트층들이 권력을 쥔 정치인들과 손을 잡고 설득기술을 이용하여 소비자들로 하여금 구매하지 않을 수 없도록 만들어 버린다.

멀쩡한 사람을 노예로 만드는 두 가지 대표적인 방법이 존재하는데, 한 가지는 반인륜적인 강제적인 방법이고 또 한 가지는 아주 인간적인(?) 꾸준한 설득에 의한 방법이다.

강제로 노예 만드는 방법

① 집단을 이루지 못하게 혼자 떨어뜨려 놓을 것

② 공포심을 유발하여 두려움을 갖게 할 것

③ 자존감을 약화시킬 것

④ 장난이 아니란 것을 실제로 보여줄 것

　(본인에게 신체적 고통을 주든지, 아니면 다른 사람이 신체적 고
　통을 받는 것을 보여준다)

⑤ 시간적 여유를 빼앗아 탈출할 계획을 세우지 못하게 할 것

⑥ 하루 종일 지치게 하여 여분의 기력이 남지 않도록 할 것

⑦ 충고를 해줄 조언자가 접근하지 못하도록 차단할 것

⑧ 자연에 대한 그리움을 갖지 않도록 유도할 것

　(자연은 우리에게 고통을 주는 존재라는 것을 인식시킨다)

⑨ 도망갈 곳도 없고, 도망을 가도 곧바로 잡힐 것임을 각인
　시킬 것

⑩ 노예상태에서 벗어나더라도 더 나아질 것이 없음을 각인
　시킬 것

⑪ 의문을 갖거나 깊이 생각하게 만들지 말 것

⑫ 노예 생활에 익숙해져서 모험정신을 갖지 못하게 할 것

자발적으로 노예가 되게 하는 방법

이 방법은 '강제로 노예 만드는 방법'에서 2번 내용만 조금
바꾸면 된다. 즉, '2. 공포심을 유발하여 두려움을 갖게 할
것'이라는 항목을 '2. 말초적인 자극을 주어 중독이 되도록
만들 것'으로 대체해버리면 된다.

즉, '공포심을 이용하느냐? 아니면 중독을 시키느냐?'의 차이만
이 존재할 뿐이다. 대영제국은 아편전쟁을 통해 청나라제국의 젊은
이들을 마약중독자로 만들어버렸다. 두 개의 방법을 동시에 사용한
극약처방이었다.

1 일하지 않는 자, 먹지도 말라

러시아어 'кто не работает, тот не ест'는 '일하지 않는 자, 먹지도 말라'는 뜻의 소비에트 연방 헌법 제12조의 내용이다. 소비에트 연방헌법이 인용한 것은 신약성경 데살로니가 후서 3장 10절의 '우리가 너희와 함께 있을 때에도 너희에게 명하기를 누구든지 일하기 싫어하거든 먹지도 말게 하라 하였더니'이며, 둘 간의 의미는 다음과 같이 명백히 다르다. 성경은, "일하려 하지 않은 자"라고 말하고 있고, 소비에트는, "일하지 않는 자"라고 말하고 있다. 즉, '일할 의지가 있는 것'만으로는 소비에트의 헌법을 피해 갈 수 없다. 고로, 소비에트 식으로는, 일할 의지가 있음에도 일을 못하고 있는 사람도 룸펜-프롤레타리아가 되는 것이다. 즉, 장애인 이외에 일을 안 하고 빈둥대는 사람을 잉여계층, 혹은 유사한 말로 유한계급有閑階級이라한다. 또한 생산 활동에 종사하지 아니하면서 소유한 재산으로 소비만 하는 계층도 있다.

2 데살로니가후서 3장 10~12절

우리가 너희와 함께 있을 때에도 너희에게 명하기를 누구든지 일하기 싫어하거든 먹지도 말게 하라 하였더니, 우리가 들은 즉 너희 가운데 게으르게 행하여 도무지 일하지 아니하고 일을 만들기만 하는 자들이 있다 하니,

3 존 스미스

존 스미스John Smith(1580~1631)는 영국의 군인, 선원이었으며 영국에

귀국해서 작가생활을 했다. 그는 현재 미국 버지니아 주 윌리엄스버그 시내에 북미에서는 최초의 영구 식민지가 된 제임스타운을 건설했다. 제임스타운Jamestown은 그레이트브리튼과 아일랜드의 연합왕국인 유나이티드 킹덤(영국)이 북아메리카 버지니아에 건설한 최초의 영구 식민지이다. 1607년 5월 24일 런던 회사에 의해, 제임스 1세의 이름을 따서 제임스 요새로 명명되었으며, 1616~1699년까지 83년간 식민지의 수도 역할을 하였다. 1607년 버지니아 회사Virginia Company라는 런던의 투자회사가 운영하던 배를 타고 옮겨온 정착민은 존 스미스를 포함한 104명이었으나, 초기 정착지 건설과 식량공급 및 방어를 위한 필수 인력은 거의 전무하였고 엉뚱하게도 대다수의 인력은 투자자들과 관리자들이거나 금광 등을 캐기 위해 보내진 광부들이었다. 20% 이상의 대원은 일을 할 줄 모르는 투자자들로 이들은 단체 노동에 참여하기를 거부했다.

4 《국가와 혁명Государство и революция》

Chapter 5, Section 3, "The First Phase of Communist Society" 1917 work, The State and Revolution. Vladimir Lenin.

5 민중노동가요

김경희 글, 노동자노래단 곡의 〈무노동 무임금을 자본가에게〉를 말한다. 이 노래는 노동자 문예창작단 아티스트 노동자 문예창작단의 '바리케이트'라는 앨범에 수록되었고, '일하지 않는 자여…'라는 부분은 곡의 5번째 절에 등장한다.

6 룸펜 프롤레타리아트

룸펜 프롤레타리아트Lumpen Proletariat라는 용어가 등장하는 개벽지에서 인용. "첫재는 歐美列國資本階級이 虛無慘憺하게 植民地民族을 搾取하면서 都市技術勞働者들이 生活程度를 向上식혀주는 동시에 그들이 自己子女에게 상당한 智識을 培養하게 하엿다. 또 둘재는 高度에 달한 資本制度가 小富饒의 출신인 인텔리겐치야에게 産業無産化될 환경을 짓는다. 資本制度의 초기에는 그들이 産業的 無産化되지 못하고 룸펜-프로레타리아트(所謂 건달)가 된다."(朴春宇, 〈朝鮮思想運動者들의 階級的組成을 推究하면서, 朝鮮의 熟慮〉, 개벽 제71호, 1926년 07월 01일)

7 〈오펀 블랙Orphan Black〉

2013년 3월 30일부터 방영중인 텔레비전 드라마이다. 대한민국에서는 KBS 2TV에서 방영되었다. 캐나다에서 제작하여 BBC America에서 방영된 공상과학물이다.

8 굴락Gulag

굴락(Gulag; ГУЛАГ)은 소련에서 노동 수용소를 담당하던 정부기관이다. 'Главное управление лагерей'의 약자로 한국어로 번역하면 '국가 주요 수용소 관리국' 정도가 되겠다. 전국에 걸쳐 설치된 강제노동 수용소를 지칭하는 대명사로 쓰이게 되었다.

9 얼리어댑터early adapter

'여는 말'의 '깊이 읽기'에서 설명한 얼리어답터early adopter와의 차이를 알아볼 필요가 있다. 알파벳 한 개의 차이지만 개념이 약간 다르다. 얼리-

어답터는, 출시 이전 시제품은 물론, 아직 제대로 완성되지 않은 베타(β) 제품의 사용에 흥미를 느끼는 분류의 사람들이다. 이들이 가장 먼저 사용해보고 평가를 한다. 남보다 늦기 전에 제품을 경험해 보고 싶은 도전정신과 경쟁심리가 밑에 깔려 있다. 반면 얼리-어댑터는 특정 제품이나 상호商號나 회사에 대한 좋은 이미지를 아주 어릴 때부터 아이들에게 주입시키는 방식으로, 그렇게 일찍부터 적응된 사람을 말한다. 가량 당장 차를 사거나 운전할 나이는 아니지만, 평생 특정 브랜드에 대한 무의식적 선호도를 지니게 되어 나이가 들면 특정회사의 자동차를 구입하게 된다.

2장

노예제도의 발전

자유냐, 죽음이냐,
노예들의 반란

잔지바르의 땅에서 In The Land of Zanzibar

잔지바르의 땅에는

감히 아랍인 여성을 훔쳐보았다는 죄로

목이 잘려나간 아프리카 노예들의 검은 영혼들이

멍들고 상처를 입은 채

잔지바르의 땅에 심어놓은 목련나무

한 그루 한 그루 아래마다 묻혀 있다

노예제도라는 쓰라린 채찍질에

이들은 거름이 되었다

잔지바르의 땅에서

　　　　- 지금은 고요하고 아름답기만 해 보이는

　　　　잔지바르의 해변을 방문한 어느 네티즌이

　　　　2012년 12월 2일 인터넷에 남긴 詩

한국인의 입장에서는 노예奴隷라는 단어보다는, 노비奴婢나 종
이라는 단어가 더 친숙하게 들린다. 물론 요즘에는 '성노예'나 '노예

잔지바르지역 해안가에 위치한 고급저택. 인도양 해상에 위치한 섬인 잔지바르는 아프리카 동부 탄자니아의 자치지구(自治地區)이다. 해안을 따라 야자수와 함께 목련(magnolia)이 심어져 있는 아름다운 이국적 정취를 보여주고 있다.

계약'과 같은 단어의 사용빈도가 늘고 있다. 노예는 죄를 지어서 종이 되었다는 뉘앙스가 있고, 노비는 남녀의 종 모두를 지칭할 때에 사용한다. 종은 한자어가 아닌 순수한 우리말일 듯하다. 허나 한자의 '따를 종從'에서 유래했을 수도 있다.

영어권에서는 슬레이브slave, 서번트servant, 서프serf로. 고대 그리스어로 남자종은 둘로스δοΰλος이다. 고대 로마시대에는 서르버스 servus라 불렀다. 언제부턴가 서비스업, 공공서비스, 의료서비스 등의 용어가 자연스럽게 우리생활 속에 자리잡아가고 있지만 서비스란 단어는 그리 유쾌하게 들리는 용어가 아니다. 사용을 지양하는 것이 좋다.

서프는 농사에 동원되는 노예인 농노農奴이다. 러시아 주변의 넓은 지역을 슬라브Slav지역이라 부르는데, 이 지역에 살던 사람들이

유라시아 지역 전역에 분포된 슬라브 지역. 우랄 산맥 서쪽의 러시아와 동유럽의 대부분을 차지한다.

러시아 지주들의 농노로 살았다. 더군다나 노예를 러시아어로 라브 pa6로 부르는 만큼 슬라브 민족이라는 명칭도 달가운 표현이 아니다. 알다시피, 중세 봉건사회 속에서의 농노생활은 비록 완전한 노예는 아니었다 치더라도, 집은 지어서 살 수는 있으나 토지를 소유할 수 없었고 지주地主가 지정해 주는 곳에서 살아야 했기에 이주移住의 자유가 없었다.

농노들의 노동력에 의지했던 러시아는 유럽국가들 중에서 가장 늦은 시기까지 노예와 평민의 중간계급에 해당되는 준準노예제도를 고집하다가 결국 공산주의 혁명에 휘말리며 러시아의 로마노프 왕가가 몰락하고 차르 제도도 종식된다. 그러나 1917년의 러시아 혁명은 농민혁명이 아니고 애석하게도 노동자혁명이다. 원래의 무산자無産者계급인 프롤레타리아 집단에는 소작농도 포함되지만, 러시아 혁명에서 농노들은 혁명수행의 역할의 중심에서 제외되고 소외되었다. 프롤레타리아prolétariat는 프랑스어지만, 고대 로마제도에서 유래한 단어이다. 고대 로마 사회에도 무산자 계급이 많았던 모양이다. 이들은 노예 신분이 아니며 세금과 군복무가 면제되었고 국가를 위해서는 아이들을 많이 낳아주는 역할을 하는 계층을 지칭하는 단어였다. 현대식으로 보자면 영세민 혜택을 받았다고 할 수 있다. 프롤레타리아는 강한 번식력 혹은 다산多産을 뜻하는 중세 프랑스어 폴리시켜prolifique와도 관련이 있다.

노예라는 계급은 어떻게 생겨나게 되었을까? 물론 태어날 때부터 노예 신분이 될 수밖에 없었던 불운한 처지도 있었겠지만, 대다수의 노예들은 처음에는 자유인이었다. 전쟁포로, 납치, 가족에게 돈이 필요해서 남에게 팔리거나, 빚을 갚지 못해 노예가 되는 경우 등 그 이유도 다양했다. 먹고 살 방법이 없어 자발적으로 부잣집 노예로 들어가기도 했다. 의외라고 생각하실 수도 있겠지만 17세기 후반까지도 영국에서는 말馬고삐로 아내의 목을 묶어 큰길가를 끌고 다니며 정식 경매를 통해 응찰자에게 자신의 아내를 팔 수 있었다. 아버지가 자녀를 파는 일도 오래지 않은 옛날까지 존재해 왔던 일이다. 재산처럼 팔리기도 하고, 생사여탈권도 주인에게 있었으며, 노예 사이에 태어난 자식은 그 노예 소유주의 재산이었다. 조선시대의 종들의 경우 자식은 어머니를 소유한 주인의 소유였다. 세계의 각 지역마다 노예를 부리는 정도의 차이, 신분의 차이, 자유로움의 정도의 차이 등만 있었을 뿐이었고 노예는 세계 곳곳에 존재하였다.

노예가 된 경로가 다양한 만큼, 노예가 해야 할 일의 종류도 다양했다. 대규모 및 소규모 건축과 토목공사에 동원되고, 대규모 농장에서의 집단 노동, 채석장에서 돌을 깨고 옮기는 일, 산속이나 지하 깊은 곳인 광산에서의 채굴작업 등에 투입되었으며, 힘든 일을 하는 곳일수록 노예들은 더욱 더 잔혹하게 다루어졌다. 노동의 강도가 앞서보다 적은 경우에는 소규모의 농사나 가축을 돌보는 일, 우물에서 물을 길어오는 일, 주인의 집에서 잡일을 보거나, 당시로써는 천한 직업으로 여겨졌던 빨래하는 일을 전담으로 하는 등 아주 다양한 업무에 동원되었던 것 같다. 노예에게 무기를 지급하고 군사훈련을 시킨다는 것이 위험해 보일지는 몰라도 상당수의 노예는 군인으로 키워졌다. 육군陸軍이라면 다소 나았겠지만, 해군海軍에 소속된 노예들의 삶은 매우 고달팠다. 쉴 새 없이 배의 노를 저어야 했기 때문에 탈진하여 죽는 노예가 많았다. 여자들은 성노예로 많이 팔려갔다. 아랍으로 끌려간 노예의 역사와 서양으로 잡혀간 노예의 역사는 조금 다르다. 아랍에서는 남자 노예들을 거세去勢 시켜 생식능력을 제거하여 가족을 이루지 못하도록 한 것에 비하여, 서양에서는 거세를 중요시 여기지 않았고 결혼도 시키고 애들도 낳도록 놔두었다. 그래서인지 아랍권에 남아있는 노예 후손들의 숫자보다는 서양권에 남아 있는 노예 후손들의 숫자가 상대적으로 많다. 개략적인 통계이지만 서양에는 남자노예가 더 많았고 아랍지역에는 여자노예가 3배가량 더 많았다고 한다.

　　뒤에 다시 설명하겠지만, 이슬람제국 시절의 흑인들은 아프리카 곳곳의 대형 노예 집합소에 임시로 수용되었다가, 노예를 전문적으로 이송하는 카라반의 스케줄에 맞추어 대략 세 개의 루트를 따라

최종 목적지로 이송되었는데, 운송 도중에 2/3가 죽고, 노예로 팔린 뒤에도 거세나 고문의 후유증으로 나머지의 3/4이 죽었다. 고분고분 대해주다가는 버릇만 나빠지니 길을 들여놔야했으므로 노예상인들은 노예들을 상당히 잔혹하게 다루었다. 노예들에게는 '명대로 산다.'는 것이 사치일는지도 모른다. 자연스럽게 늙어서 죽게 되는 노예는 전체 노예의 10% 남짓이었다.

사람들이 다양한 이유로 노예가 되었기 때문에, 아프리카에서 끌려온 흑인 노예만 존재하는 것이 아니었다. 흑인들이 가장 큰 피해자였지만, 백인 노예, 황인종 노예도 많았다. 다양한 인종이 노예로 부려졌던 고대 그리스나 로마제국 혹은 아랍제국에 의한 노예조달調達과는 달리 15세기 후반 시작된 대항해시대大航海時代부터는 흑인들이 노예의 대다수를 차지하게 된다. 유럽 대항해시대의 시작 시점은 우연하게도 아라비아제국이 그들의 점령지였던 이베리아 반도로 부터 로마 가톨릭 왕국들에 의해 축출된 소위 레콩키스타Reconquista[1] 운동이 완료된 해인 AD 1492년 즈음의 시점과 정확하게 일치한다. 이슬람제국에 의한 히스파니아의 점령기간은 AD 711~1492년까지 대략 770년가량 지속되었다고 볼 수 있다.

이베리아 반도의 두 국가인 포르투갈과 스페인 정복자들에 의해 잔혹한 방법으로 진압되었던 남아메리카의 인디오들은 북아메리카의 인디언들보다 시기적으로 일찍 길들여졌기 때문에 성질이 온순하긴 하였으나, 체력이 떨어지고 면역력이 약해 병치레가 잦아 노예로 사용하기엔 부적절하였으며, 북미의 인디언들은 두뇌도 뛰어나고 체력도 강인하였으나 반항심이 드세어서 노예로 만들 수 없었다. 북미 지역을 점령한 나라들이 이유 없이 그 많던 북미인디언 노동력을 포기하고 강제이주를 통한 소멸정책을 사용했을 까닭이 없다. 아마도 북미인디언들은 거추장스럽고 위험한 존재였기 때문일 것이다.

인디언이나 인디오들을 노예로 쓰지 않은 이유는 또 있는데, 아랍인, 동양인, 인디오, 인디언은 셈족, 백인은 야벳족, 아프리카인들은 함족의 후손인 가나안 족속에 속하였으므로 당시의 상식으로써는 함의 후손인 아프리카인들을 노예로 쓰는 것이 더 설득력이 있었다. 그래서 토종의 인디오들 대신에 애써 먼 아프리카에서 기운 센 흑인노예들을 데려올 명분이 생겨나게 된 것이다. 인디오 대신 아프리카인을 아메리카대륙의 노예로 사용하게 된 데에는 스페인 식민지에 관여했던 도미니코수도회의 수사였던 바르토로메 데 라스 카사스Bartolomé de las Casas(1484~1566)의 의견이 반영된 것이라고 알려져 있다.

여러 나라 말로 노예를 어떻게 부르는지는 앞서 보았다. 마지막으로 아랍 세계에서 사용하는 노예의 명칭을 살펴보겠다. '아브드Abd'는 노예나 하인으로 해석되고 '종속되었다' 혹은 '숭배하기 위해 무릎을 꿇다'는 의미를 지니고 있다. 아브드 외에도 '잔지zanjī'라는 명칭이 있는데, 이는 검다는 뜻으로 니그로negro와 일맥상통한다. 잔지는 검은 사람들의 땅으로도 해석된다. 잔지는 주로 반투Bantu어를 사용하는 흑인 부족들을 지칭하며 반투족들은 아프리카의 중남부를 차지하고 살았다. 뒤의 지도를 참고하시길 바란다. 이슬람식 이름에는 '압둘라Abdullah'처럼 '압둘Abdul'이라는 명칭이 종종 등장하는데, 이는 Abdullah=abd+allah 로서, '알라의 종'이란 뜻이다.

노예 제도의 발전을 설명하기 위해서는 노예들에 의한 중요 반란 사건들을 다루지 않을 수 없다. 이러한 반란을 통해 노예에 대한 대우가 좋게 변하기도 했고, 오히려 더 혹독해지기도 했다. 하지만 중요한 것은, 비록 노예로 끌려가 속박된 비참한 삶을 살았다 하더라도 이들은 끊임없이 자유를 향한 목숨을 건 투쟁을 시도했었다는 것이다. 노예들은 스스로의 힘으로 반인륜적인 대우에서 벗어나고자 했으나 번번이 실패했다. 성공한 사례도 있다. 마지막에 설명할 아이티의 노예반란이 그렇다. 몇 가지 사례가 있으나 여기에서는 로

아프리카 서부 탄자니아의 잔지바르 섬. 잔지바르(Zanzibar)는 지명이며, 아프리카대륙의 동쪽해안 즉 인도양에 위치한 섬으로 스파이스(Spice) 군도에 위치해 있다. '잔지'는 검다는 뜻이고 '바르'는 해안가라는 뜻이다. 검은 해안가가 아닌 흑인노예들을 집단수용해 놓았던 해안가라는 뜻이다. 지도에는 아프리카 흑인 노예들이 이슬람 제국으로 팔려나가던 3가지의 루트들도 표시되어있다. 아프리카 중부에서 사하라 사막을 거쳐 북아프리카 및 당시 이슬람 식민지였던 남유럽으로, 이집트 및 홍해를 지나 아랍으로, 잔지바르 항구를 통해 인도양을 거쳐 바빌론과 아랍 등지로 팔려나갔다. 아프리카 대륙의 아래쪽 반에 해당하는 지역에서 통용되던 언어를 반투어(Bantu)라 한다.

마공화정 시절의 스파르타쿠스의 반란, 이슬람제국에 대한 잔지의 반란 그리고 아이티의 흑인독립전쟁 등 세 가지를 소개하겠다.

노예 반란은 주로 갓 끌려온 신참 노예들의 콧바람에 아직 자유에 대한 갈망이 존재할 때에 발생했다. 새로운 피가 수혈되었을 때에 선임노예들이 아닌 새로 들여온 노예들이 반란을 주동을 하게 된다. 노예들의 입장에서는 '자유를 취득할 것이냐 아니면 포기할 것이냐? 자유냐 죽음이냐?'의 문제였고, 이러한 노예 반란을 통해 제국들이 배우게 된 교훈은, 끌고 온 노예들을 절대 가족이나 부족별로 함께 두어서는 안 된다는 것. 고참 보다는 신참 노예들을 더 신경 써서 감시해야 한다는 것. 극심한 노역에 투입된 노예들이 더욱 더 반항적이 된다는 점이었다.

● **스파르타쿠스의 노예전쟁**

고대 로마는 오랜 역사의 뿌리 깊은 노예제도를 가진 사회였음에도 불구하고 노예를 총칭하는 단어가 없다. 아마 노예들을 여러 다양한 계층으로 나누어 철저히 관리했기 때문일 것이다. 그리고 역사기록 등에서 표면적으로 드러나는 로마시대의 노예 생활이 그리 궁핍하지 않았을 듯싶다. 하지만 역사상 가장 극적인 노예반란이 일어난 곳이 바로 로마제국이다.

스파르타쿠스Spartacus는 기원전 73년부터 71년까지 2년간 노예들을 이끌고 반反 로마 공화정 항쟁을 지도한 노예 검투사이다.

스파르타쿠스는 그리스 지역에서 태어나 용병으로 활동하던 중

로마군대에 입대했다가 결국 탈영하는 바람에 노예 신세로 전락하지만 워낙 강건하여 검투사로 발탁된다. 그는 렌툴루스 바티아투스가 운영하는 캄파니아Campania지역의 검투사 학교에 소속되어 있었다. 그러던 중 로마가 스페인에서 발생한 반란을 진압하기 위해 본토 방위에 허점을 보인 틈을 타서 동료 검투사 70여 명과 함께 검투사들이 사용하던 무기를 들고 검투사 학교를 뛰쳐나와 봉기하였다. 로마의 남쪽 나폴리 인근을 시작으로 로마제국의 작은 도시들을 차례로 약탈하면서 서서히 그 세력이 커졌고, 민병대가 위주인 로마공화정의 진압군들을 차례차례 무찌르며 로마군의 무기와 장비까지

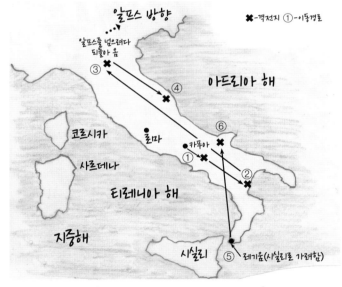

스파르타쿠스의 반란. 반란군의 전투 및 이동경로. 로마 근방의 카푸아 지역에서 발생하여 1~6까지의 이동경로를 밟았으며, 3번의 전투 이후 알프스 산맥을 넘어 각자의 고향으로 돌아가려다가 계획을 취소하고 계속 전투를 벌이던 중 레기움에서 시실리로의 탈출을 시도하였으나 실패하고 진압 당한다.

획득하여 무장함으로써 기세가 더욱 등등해졌다.

과거의 노예반란이 시실리 섬에서 주로 벌어진 것과는 달리 이번에는 로마제국의 심장부를 위협하였으므로 로마정부는 강력한 진압을 시도하기에 이르며, 이 전쟁을 3차 노예전쟁Servile War이라 부른다. 1차와 2차 노예전쟁은 시실리 섬에서 이미 벌어진바 있다. 시실리는 대규모 플랜테이션 중심의 노동 지역이었기 때문에 노역이 심하고 거칠게 다루어졌으므로 시실리에 있는 노예들이 억압을 견디지 못하고 자주 반란을 일으켰다. 원래 스파르타쿠스는 그의 군대를 이끌고 북쪽의 알프스산맥을 넘어 각자의 고향으로 돌아가는 것을 목표로 하였으나, 어떤 이유에서인지 방향을 바꾸어 남쪽으로 다시 내려오게 되며, 위기를 느낀 로마는 중무장한 정규군을 대규모로 투입하여 강경진압에 나선다. 로마군의 반격에 밀리자 시실리 섬으로 도주하여 그들만의 나라를 세우는 것을 계획하였으나, 배편을 제공하기로 한 쪽의 배신으로 다시 북쪽으로 향하다가 세력이 약화되어 붙잡히게 된다. 로마공화정의 장군이며 후에 1차 삼두정치를 이끌게 될 크라수스와 폼페이우스에 의해 항쟁은 진압되었으며, 약 6000여 명의 항쟁 가담자들은 십자가에서 처참하게 처형되었다.

1차 노예 전쟁: 135 BC~132 BC, 시실리
2차 노예 전쟁: 104 BC~100 BC, 시실리
3차 노예 전쟁: 73 BC~ 71 BC, 이탈리아, 로마제국 본토

지구상에서 수많은 노예반란에 인한 전쟁이 일어났지만, 세계적

으로 주목할 노예 전쟁은 방금 설명한 스파르타쿠스에 의한 3차 노예전쟁과 이제 설명할 잔지의 난, 그리고 프랑스 제국에 대항하여 일어난 아이티의 독립전쟁이다. 인도에서 벌어진 세포이의 난은 노예의 반란이라기보다는 군사반란으로 보는 견해가 크다.

세포이는 인도와 그 인근 지역에서 모집된 원주민으로 구성된 지방 군인들에게 주어진 이름이다. 명목상 인도인 출신 대영제국 군인들인 세포이들이 군사반란을 일으켰다고 하여 세포이의 반란 Mutiny of Sepoys이라 부른다. 비록 성공하지 못했지만 5만 명의 영국 주둔군에 비해 6배가량 많은 30만 명의 세포이 군인들이 일으킨 반란이었으며 1857~1858년간 지속되었다. 반란이 일어난 이유는 복합적이지만, 단골로 등장하는 이야깃거리는 새로 지급된 엔필드 소총의 종이 탄약통에 발라진 기름이 동물성 기름이었다는 데 있다. 당시 화약 카트리지를 딸 때에 이빨로 물어 잘라냈기 때문에, 힌두교를 믿는 군인들 사이에서는 소기름이라는 소문이, 이슬람을 믿는 군인들에게는 돼지기름이라는 소문이 확산되어 반란이 촉발되었다.

● 잔지의 난

잔지의 난은 이슬람 제국의 아바스 왕조의 지배에 대항하여 발생한 흑인노예들의 반란으로 AD 869~883에 발생하였다. 오늘날 남부 이라크의 도시인 바스라 인근에서 발생하여 바빌론지역 전역으로 번졌다. 중동지역으로 끌려온 반투어를 사용하는 흑인(잔지)들이 주동이 되어 일으켰으며, 수천 명의 사상자를 내고서야 진압되었다. 아바스왕조는 AD 750~1258간 존속했던 칼리프국가이며, 무슬림 역사가들에 의하면 역사상 가장 악독하고 잔혹한 폭동이었다고 표현되며, 서방 역사가들에 의하면 서아시아 역사상 가장 피비린내 나고 파괴적인 반란 중 하나였으며, 비교적 긴 14년간의 반란기간으로 볼 때에 역대 노예반란 중 가장 치열했던 반란으로 평가되고 있다. 잔지들은 바빌론의 가장 핵심 지역인 '알무크타라'를 수도로 삼고 크게 저항하였다. 특이한 점은 노예의 반란에 일부 자유인들까지 합류하였다는 것이다. 역사적 중요성에도

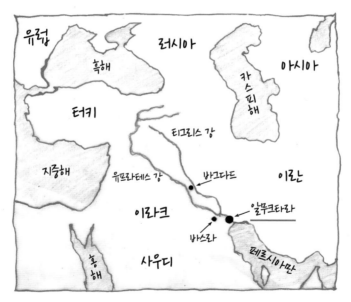

잔지 반란의 주요 거점들. 지금의 쿠웨이트, 이라크, 이란이 공유하고 있는 해안선인 페르시아만 인근의 중요도시인 바스라 근처와 유프라테스와 티그리스 강의 합류지역에서 오랜 기간 넓게 벌어진 반란이다. 알 무크타라를 수도로 삼고 저항하였다.

불구하고 기록으로 남아있는 자료가 상대적으로 적다. 이슬람 제국들이 기록을 남기지 않아서라기보다는 자료의 공개를 주저하고 있기 때문일지도 모른다.

● **아이티 노예전쟁**

　　아이티는 미국의 플로리다 아래 쿠바에 인접한 섬 국가로 도미니카공화국과 같은 섬을 사용하고 있는 나라이다. 가뜩이나 빈곤한 처지에 2010년의 대지진으로 대략 20만 명가량의 사망자가 발생했다.

　　아이티에서는 1791~1804년 사이에 독립전쟁이 치러졌다. 아이

아이티는 카리브 해라 불리는 곳의 여러 군도들인 서인도 제도에 위치해 있다. 아이티는 도미니카 공화국과 섬을 공유하고 있으며 섬 전체를 히스파니올라(Hispaniola) 섬이라고 부르기도 한다.

티의 주민들은 유전학적으로 남부 사하라 지역에서 이주해 온 흑인이 90% 이상을 차지하고 있었으며, 이들은 1492~1625년까지의 스페인에 의한 지배와 곧바로 이어 1625~1804년까지의 프랑스제국의 지배를 견디었다. 약 312년간의 혹독한 노예생활이었다.

나폴레옹 보나파르트가 1769~1821년 사이의 인물이니만큼, 아이티에서 노예생활을 하던 이들은 황제로 직위하기 직전 나폴레옹의 지도력이 가장 강력했을 때에 악명 높은 나폴레옹 군대와의 싸움을 치른 용맹한 백성들이었다고 보면 적절할 것이다. 더 흥미로운 사실은, 아이티 백성들은 바로 바다 건너 북쪽에서 벌어진 1776년의 영국으로부터의 미합중국의 독립전쟁에서 혁명의 영감靈鑑을 얻었으며 자신들의 지배 국가였던 프랑스에서 벌어진 1789~1799년의 대혁명에 의해서 한층 더 고무되어 있던 터였다.

스파르타쿠스의 노예반란이 일어난 지 무려 1900년 만에 벌어진 사상 최대의 노예 봉기蜂起였다는 것에 큰 의미를 부여해야 한다.

당시 카리브 해 서인도제도의 섬들은 대부분 스페인 지배의 영향으로 사탕수수를 재배하였으며, 유럽과 미국의 설탕 수요가 크게 늘어 엄청난 양의 설탕이 정제되어 수출되었다. 아이티가 식민지가 아니었더라면 설탕 수출로 세계에서 가장 부자나라가 되었을지도 모른다는 그럴 듯한 이야기도 들린다. 사탕수수는 설탕의 재료로만 사용된 것이 아니고, 당시 유행했던 럼rum주의 원료였다. 럼주는 일종의 알코올이었으며 알코올은 화약을 더 빨리 발화시키는 무기처럼 사용되었기에 전략적으로도 가치가 높은 상품이었다.

하지만, 사탕수수 플랜테이션 재배 및 설탕 추출과 럼주의 증류는 인간 노동력 없이는 불가능한 것이었고, 가뜩이나 더운 지방에서 대량의 원료에 뜨거운 불을 때어 밤새도록 작업해야 하는 환경은 불지옥 그 자체였다고 한다. 흑인 노예들은 단결하여 프랑스제국군과 잔여 스페인군을 완전히 몰아냈는데, 아이티 노예군과 프랑스군 사이의 피해 상황을 보면, 아이티 군대 3천 명 전사, 프랑스 군대 2만 명 전사이므로 독립전쟁의 대미를 대첩大捷으로 장식한 셈이다.

사탕수수라면 이가 갈리던 아이티인들이 노예수탈의 상징인 설탕정제공장 및 럼주주조공장을 모조리 부수고 도로 등의 기반시설까지 파괴하는 바람에 경제를 움직일 수단을 잃어버리게 되며, 승리와 자유와 독립의 기쁨도 잠시였을 뿐, 섬 앞 바다에 다시 출몰한 엄청난 숫자의 프랑스 제국군 함대는 해방된 노예 숫자만큼의 손해배상금과 프랑스 측에 입힌 피해보상금을 내놓지 않으면 바로 상륙하여 모두 다시 노예로 만들겠다고 엄포를 놓았다. 프랑스는 아이티 해방으로 인하여 카리브 해에 대한 프랑스의 영향력이 결정적으로 약해진 탓에 당시 북미대륙의 중부지역 전체나 다름없던 자신들의 식민지인 루이지애나를 미합중국에 양도해 버릴 수 밖에 없는 처지에 빠지자 아이티 흑인들에 대한 복수를 결심한다. 그리고 그동안 아이티산産 설탕을 수입하던 주변국들도 프랑스의 요청으로 독립국이 된 아이티에 대한 통상금지 명령을 내리고 고립시켰다.

그도 그럴 것이, 당시의 미국에는 토마스 제퍼슨(1743~1826)이 미합중국 제3대 대통령으로 재임(1801~1809) 중에 있었으며, 당시의 스페인, 네덜란드, 프랑스 등처럼, 미국의 제퍼슨도 다수의 노예를 거느린 인물이었기에 노예반란이 미국까지 번지는 것에 공포심을 느끼고 있었던 터였다. 때문에 아이티 흑인노예국가의 독립이 국제사회에 좋게 보일리가 없었다. 아이티는 기나긴 전쟁으로 인하여 탈진한 상태로 또다시 프랑스와의 전면전을 견뎌낼 여력이 없었으므로 프랑스가 제시한 당시로서는 엄청난 금액의 보상금을 지불하기로 약속하고 친親프랑스 정책으로 서서히 되돌아가게 된다.

국제법상 갚지 않아도 될 빚을 보복이 두려워 100년에 걸쳐서 탕감하고 나니, 발전의 여력이 없고, 그 와중에 세습 독재정권까지 들어서는 등의 어려움을 겪던 연약한 사회기반과 인프라를 지닌 아이티는 2010년 대지진에 다시 무릎을 꿇게 된다. 한번 노예는 영원한 노예인가? 아니 사슬을 풀고 도망가 보았자 다시 잡혀오면 더 무서운 현실을 받아들여야 하는 악순환의 반복인가?

여기에서 배우게 되는 것은, 절대 노예가 되지 말아야겠다는 것이다. 노예제도는 한번 빠지면 도저히 빠져나오기 힘든 늪이다.

노예제도의 변화

히브리인들은 7년마다 돌아오는 안식년에는 돈 주고 산 노예를 해방시켜야 하는 법률을 가지고 있었다. 원칙적으로 지켜졌는지는 의문이지만, 적어도 49년만의 희년jubilee에 노예를 해방시키거나 빚 대신 받은 땅을 돌려주는 제도는 지켜진 듯하다. 로마 공화정 때에 풀려나 자유인을 넘어 로마시민이 되어 멋진 시를 남긴 시인, 노예 신분의 군인으로 시작하여 점차 군대의 장군을 넘어 국가의 지도자가 된 노예, 메디안의 노예로 팔려갔다가 이집트의 총리대신이 된 구약 창세기의 요셉에 이르기까지 인간 승리 이야기도 다양하다.

'노예'의 궁극적 정의는 내리기가 매우 곤란하지만 분명 강제로 끌려가서 하기 싫은 일을 해야 했다면 노예생활을 했다고 보는 것이 타당할지 모른다. 일제강점기에 징병, 징용을 당하였거나 정신대로 끌려갔던 사람들도 노예나 마찬가지였고, 시베리아의 굴락으로 끌려갔던 정치범들도 노예나 다름없었다. 하지만 그 범위는 더 확대될 수 있다. 소설《삼국지연의》에 등장하는 영웅호걸들을 위해 동원된 병사들이나 진시황제에 의해 강제로 만리장성을 쌓은데 동원된 노역자들도 해당된다.

노예의 개념은 과거의 농노에서 현재의 노동자 집단까지 거슬러 올라오게 된다.

함무라비 법전에 따르면 노예에게도 1주일 중 하루의 휴가를 주었고, 전깃불이 없었을 때만 하더라도, 노예는 해가 뜨고 해가 지기 전까지만 일을 시켰지 그 이상은 혹독하게 다루지 않았다.

그런데, 서유럽의 해가 더디 지는 기나긴 낮 시간이 노동자들의 노조를 결성하게 만들었을까?

혹은 전기의 발명이 노동자들의 고통을 배가시켰을까?

조선의 문신이자 정치가인 남구만南九萬(1629~1711)의 유명한 시조時調가 있다. 종노릇 하는 아이를 억지로 깨우진 않았던 모양이다. 우리나라 머슴제도를 잠시 엿볼 수 있게 해주는데, 악랄하게 일을 시킨 것 같지는 않지만 19세기 말의 영국처럼 미성년자들의 노동력도 착취하였던 것으로 보인다. 소파 방정환선생님이 '어린이'라는 명칭을 만든 것은 인류적으로 상당히 큰 업적이라 생각한다.

동창이 밝았느냐 노고지리 우지진다

소치는 아이는 상기 아니 일었느냐

재너머 사래 긴 밭을 언제 갈려 하느니.

　　물리적 국경이나 민족 간의 문화적 경계가 어느 정도 결정되어
남의 민족이나 국민을 함부로 대할 수 없을 정도로 세계가 안정되어
가는 시기가 오므로, 어차피 노예 획득도 쉽지 않아 노예의 숫자는
줄어들어 점차 사라질 추세이다.

　　하지만 인류역사상 오랜 기간 동안 노예제도는 생산 수단과 문
명건설의 원동력이었으므로, 쉽게 포기할 수 있는 제도가 아니었다.
국가의 근본인 정치와 안보 그리고 경제가 돌아가게 하기 위해서는
노예를 보유하고 착취해야만 했다.

　　추후 자세하게 설명하겠지만, 산업혁명, 영국의 노예해방, 미합중
국vs남부연합 간의 남북전쟁에서 보았듯이, 산업화를 주도한 나라
들이 먼저 노예제도를 없애기 시작한다. 먼저 올라간 놈들이 밑에서
따라 올라오려는 놈들이 매달려 있는 사다리를 걷어 차버리는kicking
away the ladder, 후발주자를 멀리 따돌리는 방법이 유행하게 된다.

　　노조라는 제도도 그런 것인지 모른다. 못사는 사람들이 노조를
만든 것이 아니고, 이미 잘사는 나라들이 못사는 나라가 따라오지
못하도록 인권과 노동력 착취 문제를 들먹거리며, 개발도상국들의
노조세력을 선동하는 것일지도 모른다는 이상한 착각이 든다.

　　노예제도는 서서히 변질되어 가고 있다. 노예라는 정의에 해당
되는 계급과 계층도 조금씩 달라지고 있고, 이미 옛날부터 달라져
왔다.

종

남의 집에 딸려서 천한 일을 하던 사람인데, 남에게 얽매어서 그 명령에 따라 움직이는 사람을 지칭하기도 한다. 고로 좀비나 한국 학교의 빵셔틀도 종의 일종이라고 봐야 한다. 흥미롭게도 컴퓨터에 딸린 주변장치인 프린터처럼 즉각적인 종속적 반응을 나타내는 장치도 슬레이브slave라고 부른다.

노예 奴隷

남의 소유물로 부림을 당하는 사람이며 모든 권리와 생산수단을 빼앗기고 물건마냥 사고 팔리는 사회의 계급이다. 인간적인 기본권이 없으며 존엄성이 인정되지 않는다.

농노 農奴

중세 봉건사회에서 봉건 영주에게 예속된 농민으로 이주의 자유가 없었으며 영주의 토지를 경작하고 부역賦役과 공납 貢納의 의무를 졌다.

하인 下人

남의 집에 매여 일을 하는 사람. 고로 우리 대부분은 하인인 셈이다.

노동자 勞動者

노동자의 정의에 대해서는 사전적 개념과 사회적 개념을 분리해서 보는 경향이 있다. 사전적 개념은 동력을 제공하고 얻은 임금으로 생활을 유지하는 사람 혹은 법 형식상으로는 자본가와 대등한 입장에서 노동 계약을 맺으며, 경제적으로는 생산 수단을 일절 가지는 일 없이 자기의 노동력을 상품으로 삼는 계층 혹은 육체노동을 하여 그 임금으로 살아가는 사람을 일컫는다. 사회적 개념은 노동자계급勞動者階級으로서 자본주의 사회에서, 생산 수단을 소유하지 않고 자본가에게 고용되어 노동력을 제공하여 임금을 받아 생활하는 사람들로 이루어진 계급을 말한다.

좀비zombie
좀비란 것도 존재하지만, 우리말 해석은 문제가 있다. '죽었다가 다시 움직이는 시체 혹은 반응이 늦고 머리가 좀 딸리는 사람을 뜻함.'이라 되어 있지만, 사실은 무당의 주문을 홀린 시체가 살아 움직이며 특정인의 지시를 받아 움직이는 영혼이 없는 자를 말한다. 아이티의 부두종교와 관련이 깊다.

4차 산업혁명이 자본가들의 의도대로 성공한다면, 더 이상 노동자가 필요 없게 될 것인 만큼, 엄청나게 남아돌 인간들에게 어떤 가치관을 가지고 무엇을 하며 세상을 살도록 유도해 나갈 것이냐는 앞으로의 자본계급들이 직면한 가장 큰 숙제라 아니할 수 없다.

노예, 농노, 노동자에 이은 신노예 계급의 탄생이 예고되어 있는 것이며, 즉 신종 노예인 '둘로스 네오스'의 출현이 불가피한 것이다.

1 레콩키스타Reconquista

1492년, 약 7세기 반에 걸쳐서 이베리아 반도 북부의 로마 가톨릭 왕국들이 이베리아 반도 남부의 이슬람 국가를 몰아내고 스페인이 위치한 이베리아 반도를 회복하는 일련의 과정을 말한다. 재정복 혹은 국토회복 운동이라고도 하며, 이슬람 우마이야 왕조(660~750년) 때의 이베리아 정복으로 잃어버린 가톨릭 국가의 영토를 회복한 것이다.

3장

혁명의 발생

개혁改革과 혁명革命
그리고 진화進化

● 개혁改革

　　　　　개혁이란 제도나 기구 따위를 새롭게 뜯어고친다는 말이다. 영어로는 reformation이며, 새롭게 형성한다는 의미일 수 있다. 쉽게 설명하자면 개혁이란 기존의 사회체제를 유지하면서 사회의 모순과 문제점을 고쳐나가는 것이다. 반면 뒤에 설명할 혁명은 사회체제를 부정하고 전면적으로 수정을 가한다는 의미를 가지고 있으므로 개혁보다는 훨씬 급진적인 변화를 뜻하지만 여전히 혼용되어 사용되며 구분이 어렵다.

　　개혁이라는 단어는 개선improvement의 의미를 지니고 있어, 더 나은 것을 위한 변경이란 뜻을 갖지만, 잘못 진행되어 온 것을 회복시키다restoration는 의미로도 사용된다. 즉, '예전에 존재했던 더 나았던 질서로 되돌리려는 어떤 과정'으로 설명되기도 한다. 개혁이라는 용어는 서기 1540년경 기독교 사제였던 마틴 루터가 기존의 로마 가톨릭 교회에 대한 저항으로 일으켰던 운동에 사용된다. 종교

혁명이라고 부르지 않는다.

　그러므로 수정, 회복, 개선 및 개혁 등으로 다양하게 표현되는 변화들을 특정 단어로 정확하게 정의내리기는 힘들 것이다. 그러나 지금 이 순간에도 어디에선가 혁명은 지속되고 있으며, 앞으로도 수많은 혁명가와 혁명이 예측불가의 상태에서 급작스럽게 등장할 것으로 예상된다. 단지 우려되는 것은 이미 있었던 것에 그럴 듯한 이름만 새로 붙여 혁명이라고 주장하는 행위들도 끊이지 않을 것이라는 점이다.

　혁명revolution이라는 용어는 정치적 영역의 거대한 변화를 표현하기 위해 사용되어 왔지만, 정치적 혁명 외에도 사회, 문화, 철학 그리고 기술 등의 변화에도 사용되므로, 오히려 정치적 체계 바깥의 분야에 더 자주 적용되었다. 이들 혁명을 통상 사회적인 혁명이라 지칭하기도 한다. 단, 어원상 혁명은 세상이 180도 가까이 확 변하는 수준은 되어야 할 것이다. 어떤 혁명은 전 세계적으로 일어날 수도 있고, 때로는 한 개의 나라 혹은 집단 내에 국한될 수도 있다.

　현대인들이 가장 많이 들어온 혁명이란 용어의 전형적인 표현은 '산업혁명'일 것이다. 위에서도 언급하였듯이, 이는 정치적 혁명이 아니다. 하지만, 산업혁명은 기술 분야뿐만 아니라 사회, 문화, 철학 및 정치에 이르기까지 그 영향을 끼치지 않은 곳이 없다.

　플라톤의 제자이며 고대 그리스의 철학가인 아리스토텔레스(BC 384~322)에 의하면 정치적 혁명의 종류는 두 가지로 표현된다고 했다. 하나의 체제constitution에서 다른 체제로의 완전한 변화 혹은 현존하는 체제의 수정이라고 하였다. 혁명은 인류 역사 내내 발생하여 왔으며, 그 방법, 기간, 동기를 부여한 이념 등에 따라 다양한 형태를 취하였으며, 그 결과는 문화, 경제 및 사회정치 제도에도 영향을 끼치는 주요한 변화를 포함하고 있다고 한다. 혁명은 라틴어인 revolutio(한 바퀴를 돌다)에서 온 말로 '비교적 짧은 시간 내에 권력이나 기관의 구조의 근본적인 변화가 발생한다.'는 뜻을 가지고 있다.

혁명이란 것은 확실한 주도자가 밝혀지지 않은 상태에서도 불꽃처럼 일어날 개연의 소지는 있지만, 대부분 혁명에는 발단이 된 주도적 인물이 존재하게 마련이다.

그렇다면 누가 혁명가들인가?

엥겔스, 칼 마르크스, 레닌, 박정희, 모택동, 김일성, 이석기, 테르미도르, 체 게바라?

코페르니쿠스, 멘델, 다윈, 와트, 에디슨, 프로이트, 빌 게이츠, 스티브잡스, 안철수, 저커버그, 구글회장?

마르틴 루터는?

예수님은?

모하메드는?

정확히 구별할 방법은 없다. 결국 객관적으로 혁명과 혁명가에 대한 정의를 교과서적으로 해석해 나감으로써, 우리의 관점을 좁혀 가는 수밖에는 없다.

사전에서 정의하는 '혁명'이란 이렇다.

① 헌법의 범위를 벗어나 국가 기초, 사회 제도, 경제 제도, 조직 따위를 근본적으로 고치는 일.
② 이전의 왕통을 뒤집고 다른 왕통이 대신하여 통치하는 일.
③ 이전의 관습이나 제도, 방식 따위를 단번에 깨뜨리고 질

적으로 새로운 것을 급격하게 세우는 일.

혁명의 첫 번째 글자인 혁革자는 2개의 음音을 가지고 있으며, 하나는, '가죽 혁'이고 또 하나는 '중해질 극'이다, 혁은 가죽의 총칭總稱이며, 중해질 극은 '가죽을 손으로 벗기고 있는 모양'을 의미한다. 개혁, 갱생의 改(개)나 更(갱/경)은 고친다는 의미를 가지고 있다. 革(혁)은 정도가 심하다는 뜻의 한자인 극輓자와 거의 동일한 글자이다. 쉽게 말해 극단적으로 고친다는 말이 되겠다.

두 번째 글자인 명命에도 여러 가지 뜻이 있다.

① 목숨, 생명生命, 수명壽命

② 운수運數, 운運

③ 표적標的, 목표물目標物

한자 혁명의 유래는, '천명天命이 바뀌다'라는 뜻으로, 『주역周易』의 혁괘편革掛篇에 은殷의 탕왕이 하夏의 걸왕을 내 쫓고 주周의 주왕을 치고 혁명을 일으켜서 하늘의 뜻을 따라 사람들의 요청에 응한 것이다. 즉, '하늘의 뜻에 따라 포악한 통치자를 몰아내고 백성을 구제하다天地革而四時成 湯武革命 順乎天而應乎人'에서 유래했다.

　　　　폴란드의 천문학자인 코페르니쿠스(1473~
1543)는 1543년의 논문에 태양을 중심으로 하여 행성들의 움직인
다는 '천구의회전De revolutionibus orbium coelestium'이라는 제목을 붙
었다. 당연히 '회전'이라는 뜻의 돌다revolve라는 단순한 표현이었음
에도 불구하고 마치 겁 없이 혁명을 일으킨 양 종교계의 준엄한 심
판을 받게 된다. 농담이지만, 논문 제목에 "revolution"라는 표현이
들어가서였을까?

　코페르니쿠스시대 이전에는, 천동설天動說이 진리로서, 우주의
중심은 지구이고, 모든 천체는 지구의 둘레를 돈다는 것이었으며,
근대 천문학이 발달하지 않은 16세기까지 세계적으로 널리 받아들
여졌다. 천동설이 곧 진리였던 시절에 코페르니쿠스는 '지구가 태양
의 주변을 돈다.'는 지동설地動說을 주장하기에 이른다. 겁을 상실
한 모양이다. 지구가 태양 주변을 돌다니? 이건 천지개벽 같은 발언
이요, 태양이 지구를 상대로 혁명을 일으켰다는 엄청난 혁명적 발상
이었음에 틀림없다. 그러나 바로 이 사실이 과학적 혁명의 전형적 모
델로 자리 잡게 된다. 코페르니쿠스의 이론을 바탕으로 뒤이어 지동
설을 주장하다가 준엄한 종교법정에 회부된 이탈리아의 천문학자
갈릴레오 갈릴레이(1564~1642)는 거의 들리지 않을 정도로 혁명과
저항정신을 우리를 향해 내뱉었다. "그래도 지구는 돈다."

　하지만 지구에 사는 우리를 중심으로 우주를 바라본다면 천동
설이 결코 틀린 것이 아닐 수도 있다. 관점의 차이일 뿐이다.

　남은 평생 핍박과 감시를 받고 살다 죽어간 갈릴레오 갈릴레이

와는 달리, 증기기관의 발명자이자 영국의 기계기술자였던 제임스 와트(1736~1819)는 매우 유쾌하고 행복한 삶을 살았다. 살아서 돈도 벌고 명성도 얻었다. 그를 종교재판에 회부하려는 집단도 없었다. 하지만 그에 의한 증기기관기술의 발전은 영국과 전 세계를 산업혁명으로 몰아갔다. 혁명가의 운명도 시대에 따라 천차만별의 차이가 난다는 것을 깨닫게 해주는 대목이다. 혁명가 개인으로 볼 때에는 재수 좋은 혁명가와 재수 없는 혁명가가 있다는 것, 또는 그 혁명의 궁극적 결과가 인류에게 도움이 된 것인지 화火가 될 것인지의 차이도 존재한다는 것이다.

혁명과 유사한 의미를 가진 단어인 반란/모반rebellion이 있다. 둘의 차이는 무엇일까? 실패한 혁명은 반드시 반란으로 격하되는 것인가? 그건 아닌 것 같다. 실패했지만 인류사에 두고두고 영향을 주는 사건들도 존재한다.

이 책의 주제가 노예제도인 만큼, 앞서, 반란의 예로 몇 개의 유명한 반란사례를 잠깐 들어보았다. 로마공화정 시절의 노예 검투사였던 스파르타쿠스가 기원전 73~71년에 노예들을 이끌고 주도한 반란은 실패하였고 잔인하게 진압되었다. 아바스 칼리프 왕조시대에 중동과 아프리카 전역에서 흑인노예들이 일으켰던 잔지의 난(868~883)도 잔혹하게 진압되었지만, 그나마 이슬람권 아래에서의 노예들의 예우가 조금이라도 나아지는 결과를 가져왔다. 그리고 아이티는 노예해방혁명을 일찍 성공하였음에도 지금도 가난에서 벗어나지 못하고 있는 실정이다.

혁명의 영어단어에서 'r'자 하나만 빠진 진화evolution이라는 단어가 있다. 진화 외에 발달이라는 뜻도 지니고 있는데, '둘둘 말려진 것을 펴다'라는 속뜻이 있다. 아마도 옛날의 책은 지금과 같지 않고 두루마리를 사용했기에 나온 말 같다. 법전이나 주요 문헌을 수정하려면, 말아두었던 두루마리를 펼쳐서 수정해야 했기 때문일지도 모르겠다. 이후에 의학, 수학, 인문학 등에서 생명체가 성숙되기까지의 성장 및 발전과정이라는 의미가 추가되었다.

인간이 진화를 한다? 많은 이들이 인간이 진화를 해왔다고들 하지만, 본성은커녕 그 외모도 변하지 않았다. 행동과 생리마저 변한 것이 없다. 물론 약간의 습관적인 측면이 조정된 부분은 있을 것이다.

수만 년 전인 옛날이나 오늘날이나 크로마뇽인 계통인 우리 인간은 똑같이 생겼는데, 왜 수만 년이 지나는 동안 공상과학 소설에 나오는 미래 인간처럼 뇌가 더 커지고 눈이 튀어나오고 손가락이 길고 가늘어지는 식으로 진화하지 않았을까?

과연 인간인 호모사피엔스를 벌거벗겨 놓고 보았을 때에 진화했을까? 대중목욕탕이나 온천에 한번 가보라. 변화된 교육과 환경의 영향을 받았기에 옛사람과 달라 보일 것이라는 선입관이 존재할 뿐이지 인간은 그대로인 것 같은데….

양보할 만큼 양보해서 유사有史이래, 인간은 적어도 7천 년간 전혀 진화한 구석을 단 한 군데도 찾아볼 수 없을 것이다. 외모적으로는 물론이고 지니고 있는 동물적 욕망마저도….

배에 식스팩이 있다면 진화한 것일까? 물론 성형외과에 들어갔다가 외모적으로 진화되어 나온 호모사피엔스를 본 적은 있다. 그 진화의 결과가 유전자DNA의 변화를 통해 후세에까지 이어질지는 미지수이지만 말이다. 사상과 과학이 진화된 것이지 인간 자체가 진

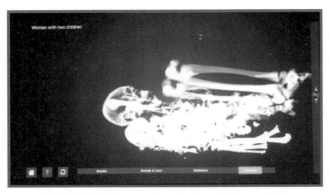

여인과 두 아이가 함께 있는 미라(mummy)를 컴퓨터 단층촬영(CAT)한 모습. 약 7천 년 전의 사람들로 페루 산악지대에서 발견되어 페루인 미라(Peruvian mummy)라고 부른다. 현대인의 모습과 전혀 달라진 부분이 없다.

화한 것이라고 말할 수 있을까?

대중목욕탕에서 만난 사람이 비누나 샴푸가 뭔지를 모르고 수도꼭지를 틀 줄 모른다면 그것은 진화가 안 된 것이 아니라 학습이 안 된 것이다. 대신 과학과 아이디어 같은 존재들은, 그 양量과 질質이 축적되어가면서 진화evolve 및 발달develop을 하며, 이것들이 한꺼번에 엄청난 집중력을 발휘할 경우 가히 혁명revolution을 이루게 될 것이다. 인간의 기술은 파격적으로 진화했고, 신神의 경지에 도달할 때까지 계속 진화할 것으로 보인다. 과학의 숨겨진 속성은, 이 세상에 신神은 없음을 증명해 보이고자 하는 꿍장한 욕망을 지니고 있다는 것이다. 코페르니쿠스 때처럼 과학이 신학을 비웃음거리로 만들어 버린 경우를 우리는 종종 발견할 수 있다.

우리가 거쳐 온 혁명

세계의 역사 속에서 혁명적 사건의 발생은 한두 번으로 끝이 나는 것이 아니라, 혁명은 지속적이다. 앞으로도 수많은 혁명가와 혁명들이 우리가 전혀 예측하지 못한 순간에, 예측하지 못한 방향으로, 예측하지 못한 장소에서 돌발적으로 새롭게 등장할 것이다. 하지만 우리 주변에서는 자칭 혁명일 뿐 무늬만 혁명인 짝퉁 혁명이 빈번하게 등장하여 실망감만 안겨주는 경우가 허다하다.

앞서 언급하였듯이 혁명이란 용어는 정치적 영역뿐만 아니라 사회, 문화, 철학 그리고 기술의 변화 등 여러 경우에 모두 적용된다. 그래서인지 앞서 언급한 것처럼 혁명이라 하면 가장 먼저 떠오르는 단어는 기술적 변화인 산업혁명産業革命이다. 문제는, 그저 단순한 기술적 변화로만 보이는 변화의 뒷면에는 반드시 정치적, 사회적, 문화적, 철학적 원인과 그리고 영향이 존재하고 있음에 유의하여야 한다는 것이다.

다른 서적들에도 자주 언급되기에, 정치적 혁명에 대해서는 '오렌지'와 '재스민' 혁명에 대한 간략한 소개만 하겠다.

구소련연방에서 해방되어 독립을 되찾은 동유럽에 '우크라이나'라는 나라가 있다. 1945년 유명한 얄타회담이 열렸던 곳이기도 하고 러시아제국이 영국, 프랑스, 사르데냐왕국, 오스만제국 등의 연합군을 상대로 싸웠던 1853~1856년의 크림 전쟁[1]이 발생한 곳과 프로렌스 나이팅게일이 간호사로 활동하기도 한 곳이 모두 우크라이나의 크림 반도이다.

1991년 소련연방으로부터 분리 독립 후 보유중인 막대한 핵무기를 포기하는 대신에 서방국가들로부터 대대적인 지원을 받아 우크라이나를 잘살고 위대한 나라로 키워보겠다는 포부로 혁신을 일으킨 우크라이나 혁명을 '오렌지혁명'이라 부른다. 러시아가 아닌 서방국가들에 협조하고 유럽연합EU 및 북대서양조약기구NATO등에 가입하는 등 친서구적인 정책을 추구하는 바람에 이 지역에 대해 약 70여 년간 영향력을 행사했던 러시아의 반발을 샀으며, 2014년 러시아의 군사 개입으로 인하여 반러 및 친러의 세력으로 갈리고 크림반도를 러시아에 빼앗김으로서 기대했던 것과는 달리 실패한 혁명이 되고 만다. 참고로 오렌지색은 우크라이나의 혁명의 상징이다.

1989년 중국의 천안문사건天安門事件은 기억해도 2011년 중국의 재스민혁명을 기억하시는 독자 분들은 그리 많지 않을 것이다. 많은 중국인들이 중국에서의 재스민 혁명을 기대하고 지지하였으나 조기에 진압되어버렸다. 북서아프리카에 위치한 나라인 튀니지의 국화가 재스민 꽃이다. 튀니지의 시민혁명을 지칭하는 재스민혁명은 이슬람원리주의의 엄격한 감시와 인권 및 자유의 억압 속에서 발생한 자율적인 시민 혁명의 대명사였다. 서구국가들은 이러한 혁명이 전 세계의 억압받는 국가들로 번져 나가길 기대하였고, 실제로 이집트, 리비아, 예멘, 오만 등의 국가에도 그 여파를 끼쳤다. 시리아, 이라크에서의 내전 상황도 이 혁명의 영향을 받은 것이라는 주장이 나오고 있다. 중동이 아닌 중국까지 위협한 이 혁명은 이미 천안문사태라는 초유의 시민저항을 경험한 중국정부에게는 엄청난 두려움을 느끼게 했을 것으로 보인다. '차이니스 재스민'이란 꽃도 있고 중국음식과 함께 음미하는 모리화茉莉花로 만든 따뜻한 재스민 차는 튀니지 보다는 중국의 상징처럼 되어있으므로 언젠가는 성공할지도 모를 일이다.

이집트로 번져간 튀니지의 재스민 혁명은 이슬람권인 이집트에서는 이슬람형제단의 활동을 촉발시키기도 했고, 독재자를 쫓아내기도 했지만 결국 또다시 군부의 지배를 받게 되는 모순적인 상황이 연출되고 만다.

혁명이라 하면 명예혁명, 프랑스대혁명, 볼셰비키혁명 혹은 4·19혁명 등을 떠올리겠지만, 정치적 혁명에만 익숙한 우리들은 그동안 이루어진 여러 가지의 다른 형태의 혁명들을 돌아볼 기회를 가졌으면 좋겠다.

대략 신석기시대 및 초기 청동기시대부터 세계의 역사를 되짚어 보겠다.

바야흐로 시대는 사람의 속도로는 쫓아가지도 못할 정도로 무진장 빨리 또 엄청나게 많이 변화되고 있다. 옛날 사람들은 지구가 돈다는 사실조차 감지하지 못할 정도였지만, 지금은 지구가 휙 휙 자전해가는 속도까지 피부로 느껴야만 하는 시대가 오고 있다. 서울이 저녁이면 뉴욕이 아침이라는 것을 상식적으로 알고 있다는 것만으로도 우리는 대단한 능력가들 아닐까?

인간이 문자를 발명하여 기록을 남긴 기원전 7천 년쯤을 전후해서 현재에 이르기까지의 시간을 분석해 보았을 때에, 최초의 4000년간 별다른 변화 없이 유지되던 것이 다음 2000년간은 그 발전 속도가 2배로, 그 후 1000년간은 4배로, 그 후 500년간은 16배 이상으로 그 변화의 속도가 빨라졌다. 지구 인구의 폭발적 증가와 급속한 환경파괴에서 볼 수 있듯이 굉장한 가속도를 받아온 것이다.

15세기 이후부터 20세기까지의 5백년간은 세상 사람들이 매 세기가 바뀔 때마다 세상의 종말이 도달했다는 세기말 풍조에 빠질 만큼 더더욱 정신 못 차릴 정도로 변화의 속도가 빨랐다. 과거에는 2000년 동안 겨우 한번 변할까 말까하는 기술이 단지 수십 년 만에, 그리고 이제는 수년 내지는 수개월 만에 신식이 구식으로 바뀌는 시대가 도래한 것이다. 쉽게 말해서 '기하급수적'으로 과학의 발전 주기가 빨라졌다는 뜻이다.

예를 들면, 신석기시대에 돌을 다듬어 만들어 수천 년 간 사용했던 돌 바퀴는 만들기도 쉽고 가볍고 효율적인 통나무 바퀴로 대체되어 5천 년 가량 사용되었지만 날씬한 바큇살이 달린 훨씬 가볍고

1 돌바퀴는 무겁기는 하지만 그래도 피라미드 건축에 기여한 대단한 존재이다. 이런 바퀴가 없었다면 노예들도 견디기 힘들었을 것이다.
2 통나무바퀴는 제작하기 쉬웠고 튼튼했지만 충격흡수력이 약해서 속도를 내기 어려웠다.
3 나뭇살 바퀴는 바퀴자체의 무게를 획기적으로 줄인 혁명적인 발명품이며 재료의 낭비도 막았다. 속도 또한 상당히 빨라졌다. 바퀴의 테에는 가죽이나 금속 등을 덧대어서 바퀴를 보강하였다.
4 고무바퀴는 마찰로 인하여 도로에서 분진공해를 일으키는 주범이다. 자동차와 함께 20세기의 상징이며 제국주의 수탈의 상징이기도 하다.

튼튼한 수레바퀴가 등장하고 보편화되어 육로수송의 혁명이 일어난다. 그도 잠시, 증기기관이 발달되면서 철제바퀴가 나오더니, 식민지 개발과 화학공업의 발달로 인하여 고무 산업이 활기를 띠면서 불과 2백 년 사이에 수레바퀴는 고무바퀴로 교체되었고, 고무로 된 바퀴가 대세를 이루면서 각 제국들의 식민지의 숲들이 모두 고무나무 밭으로 바뀔 지경이었으며, 고무바퀴 안에 튜브를 삽입했던 타이어는 또 불과 수십 년 만에 튜브조차 없는 고무타이어tubeless tire로 대체되었으므로, 얼마 만에 또 다른 획기적 형태의 바퀴가 등장할지 모르며, 아예 바퀴라는 것이 없어질지도 모른다. '드론dron'이란 새 기계가 택배 및 피자와 짜장면 배달을 대신한다고 하니 그만큼 바퀴의 수요도 줄어들 것 같다.

인간이 만들어 사용해온 문자, 도자기와 더불어 바퀴가 변화해온 역사는 비록 정확하지는 않아도 시대를 추측하고 과학발전의 역사를 되돌아 볼 수 있는 좋은 지표 또는 궤적軌跡이 될 수 있을 것이다.

방금은 바퀴를 예로 들었지만, 이번에는 '편지'란 물건을 가지고 이야기를 풀어보았으면 한다. '편지가 써지고 부쳐진 후에 최종적으로 목적지에 도착하는 시간'을 가지고 인간의 기술과 과학발전의 역사 연대표를 만들어 보아도 비슷한 결과가 나온다.

지금은 실시간으로 인터넷상에서 메일을 띄우면 빛의 속도정도는 아니겠지만 편지를 주고받는 당사자 서로 간에 컴퓨터를 켜놓고 있는 상태라면 이메일은 곧바로 도착한다. 스마트폰 문자도 마찬가지다.

지금으로부터 불과 백여 년 전만 하더라도 "일주일 뒤가 아들내미 결혼식 날인데, 만약 지금 편지를 부친다면 날짜에 맞추어 축하하러 와줄 하객들이 몇 명이나 될까?" 걱정이 되었을 것이다. 전국에 흩어져 사는 친척들과 친구들을 모두 모으려면 상당한 노력이 필요했을 것이다. 물론 당시의 국가기관에는 전보電報라는 신식 통신방법도 도입되었고, 초기방식의 전화기도 존재하긴 했었다.

옛날에는 사람들은 세상의 변화에 대해 지금사람들처럼 민감하지 않았다. 또한 민감하지 않아도 별 탈이 없었다. 오히려 너무 서두르고 앞서가는 사람이 일을 망치거나 실수할 염려가 더 많았다. 심지어는 우리속담에서까지 '돌다리도 두들겨 가자'던 것이 있던 시절이었다. 대한제국의 조정에서는 발 빠른 정보전달의 필요성을 인식하여 국내최초의 전신전화국을 세우고 전기를 막 도입하던 그때조차도, 민중들의 사고방식은 느긋한 편이었을 것이다. 조선의 후기시대는 변화를 지극히 싫어하던 시절이었을 것이다. 민중은 쇄국鎖國이라는 단어에 안심을 했고, 빠른 변화에 대해서는 정변政變이라는 부정적인 명칭을 부여했었다. 신식新式이 멋쟁이라는 공식이 성립되기도 하였겠지만 보수적인 사람들 눈에는 거슬렸을 것이다.

서양의 새로운 기술들이 집중적으로 들어오기 전의 조선시대(1392~1897)만을 예로 들더라도, 변화란 것이 수백 년에 걸쳐 큰 차이 없이 아주 조금씩, 조금씩 진행되어 왔고, 아버지, 아니 할아버지의 할아버지에게 배운 기술조차도 그나마 잘만 갈고 닦으면 변함없이 한 개인의 평생 동안은 해당 기술이 꽤나 쓸모가 있던 시대였을 것이다. 그러나 요즘은 한번 배운 기술을 자신의 대代까지는 써먹을수 있을지 몰라도, 다음 세대에게 물려주기엔 너무 구식이 되어 버리고 만다. 한동안 '컴맹'이라는 단어가 우리의 중-노년 남성들에게 공포심을 유발할 정도의 스트레스를 준 것 맞다.

　인구증가율을 예로 들어도 과거보다 지금의 시간이 빠르게 지나간다는 것을 느낄 수 있다. 앞서도 표현한 기하급수적이란 말처럼, 지나간 시간대와 인구증가의 비례 비율을 살펴보면 얼추 모든 것이 그 제곱의 숫자로 증가해 간다는 것을 짐작할 수 있다. 서기 1392년 조선 개국당시의 인구가 500만 명을 조금 넘었었고, 1945년 해방당시의 한반도의 인구가 약 2500만 명 전후였던 것이 2013년에는 인구가 남한만 5000만 명을 기록하였다. 남북한을 합치면 7200만 명 수준이 된다. 그나마 북한이 소비에트연방의 붕괴 이후 소련 루블화의 가치하락과 소련으로 부터의 지원이 끊겨 '고난의 행군' 시기에 수백만 명이 굶어 죽지만 않았어도 약 7500만 명 수준이 되었을 것이다. 세계 제2차 대전 당시의 일본 인구가 약 8천만 명이던 것이 현재 대략 1억3천5백만 명인 것만 봐도 고대와 중세에 비해 근대 및 현대의 인구증가율이 상당히 높아졌다는 것을 느낄 것이다. 그러나 대한민국은 2015년을 정점으로 인구가 줄고 있다고 하니, 인구감소에 대한 추세도 철저한 분석이 필요할 것이다. 2017년 대한민국의 신생아 숫자가 35만 7천 7백 명이고 2017년의 대한민국의 제19대 대통령선거에 참여 가능한 유권자 수가 4243만 명이었다는 이야기는, 만 19세 이상의 인구가 4243만 명이라는 이야기이며, 19세 미만의 인구가 전체 인구의 17%에 불과하다는 끔찍한 의미가 숨겨져 있다.

　"어느 시대에 살던 사람들이 스트레스를 더 많이 받았을까?"라는 질문에 대한 독자들의 답변을 들어보고 싶다. 앞서 질문 드린 것처럼, 기차조차 들어오지 않았던 시절에, 자식 결혼식 문제로 달구

벌(대구)에서 한양(서울)까지 몇 명도 아닌 단 한 명의 친구에게라도 편지 몇 쪽 적어 보내는 데 며칠이 걸릴 것인가이다. 발 빠른 배달부를 비싼 돈을 주고 구할 능력이 있어야 가능하고, 보편적으로 말을 타는 사람을 고용해야 며칠 내로 편지를 보낼 수 있었을 것이다. 만약, 자신이 직접 전달하려고 한다면 며칠에서 십수 일 동안을 걸어가든 무엇을 타고 가든지 간에, 가다가 중간에 배고프면 밥 사먹고 밤이 되면 잠자리를 구해야 했고… 인적 드문 험한 산길을 넘어야 할 경우에는, 재수 좋으면 산적을 만나고 재수 없으면 호랑이를 만나고, 그래도 "떡 하나만 주면 안 잡아먹지"라고 하는 조건제시형 호랑이라면 그나마 좀 나은 편이지만, 말이나 협상이 안 통하는 호랑이를 만난 경우라면, 편지 전달은커녕… 간단한 내용의 편지 한 통 보내는 데에도 상당한 시간과 돈과 수고와 담력이 필요했을 것이다.

조선시대만 하더라도 일단은 건강하게 이 세상에 태어났음에도 불구하고 나이 한 살을 넘기기가 얼마나 어려웠는지 다들 아실 것이다. 요즘에는 영아사망률이 선진국 여부를 판가름하는 지표 중 하나인데, 아마 태어난 조선인들의 3분의1 정도가 만 1세를 넘기지 못했을 것이라서 평균 수명도 40대를 넘기기가 어려웠을 것이다. 평균 수명이 40살이라는 것은 40살을 못 넘기는 사람이 대다수라는 것이 아니라, 영아 사망률이 높다보니 그만큼 평균 수명이 낮아지는 것이다.

감기가 걸려서 죽고, 몸에 고름이 번져서 죽고, 피부병으로 죽고, 더 불쌍한 것은 영양실조로 병을 얻어 곧잘 죽어 나갔다. 조선 말기에는 유난히 역병疫病도 자주 발생하였다. 요즘은 비타민이라는 단어를 자주 사용하고 약국뿐만 아니라 일반 편의점의 온갖 식

음료들에도 비타민이 빠진 제품을 찾기 힘든 정도인데, 그 간단한 영양제 한 알 구할 수 없어 사망에까지 이르다니 참으로 안타까운 일이다. 당시에는 통통한 들쥐나 논쥐 한 마리 잡아 삶아 먹어도 귀신같이 병이 낫더라 하는 말이 나올 정도로, 비교적 간단한 영양 불균형을 맞추지 못하여 사람이 죽어 나가던 시대였다.

지금의 좋은 시절과 비교하면 열이 펄 펄 나도 내려줄 해열제 한 알 없었고, 지금은 흔하디흔한 항생제 한 알만 있어도 목숨을 건질 수 있었던 사례가 허다했을 것이다. 그런 시대에, 몹쓸 병을 얻어 좀 더 호강하시지 못하시고 일찍 돌아가셔야 했던 임금님들이 우리가 살고 있는 현시대의 전 국민 의료보험과 최첨단 의료기술을 본다면 침을 꼴깍 꼴깍 넘기며 부러워하실 것이다.

아까 하다가 멈춘 편지에 대한 이야기인데, 가령 우리는 누군가에게 전달해야 할 글자 몇 자를 적을 셈이라면 주머니에서 볼펜을 꺼내 메모용 종이에 쓱싹 써버리면 그만일 텐데, 그 옛날에는 어땠을지 궁금해진다.

'문-방-사-우文房四友' 제법 분위가 나지 않는가? 그냥 흙바닥에 나뭇가지로 글자를 끄적거리는 것도 아니요, 석필石筆로 담벼락이나 바위 위에 글자를 적는 것도 아니고, 무엇인가 도구가 있어야 글자가 하나라도 형성되지 않겠는가? 물, 붓, 종이(당시엔 종이도 상당히 귀했다)까지는 장만하기가 좀 수월해 보이는데, 또 먹이 있어야 하고 벼루도 있어야 하겠고, 미리 먹물을 준비해 놓은 것이 아니라면 막대 모양의 먹을 손으로 잡고 벼루에 대고 열심히 갈아야 했다. 조건이 하나 더 붙는다. 자신이 글을 배워 제대로 쓸 줄 알거나, 아니라면, 글을 대신 써줄 착한 어르신이 근처에 계시다는 전제가 하나

문방사우(文房四友). 서예나 동양화에 필요한 종이(紙), 붓(筆), 먹(墨), 벼루(硯)를 가리킨다. 이 정도면 워드프로세서, 프린터, 인쇄용지 및 잉크카트리지를 갖춘 셈이다.

더 붙겠다.

옛날엔 이렇게 힘들고 고된 과정을 겪어야 비로소 글자 하나를 종이 위에 표현할 수 있었다. 벼루에 물을 붓고 나서 먹을 열심히 간지 40분 만에야, '잘-있-었-니?', 그것도 글 좀 알고 한번쯤 써본 사람들이 그 정도나마 할 수 있었다는 것이니 만큼, 바로 이런 그 옛날이 앞뒤로 꽉 막힌 스트레스가 팍팍 쌓이는 시대 맞지 않은가? 조선시대 때에 글도 못 배우고 항상 무언가 부족한 듯 삶을 살던 평민들의 생활이 더 스트레스 쌓이는 일인지, 아니면, 오늘날을 살고 계시는 우리 서민들의 시대가 더 스트레스 쌓이는 시대인지, 여러분의 생각은 어떠신지? 또 여러분은 어떤 시대에 살고 싶으신지?

필자도 조선시대엔 살아 보지 못했으니 보장은 못하지만, 글씨 하나를 잘 쓰든, 맷돌 하나를 잘 갈든, 톱질 한 가지 잘하건, 주먹하나를 잘 쓰든, 춤 한 가지 잘 추든, 새끼줄 하나 잘 꿰든, 풀무질 하나 잘하든, 꾸준히 한 가지 기술만이라도 자기연마를 해나가며 한 우물을 팠고 명장明匠 소리를 들었다. 어르신들의 말씀이 하나도 틀린 것 없다고, 어른들 이야기만 잘 듣고 살면 되었던 그런 시대에 살던 분들과, 지금의 이 시대의 우리들… 둘 사이에 분명히 차이가 있을 것이고 그 차이점은 우리들 스스로가 더 잘 알고 있다. 세상이 엄청나게 빨리 변해 가니 '여유'란 단어가 상실된 요즘 시대인 반면, 옛날에는 몇 십일씩 걸리던 편지 전달과정이 지금은 불과 1분 만에 이메일로 쉽게 전달되는 시대인데, 그렇다면 지금 우리시대가 더 여유로워야 하는 것 아닐까?

남보다 앞서가는 것이
혁명이다

새로운 발명과 발견 그리고 발전 및 혁명을 시대별로 나열해 보았을 때의, 흥미로운 특징 하나는, 이러한 혁명과 앞선 발명들 하나하나는, 초기에는 상위층의 독점물이지만 어느 정도 시간이 흐른 뒤에는 어떠한 이유로든 기술의 독점이 풀리면서 그 혜택이 전체계층으로 확대되어 간다는 것이다.

대략적으로 인류가 거쳐 왔던 혁명들을 나열해 보자면, 석기로 도구와 무기를 먼저 만들어낸 사람들이 나무로 만든 도구 외에는 사용할 줄 몰랐던 사람들을 압도하였던, 구석기, 신석기 도구의 혁명, 바위나 돌 뿐만 아니라 진흙으로 벽돌을 굽고 역청 이용하여 벽을 쌓고 보다 견고한 건물을 지을 수 있는 자들이 도시국가를 먼저 세운 건축의 혁명, 가축을 길러 식량 혹은 운송수단으로의 사용한, 가축 길들이기의 혁명, 농사의 비밀을 알아낸 사람들이 앞서나간 최초의 원시 농업혁명, 진흙으로 그릇을 만들고 그것을 불로 구워낸 그릇인 도자기에 잉여물자를 보관한 저장법의 혁명, 저수지를 만들고 물을 저장할 줄 알거나 우물을 파는 기술로 가뭄을 이겨낼 수 있게 된 치수治水의 혁명, 바퀴와 수레의 발명을 통한 이동기술의 혁명과 글자를 발명하여 소통하고 기록을 하게 되어 동일 언어를 사용하는 민족의 결속력을 크게 단결시킨 문자의 혁명, 종이의 발명으로 자칫 쉽게 잊혀질수도 있던 역사를 후대에 물려 줄 수 있었으며, 문서보관을 통해, 기억의 전달 역할을 수행한 기록의 혁명 등으로 다양하다.

인류는 여기서 멈추지 않고, 소금을 활용하여 음식물의 보존 능력을 크게 발전시킨 식품 보존의 혁명, 자연에서 알코올을 추출하여 궁극적으로 모든 화학적 발전과의 연결고리를 이어나가게 만든 발효의 혁명, 동전 같은 화폐와 배를 이용한 무역의 혁명, 금속을 합금하는 기술을 발견하여 튼튼한 공구와 무기 제작의 신기원을 이룩한 과학적 대변혁인 금속 혁명은 인류의 역사 시대를 청동기와 철기시대로 크게 나누어 놓았다. 이것이 금속사용의 혁명인데, 우리 인류가 아직도 4천여 년 간 철기 시대에 머물러 있다는 점은 아이러니이다.

전쟁의 양상을 완전히 바꾸어버린 화약혁명도 있으며, 도자기 대신 사용되며 빛을 투과하기 때문에 용기 속의 내용물을 볼 수 있으며, 빛을 분리하여 프리즘 현상을 일으키게 하는 유리의 발명은 광학光學의 발전을 일구어내었으며, 안경의 발명으로 인하여 열등한 시력을 가진 사람들도 생존할 수 있게 해주었으며, 돋보기 렌즈, 망원경 등의 발전으로 과학 분야의 급속한 발전을 이루게 된다. 미생물의 마이크로의 세상뿐만 아니라 하늘 너머의 우주에 대한 관찰까지 더 정확하게 할 수 있게 해 주었다. 이것은 인류역사상 무시될 수 없는 유리의 혁명이다.

보다 빠른 시간에 값싼 비용으로 인쇄물이 전 세계에 퍼질 수 있도록 만들었고, 문맹률을 급속히 저하시켜 종교개혁을 앞당긴 인쇄기의 혁명. 직조기를 포함한 다양한 기계에 엄청난 동력을 발생시킬 수 있게 해주었기에 마력horsepower이라는 신조어를 등장시켰으며, 1차 산업혁명과 대량생산을 가능하게 하였고 오늘날의 모든 내연기관들인 엔진들의 기초가 되어준 증기기관의 혁명도 빼놓을 수 없다.

이상에서 보았듯이 다양한 혁명적 변화들은 세상에 엄청난 변화를 초래하였다. 이후로 발명된 자동차, 전기, 전신/전화, 비행기, 무전기를 포함한 라디오, 진공관, 트랜지스터, 텔레비전, 반도체, 컴퓨터 기술에 의해 알고 모를 작기도 하고 크기도 한 수많은 부수적 혁명들이 발생하여 왔다.

당연히 이러한 산업적, 기술적 혁명은 시대별로 경제적, 문화적, 정치적, 종교적 영향력을 끼쳤음은 분명할 것이다. 단지 기술의 변신으로만 치부할 것이 못되며, 이들이 모든 사회와 문화에 준 영향은 아주 복잡하고 미묘하다.

Q. 민간인들이 위험한 군사용 무기를 함부로 써도 될까요?

A. 당연히 쓰셔도 됩니다.

군사 무기라고 하면 대부분 총이나 대포 혹은 폭탄 같은 것들을 연상하겠지만 그렇지 않은 무기도 많다. 이용자들 대다수가 모르듯, 우리가 지금 사용하는 인터넷은 알파넷ARPAnet이라는 전쟁용 무기였다.

미-소간의 냉전이 종식되자, 미 국방부에서는 1990년에 이 전쟁용 무기를 파기하게 되는데, 그럼에도 불구하고, 시스템과 그 흔적이 사라지지 않고 그대로 남아 재활용되면서 지금의 대단한 인터넷 및 SNS(스마트폰 포함) 혁명을 이룩하게 된다. 흔적을 없애기는커녕 이제는 우리의 실생활에 없어서는 안 될 필수 요소가 되어버렸다.

많은 분들이 인터넷이 전쟁 무기였다는 것을 몰랐듯이, 인터넷이 좋은 것인지 나쁜 것인지는 아직 아무도 정답을 내놓을 수는 없을 것이다. 아인슈타인이 상대성이론을 일궈내고 오펜하이머(1904~1967)가 맨해튼 프로젝트를 통해 핵무기를 세상에 내놓게 되는데, 이는 과학과 사회적 책임간의 인과론을 깊이 생각하게 만드는 문제로 남아있다. 자기국가 혼자만이 혹은 강대국들만이 보유하고 잘 관리할 수 있었다고 믿고 개발한 무기들이 이제는 민간인, 테러 집단 등에 유포되어 있다. 이런 종류의 사건들은 인간역사에 매우 자주 등장한다.

우리가 현재 사용하고 있는 인터넷, 그리고 인터넷에서 파생된 소셜 네트워크 시스템S.N.S. 및 이동통신 기지국을 이용하여 개인이 전화기를 들고 다니며 음성과 데이터를 전송할 수 있는 기능들은 이미 지금으로부터 70여 년 전인 1940년대 후반에 미국 국방성이 앞으로 다가오게 될 미래를 대비하여 기획해온 것이다.

1950년대에 전기장치로 가동되는 계산기(연산장치)가 정교하게 개량되면서 가히 컴퓨터라 불릴 만한 장비로의 진화과정에 본격적으로 돌입한다. 미국과 영국 및 프랑스의 컴퓨터과학연구소들은 데이터의 전송 단위를 연결한 연락망인 패킷 네트워킹packet networking[2]의 기초적 개념을 갖추게 된다. 특히 미국의 국방부는 1960년대부터 패킷 네트워킹 시스템에 대한 민간 계약을 진행하였으며, 계약상에는 ARPANET(인터넷 프로토콜로 사용될 최초의 네트워크)의 개발 계획이 포함되었다. 최초의 '메시지'가 캘리포니아 주립대학UCLA의 컴퓨터과학교수인 레오나드 크라인록의 연구실의 컴퓨터로부터 알파넷으로 전송되었고, 이어서 두 번째 결절점 역할을 맡은 스탠포드연구기관SRI으로 다시 전송됨으로서 데이터의 송신에 성공한다.

스탠포드연구기관은 스탠포드대학과의 산학협력의 관련은 있지만 스탠포드대학과는 독립된 국가기관이다, 다소 난해한 설명들이지만, 인터넷의 탄생과정을 파악하기 위한 가장 기초적인 정보이므로 생략할 수 있는 부분이 아니다.

1970년대 초에 이르러 다양한 통신프로토콜[3]을 사용할 수 있게 되자, 알파넷은 인터넷네트워킹을 위한 통신규약[4] 개발에 전념하게 되며, 통신 네트워크의 체계 내에 별도의 다중의 네트워크를 연결될 수 있게 된다.

알파넷에 대한 접근성은 1981년 미국국립과학재단NSF이 컴퓨터 과학 통신망CSNET에 자금을 지원함으로써 더욱 확장되었으며, 1982년에는 인터넷통신규약단위Internet protocol suite, TCP/IP가 알파넷의 표준 네트워킹 프로토콜로 선정된다. 군사용으로써의 알파넷은 1990년에 퇴역하고, 민간으로 이양됨으로 인하여 상업적 업체들에 의한 민간용 인터넷 연결이 빠른 속도로 광범위하게 퍼져나가기 시작하여, 1990년대 중반에 인터넷은 이미 전자메일을 이용한 근접 즉각 통신의 등장, 즉각적 메시지 전달, 인터넷 프로토콜을 이용한 음성 송신VoIP용 전화, 쌍방향 대화형 비디오 전화, 그리고 우리말로 간단하게 인터넷 댓글이라 불리는 토론광장이 포함된 월드와이드웹WWW, 브로그, S.N.S. 그리고 온라인 쇼핑 등을 갖추는 등, 이미 그 혁명적 충격을 세계 상업과 문화에 끼칠 준비를 모두 마친 상태였다.

계획된 순서대로 차례차례 선물 보따리를 하나하나 풀어가면서 일반인들의 눈에는 마치 우연의 일치인양 인터넷 관련 기술들이 차례로 세상에 등장하게 된다. 치밀한 계획 속에서 인터넷은 지속적인 성장을 해가며 온라인 정보, 상업, 연예 및 사회연결망의 엄청난 수요와 용량을 확보하고 이미 없어서는 안 될 존재가 되어버렸다.

인터넷이란 개념은 핵전쟁 등 마지막 날의 아마겟돈Armageddon, 즉 지구 종말의 전쟁과 같은 강도 높은 비상사태를 대비한 군사용으로 개발되었다가 민수용으로 전용된 spin off(군사 목적으로 개발되어 사용되다가 민간으로 이양되는 기술)의 대표적 사례이며, 이에 대해서는 나중에 더 자세히 설명하겠다. 개발목적을 아주 간단하게 표현하자면, 핵폭발시의 후폭풍으로 단파, 장파 라디오가 작동하지 않을 것에 대비하여 만들어진 정보전달 그물망이 인터넷인 것이다.

개발자 자신들은 알파넷의 민간이양 당시부터 인류가 지금 혹은 미래에 사용할 인터넷 관련 기술들을 미리 예측하여 준비하고 있었다는 것이다. 인터넷은 어쩌다 발명되어 오늘날에 이른 것이 아닌, 수십 년간 철저하게 "준비된

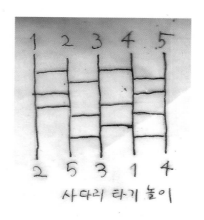

사다리타기 놀이(ghost leg game). 한 곳만 연결되어 있으면 술래는 결정되기 마련이다.

혁명"이란 점을 명심해야 할 것이다. 즉 이미 원시적 컴퓨터의 개발과 함께 인터넷도 동시에 개발되었다는 의미이다.

전 세계에서 동시다발적으로 핵전쟁이 벌어져 인류가 거의 멸망 직전에 처하더라도, 우주공간에 계속 떠있는 인공위성, 지하에 매설된 광케이블, 대양의 바닥에 가라앉혀진 채로 대륙을 횡단하는 광케이블들과 세계 각국의 중계소들, 그리고 온 세계에 셀 수 없는 별의 개수 마냥 곳곳에 퍼져있는 각각의 모니터(단말기)에 연결된 개인회선들 중 하나만 살아 있어도 간신히 생존한 마지막 두 개의 단말기가 서로 간에 어떻게든 연결될 수 있을 것이라는 희망을 가지고 건설한 것이 인터넷이고, 월드와이드웹인 것이다. 우리가 친구들이나 직장동료들과 아이스크림 사기 내기를 할 때에 그려서 사용하는 사다리타기처럼 줄 하나만 연결되어 있어도 술래는 정해질 수밖에 없는 것과 같은 이치이다.

인터넷이라는 작품은 그 확장성이나 활용성이 거의 무한하고 침투력이 엄청난 특성을 가지고 있기에, 세계의 각국들은 나름대로의 안전장치나 기준을 세워두고 있는 형편이다. 컴퓨터 바이러스라는 것도 인터넷의 보급화와 함께 도입되었다고 볼 수 있다. 인터넷의 민영화는 미국에게 엄청난 부를 안겨다 주었다. 물론 실질적인 돈이 들어온 것은 아니었고 미국의 위상을 더욱 높이게 된 계기가 되었으며, 미래 세계의 주도권을 미국이 쥐게 된다. 미국 정부는 직접 'www.com'이라는 도메인 장사에는 뛰어들지 않고 이를 친 서방 유럽지역 등의 민간 기구에 일임하게 된다. 쉽게 말해 도메인을 파고 사는 소매상 격의 회사들은 각종 부가 서비스 등을 추가하여 돈벌이를 할지는 몰라도, 형식적으로는 1998년에 공익목적의 국제인터넷주소관리기구ICAAN이라는 비수익성 기구를 결성한다.

ICAAN은 인터넷의 비즈니스, 기술계, 학계 및 사용자 단체 등으로 구성된 기관으로 인터넷 DNS의 기술적 관리, IP 주소 공간 할당, 프로토콜 파라미터 지정, 루트 서버 시스템 관리 등의 업무를 조정하는 역할을 한다. 인터넷 초기 시절의 도메인 주소는 소위 host.txt라 하여 우리가 현재 사용하고 있는 도메인이 주소가 TCP/IP로 표시되어 있었는데, 흔히 요즘 우리가 '아이피를 추적'한다고 말할 때의 숫자로 이루어진 IP가 그것이다. TCP/IP 기억하기에도 어렵고 친숙하지도 않았으므로 ICAAN은 IP를 친숙한 글자로 바꾸어 주는 DNS(domain name service)를 실시하게 된다.

'216.27.22.162'라는 숫자보다는 'www.newslaves.com'이나 'www.신노예.co.kr'이 훨씬 친숙해 보이지 않는가? 요즘 인터넷이 돌아가게끔 하는 WWW의 바다, 우주, 땅 밑 그리고 하늘에 퍼져있는 통신망인 거대한 거미줄은 미국이 관리하지 않고 개별국가들이 관리하고 있다.

　조선 말기의 대원군이 주장했던 쇄국정책마냥 인터넷을 차단시키고자 국내에서만 활용되는 네트워크 시스템을 운용하는 나라들도 꽤 존재한다. 북한은 폐쇄적 인트라넷intranet형태의 '광명성' 시스템을 구축하여 사용하고 있다. 인터넷은 일종의 침투 무기이기 때문에 한번 뚫리면 차단이 어렵다는 특징이 있다. 대한민국도 인터넷을 완전 개방한 나라는 아니다. 가끔씩 아래와 같은 화면을 접하셨을 것이다.

KCSC(Korea Communications Standards Commission. http://warning.or.kr), 불법, 유해 정보 차단 위원회. 방송통신심의위원회의 인터넷 접속 차단화면.

● 계산기에서 컴퓨터까지: 암호해독 기술이 컴퓨터를 탄생시켰다

파스칼 계산기Pascaline는 1642년 파스칼에 의해 만들어진 세계 최초의 계산기다.

암호를 뜻하는 영어단어인 싸이퍼cipher는 주로 글로 쓰인 암호를 뜻하며, 그 암호를 판독하거나 글로 쓰인 암호를 푸는 것을 암호해독decipher이라고 한다. 싸이퍼의 어원은 '없음, 비어있음, 아무것도 아님, 혹은 암호화된 메시지'란 뜻으로 '글을 쓰는 비밀스러운 방식'이라 되어 있다. 고로 '디싸이퍼'라는 암호해독은 '없는 것의 의미를 찾아내다'라는 의미로 볼 수 있다. 아무것도 쓰여 있지 않은 듯 보이던 하얀 백지 위를 귤껍질로 빡빡 문지르면 글씨가 나타난다더니, 무無에서 유有를 창조해내는 것이 암호해독술인 모양이다.

철학적 측면에서도 암호해독暗號解讀이란 단어가 사용되었다. 철학이나 역사 속에 숨겨져 있는 초월자의 암호를 철학자 자신이 형이상학적 체험을 통하여 해독하는 일을 뜻하며. 실존 철학자 야스퍼스가 사용한 용어라고 한다. 정신과의사란 직업을 시작으로 신학

파스칼 계산기(Pascaline)

자, 철학자로 변신을 거듭해온 독일의 철학자 야스퍼스(1883~1969)는 왜 초월자의 암호를 해독하려 했을까?

그러나 고상하지도 못하고 형이상학적이지도 못했던 그 무렵의 과학자들은 전혀 형이상학적이지 않은 과학적인 방식의 암호해독에 혼신을 다해 매달리다가 결국 큰일을 내고 만다. 4차 산업혁명과 지금의 사회는 이들 없이는 존재하지 않았을 것이다. 우리 아이들에게 '형이상학'의 반대말이 무엇이냐고 물어보면, '형이하학'이라고 엉뚱한 대답을 할 아이들도 많을 것이다.

초월超越을 하든 추월追越을 하든,
우리도 얼른 초월자의 암호를 해독해 보도록 합시다.
그렇지 않으면 세상에서 뒤쳐질 것이기 때문입니다.

● 에니그마, 브렛츄리 파크 그리고 에니악
Enigma, Bletchley Park and ENIAC

암호해독을 둘러싼 전쟁을 능가하는 치열한 근현대사 속의 비밀작전들에 대한 이야기를 해보려 한다. 독일의 잠수함 'U보트' 하면 연상되는 암호해독기인 에니그마Enigma(수수께끼라는 뜻이다), 2차 세계대전 당시에 런던 근처에 있던 수상쩍은 전원주택지인 브렛츄리 파크, 그리고 세계 최초의 컴퓨터로 우리가 잘못 알고 있는 미국 최초의 컴퓨터인 에니악ENIAC을 주인공으로 한 짧은 이야기를 소개하려고 한다.

영국 버킹엄셔의 밀턴 키인스라는 마을에 위치한 브렛츄리 공원은 영연방 정부의 핵심 암호작성 및 암호해독 기관이 극비리에 설치되어 있던 곳이다. 2014년에 알란 터링이라는 실존인물을 주인공으로 한 〈이미테이션 게임〉이라는 제목의 영화가 상영되었으며 우리나라에서도 개봉했었다. 이 극비의 암호해독 기관에서는 세계 제2차 대전 당시의 주축국(독일, 이탈리아, 일본 등)의 기밀과 암호를 해독하는데 주력

수수께끼라는 뜻의 에니그마 암호해독 장치. 이를 숨기고 이를 찾아내는 데 독일과 영국 양국 간의 첩보전은 매우 치열하였다. 독일해군은 이 장비를 잠수함인 U보트에 싣고 다니면서 비밀지령을 받은 것으로 유명하다.

하였으며, 최대의 관심사는 역시나 독일의 에니그마 암호문이었다.

　패배를 모르는 끈질긴 근성을 가졌다는 독일인들은, 1919년 6월 28일 프랑스 베르사유에서 세계 제1차 세계대전의 패배를 인정하는 굴욕적인 서명을 하는 와중에도, 다음에 도래하게 될 더 큰 전쟁을 몰래 준비하고 있었다. 독일의 방어기관은 구식이 된 그들의 정보전달 체계를 개선하려고 적극적으로 매달렸기에, 1923년에 독일에서 사업용 비즈니스 시장을 위해 개발되었던 민간용 신호장치의 잠재력을 인식하고 이 신호 장치에 관심을 기울인다. 이장치는 아더 셔비어스 박사 개인이 창업한 독일 베를린의 암호해독기제작회사ChiMAG에서 개발한 '코드화된 부호를 바꾸어 출력할 수 있는

장비'였다. 곧 군용으로 연구되어, 단 3년 만에 독일해군이 자체 버전을 제작하고 있었으며, 1928년에는 독일육군이, 1933년에는 독일공군이 이 기술을 채택했다. 이것이 바로 에니그마이다.

독일 북동쪽의 발트 해와 북서쪽의 북해의 바다 속에서 완벽한 비밀 작전을 구사하는 독일의 U-보트 잠수함들의 교신내용을 전혀 알아들을 수 없었던 영국은 초대형 고속 계산기 10대를 제작하여 암호문이 가지고 있는 '경우의 수를' 알아맞혀 보기로 한다. 비록 많은 사람들이 미국의 'ENIAC'을 최초로 등장한 프로그램이 가능한 전자 컴퓨터라 믿고 있지만, 이는 2차 세계대전이 끝난 1947년도에 가서야 작동이 가능했다. 실제로는 영국의 '콜로서스Colossus'라는 원시적 컴퓨터가 1944년 초기부터 작동되어 에니그마의 비밀을 풀고 늑대무리(울프팩)라 일컬어지던 U-보트 잠수함 전대의 작전을 무력화시켰다. 콜로서스 컴퓨터 한 대에 무려 1500개의 진공관이 장착되었고, 열대를 합치면 상상을 초월하는 15000개의 진공관이 일시에 작동했다고 한다. 이렇게 10여 대의 개별적 컴퓨터를 합동으로 가동시켜 마치 한 대의 대형컴퓨터처럼 사용하는 방식이 바로 클러스터링[5] 기법이며, 수퍼 컴퓨터의 원시적 형태라 하겠다. 당시로서는 만 개가 넘는 진공관이 동시에 꺼지고 켜지는 장면은 장관壯觀이었을 것이다. 당시의 진공관은 트랜지스터, IC 집적회로 그리고 반도체가 부럽지 않았을 것이다. 영국의 말을 믿어야 할지 미국의 말을 믿어야 할지 모르겠지만, 세계최초의 컴퓨터에 대해서는 영국의 말에 신빙성이 더 간다.

컴퓨터의 이름이 된 '콜로서스'의 어원은, 에게 해와 지중해 사이의 그리스 로도스Rhodes 섬 근처의 항구에 세워졌다고 전해지는 로마제국의 36m 높이의 거대한 아폴로의 청동상의 이름으로 거대한 조각상, 대단히 중요한 것, 거인이라는 의미를 지니고 있다. 해가 질 무렵 어두워지더라도 반사되는 빛을 바다에 비추어 등대 역할을 해 주고 활동시간을 늘려주었다고 한다.

● 가전제품에 의한 평등, 대량생산이 우리에게 준 선물

원래의 컴퓨터computer라는 단어는 결코 지금의 컴퓨터가 누리고 있는 종합적이고 화려한 만능 기능을 예상하고 만들어진 것은 것이 아니었다. 그저 욕심이라 해 보았자, 여러 사람이 힘을 합쳐 하는 속셈보다 더 빠르며 인간적 실수가 없는 계산기가 필요했을 뿐이었다. 게다가 컴퓨터란 단어 자체가 계산기란 뜻이다. 컴퓨터에 대응되는 우리말은 계산기이므로, 오히려 중국어인 전뇌电脑가 요즘 컴퓨터에 좀 더 부합하는 표현이 아닐까 한다. 우리는 컴퓨터의 국어화한 용어 선택을 포기했거나 시행하지 않고 있기에 그냥 '컴퓨터'를 정식 외래어 표기로 사용하고 있다. 과거 어느 컴퓨터 판매회사에서 우리말 이름을 공모한 적이 있는데, '슬기틀'이라는 이름이 선정되었으며, '슬기틀'이라는 이름으로 공모한 시민들이 3000명이 넘어 추첨을 통해 당첨자를 선정할 수밖에 없었던 에피소드도 있다.

그런데, 잘 사는 강대국들의 정부에서나 보유할 수 있었던 장비들을 평범한 우리들이 개인적으로 소유할 수 있다는 것은 참으로 대단한 일 아닐까? 하지만 무엇인가 국가수준에서나 보유할 수 있

는 장비를 일개 시민인 나도 살 수 있을 정도가 되었다면, 그것은 그
러한 물건들을 만드는 경쟁사들이 많이 생겼고 그만큼 가격이 저렴
해지고 대량생산되고 있다는 뜻일 것이다. 국가는 군사 무기에 투자
한 연구개발비를 나중에 기술을 민간 기업에 팔아서 다시 보충한다
고나 할까? 좋게 말하면 기술이전이겠지만….

　예전에는 갖고 싶어도 너무 비쌌던 것은 물론이요, 또 사실 꼭
필요한 필수품도 아니었던 것들이, 오늘날에는 그 가격이 저렴해 보
일지 몰라도, 우리를 얽어매놓을 정도로 우리 삶에 깊고 깊게 파고
들어버렸다. 반드시 필요한 물건이 아닌 듯해도, 남들이 다들 쓰니
나도 안 쓰고는 못 배길 것이고….

　뒤에 아날로그시대와 디지털 시대에 대해 다시 의논하겠지만, 디
지털 시대가 우리를 편하게 해주고 모든 이들을 평등하게 만들어 줄
것처럼 보일 수는 있겠다. 수십 년 전만 하더라도 자동차도, 텔레비
전도, 전축도, 비디오도, 컴퓨터도, 에어컨도, 세탁기도, 캠코더도,
워크맨도 그토록 부러워 너도나도 가지고 싶었던 사치품중의 하나
였다. 이젠 워크맨도 필요 없다. CD 플레이어는 거저 가져가라고 해
도 안 집어갈 정도로 불편한 물건이 되었다. 그냥 플라스틱 케이스
속의 MP3 플레이어 하나면 충분하다. 디지털은 단가를 감소시키고
기술의 질은 높여 놓았다. 의외로 냉장고나 고급세탁기, 에어컨 등
을 빼놓고는 가격이 많이 저렴해졌다. 대신 먹거리의 값은 꾸준히
올라갔다. 이러한 앞선 기술과 값싼 전자 제품들 속에서 우리의 일
상은 평등해진 것처럼 느껴진다. 아파트나 자가용이라면 또 모르겠
지만 최소한 스마트폰 시장 아래에서 우리 모두는 평등하다.

　그러나 이 '전자제품에 의한 평등'이라는 평등이 왠지 무엇인가

부족한 평등처럼 느껴질 때가 많다. 필자가 못된 놀부 심보를 지니고 있어서인지 몰라도, 더운 날 에어컨을 켜는 것 보다는 네다섯 명의 하인들이 손수 들고 부쳐주는 대형 부채의 바람이 더 시원하고, 에쿠스인가 하는 국산 최고급 승용차를 타는 것 보다는 하인 여섯명이 진땀을 질질 흘려가며 메고 가는 가마에 올라앉아 타고 나들이 가는 것이 더 즐거울 것 같은 느낌이 든다. 가장 품질 좋은 음향 기기를 통해 듣는 녹음되고 인공조미료로 재단된 음악보다는 내가 원할 때 내 집으로 호출당한 나의 전속 합창단이 불러주는 합창곡과 전속 관현악단이 들려주는 연주가 더 감미로울 것 같은 이유는 왜 일까?

독자 분들도 느끼고 계실 것이다. 어머니의 된장 맛이 공장에서 생산된 된장보다 낮다는 것을. 하지만 요즘에는 공장에서 생산되어 나오는 음식물도 제법 먹을 만하다. 김치나 떡 등은 집에서 만들지 않고 사서 드시는 분들이 상당히 많아진 듯하다. 아무튼 뭔가 자연 스러운 각자의 개성은 사라지고 획일적 기준이랄까? 공통된 입맛이 우리를 점점 지배하고 있다는 느낌이 든 적은 없는가? 누군가가 이러한 문화적 변질을 의도적이고 계산적으로 차근차근 시도해 나가고 있다는 의심을 해본 적은 없는가? 음모론을 제기하려는 것은 아니다. 무조건 '편리하고 좋으니 쓰고 보자'라고 하지 말고 한번 쯤 멈추어 서서 우리가 가고 있는 길이 어떤 길인지를 살펴보았으면 해서하는 말이다.

1914년 발생한 제1차 세계대전과 1939년 제2차 세계대전 등의 전쟁은 전쟁이 벌어진 지역뿐만 아니라 전 세계가 함께 영향을 받아 시달렸고 전쟁이 지속된 기간도 길었기에 군사, 문화, 경제에 있어서 어려움을 겪지 않은 인간은 없었을 것이다. 세계 각국이 예산부족에 시달렸고 화물선을 이용한 국제무역이 거의 불가능했던 시기의 음식물의 재료를 살펴보면 값도 싸야했지만 쉽게 구할 수 있는 재료들과 심지어는 인공재료로도 만들어졌다. 커피, 빵, 수프, 잼, 그리고 고기까지도 인위적으로 만들어 공급했던 때가 있었다. 콩을 이용해 만든 고기, 톱밥 태운 재와 치커리약초를 약간 섞어 커피 맛을 낸 인공 커피, 톱밥을 잘게 갈고 순무(열악한 환경에서도 빨리 자라는 무의 일종)가루를 섞어 양을 늘린 식빵 등을 전시식량으로 배급받거나 전투식량으로 섭취했던 것이다.

물론 이 정도로 허접하지는 않겠지만 이미 우리입맛에는 진짜 주스보다 더 맛있는 가짜 주스, 진짜 고추장보다 더 당기는 인공고추장 등 진짜보다 더 진한 모조품들이 등장하는 추세인 것이 사실이다. 현실보다 더 현실 같은 가상현실을 만들어낼 아이디어는 앞으로도 다양하고 풍성하게 등장할 것이고 나아가 큰 돈 벌이가 될 수 있을 것이다. 하지만 아무리 세상이 그대를 속일지라도, '이 세상에서 가장 뛰어난 가상현실보다 더 완벽한 것은 자연 그 자체라는 것'을 그 누구도 잊어서는 안 될 것이다.

진정한 경쟁정신, 페어플레이? 올림픽 정신? 과연 우리가 지금 보고 있는 올림픽대회가 페어플레이 정신을 가르치고 있는 것일까? 아니면 매 4년마다 열리는 올림픽 대회는 국제열강들의 패권주의의 대리전쟁터일까? 공정한 행동인 페어플레이를 따르기 위해 스포츠선진국들이 대한민국 남녀 궁사들의 연속적인 대회제패에 대한 대책으로 양궁대회의 규칙을 토너먼트제로 바꾼 것일까? 아니면 대한민국의 세계양궁 석권에 대해 비신사적인 태클을 걸고 있는 것일까?

　우리는 단순한 희망만으로, 4차 산업혁명을 바라보면 안 된다. 앞서 설명했듯이 1~4차 산업혁명은 단순한 역사의 흐름이나 변화가 아니라, 내면에 숨어있는 특정한 규칙에 의해 진행되고 있는 것이다. 즉, 어떤 공식이 존재한다는 것이다.

　상대보다 먼저 기득권과 권리를 차지하고 지식과 방법을 습득한 선진세력들이, 뒤따라오는 경쟁세력들에게 자신들이 새롭게 만든 제도, 규칙과 룰을 적용시키고 지키도록 강요하여 따라오지 못하도록 방해하는 것이 세상의 규칙이라고 본다. 까다로운 법률과 지키기 어려운 규칙을 만들어, 쫓아오지 못하게 하는 것이다. 핵의 보유와 보유국의 제한만 봐도 금방 알 수 있겠지만, 탄소배출을 가지고 규제하는 것도 마찬가지이다. 마치 이미 철기시대에 돌입한 집단이 경쟁 집단에게는 철기무기를 만들지 못하게 하고 각종 이유를 들어, 청동기 무기만을 보유할 수 있도록 강요하는 것과 같다. 산업상의 갖가지 까다로운 규칙과 규제를 적용하면 발전이 더디어지고 비용이 상승되므로, 후발 개발도상국들은 이미 철저한 규정을 준수 중이며 견디어 낼 수 있는 체질을 갖춘 선진국을 따라갈 수 없게 된다. 당장 대한민국의 불쌍한 처지만 보더라도 알 수 있다. 우리나라는 악질 공해배출 국가는 아니다. 이미 산업화가 이루어졌고 에너지도 제법 깨끗한 것을 사용한다. 한국의 하늘은 맑기로 유명했고 공기는 좋기로 소문났었다. 하지만 지금은 매일 미세먼지와 스모그에 시달리며 세계 수위의 환경오염지역에 위치하게 되었다. 이런 것은 좋은 현상이 아니다. 우리가 앞서 있음에도 불구하고 선진국에게는 견제를, 후진국에게는 횡포를 당하고 있는 셈이다.

단, 우리가 거대한 중국보다 앞선 대표적 분야는 국제법규 준수와 축구인데, 그 외에 우월한 것이 하나 더 있다. 바로 다당제多黨制라는 정치제도이다. 중국이 기술적으로 우리나라를 따라잡기는 상당히 쉽지만, 정치적으로는 이웃의 자그마한 나라인 한국의 다당제를 따라 하기에는 공산당 일당 제도를 버려야 하기에 엄청난 위험을 감수해야 하고 상당한 시간을 필요로 할 것이다. 아무리 국가자본주의란 것이 자기 입맛대로 변신할 수 있는 편리한 제도라고는 하지만 국제적 신뢰감을 유지하기 어렵고 예측이 불가능하다. 정치를 떠나 산업적으로 급조된 사회이자 산업관련 법률기준이 느슨한 중화인민공화국이 페어플레이로 기존 선진국들을 따라가기엔 벅찰 것이다. 그렇다고 해서 따라가기를 포기할 수도 없고 굳이 환경협정에 따른 제약이 아니더라도, 중국에서 다당제가 인정되고 정상적인 노조결성이 허용된다면 중국은 선진국들을 따라잡기 어렵게 될 것이다.

기득권층들이 후발주자를 못 따라오게 하는 치사한 페어플레이의 룰은 항상 존재해왔으며, 대규모 전쟁을 포함한 국제사회에서의 갈등 모두가 마찬가지겠지만, 세계 1, 2차 대전의 발발도 결국 같은 이치에서 나온 결과 아닐까 한다.

깨끗했던 지구를 이만큼 더럽혀놓고, 수많은 동식물들을 멸종시키고, 하늘의 오존층을 뚫어놓은 것은 우리 대한민국 국민들이 아닌 선진세력들이며, 이들은 심지어는 수백 년간 식민지를 거느리며 보약 같은 남의 나라, 다른 민족의 피를 빨아먹어온 나라들인데, 1970년대의 포르투갈, 1980년대의 네덜란드, 2000년대의 스페인 그리고 심지어는 영국과 프랑스 등이 경제 위기에 빠져 간다는 역설적 소식이 신기하기도 하고 요상하게 들린다. 남의 피를 빨아 살이 포동포동 쪘던 그들과는 반대로, 보약 한 첩 먹어보기는커녕 오히려 1천년 이상 피만 빨려왔던 대한민국이라는 나라가 지금껏 이렇게 버티고 있는 것도 신기하다. 한민족의 저력이 느껴진다.

세상에는 예로부터 혁명이란 도구가 적절한 속도조절 및 서열조절을 가능하게 하는 특별한 도구로 사용되어 왔는데, 거창하게 혁명이라 이름 지었다고 해서, 모두가 다 성공한 것은 아니고, 또한 그 반대로, 실패작이라고 해서 그것의 종극終極적인 결과가 모두 참담했던 것만은 아니었던 것 같다. 그런대로 순응하며 명맥을 유지해가는 혁명들도 상당수 존재한다고 본다.

16세기 무렵의 영국의 모직물 수요의 증가로 인해 발생된 인클로저 운동은 앞서 소개한 바 있다. 이 운동의 후유증이 19세기에 이르러 가까스로 치유되기 시작하긴 하지만 과거의 가내수공업 수준의 단순 노동집약적 모직기술은 증기기관이라는 새로운 동력의 발명으로 인해 직조물의 대량생산이라는 혁명을 일으키게 되는데, 이로 인해 면제품, 린넨 제품과 모직의 수요가 엄청나게 증가되게 되며 영국과 유럽은 물론 인도 등 그들의 식민지국가들까지 직물의 대량소비지로 확보되자, 왕족과 귀족 그리고 부유한 토지소유자와 부르주아들은 농노와 소작농들의 가뜩이나 부족한 농토를 밀어내고 그 안에서 양모를 얻기 위한 양을 키워내기 시작한다. 울타리 안에 양을 가둔 것이 아니라 울타리 밖으로 농민들을 몰아내어 굶어죽이면서 거꾸로, 양이 아닌 농민들이 울타리에 갇힌 꼴이라는 비판도 나왔으며, 당시에는 농민을 상대로 한 날강도행위에 비유될 정도였다. 그러나 대자본을 가지고 국가와 결탁한 상인들은 영국의 자국산 모직물을 육성하면서 이것을 기회로 더욱 성장한다. 당시 이런 성장의 모토는 '양들을 울타리 쳐서 기르고, 그것으로 산업을 부흥 시킨다' 였으며 혁명의 한 방식이자 룰이었다. 이후 양의 대규모 사육은 호주나 뉴질랜드처럼 땅이 넓고 인구밀도가 작은 영연방 국가들로 옮겨지게 된다.

영국의 모직물 등 공산품의 수출과 생산이 폭증하면서 상품의 유명세도 올라가게 되는데, 오죽하면, 대영제국의 주요 식민지이자 영국산 공산품의 주요고객이었던, 인도의 북부 캐시미르Kashmir지역의 '캐시미어cashmere 담요'가 아직까지도 그 명성 그대로 우리들에게도 전해 내려왔을까?

한편, 앞서서 굶어 죽게 된 농민들에게는 다행히도 한 명의 혁명가가 존재했었는데, 바로 유전법칙을 발표했던 체코 동부 모라비아라는 마을의 볼품없는 성직자였던 멘델Mendel이었으며, 당시 그와 비슷한 연구를 하는 사람들이 상당수 존재하고 있었다. 왜? 이런 연구들을 비슷한 시기에 여러 사람들이 동시에 하고 있었을까? 이유는 간단하다. 배가 고팠으니까 그랬다. 좁은 농토에서 더 많은 수확량을 걷는 방법을 알아내야만 했다. 이유야 그럴 것이 유럽의 다른 지역에서도 영국에서와 비슷한 상황들이 전개되었기에 귀한 식량이 되는 식물에 대한 연구가 급박했을지도 모른다. 먹고살기 위한 농업혁명은 멘델의 유전의 법칙이 발표된 해인 1865년 이전부터 유럽 곳곳에서 서서히 진행되고 있었다.

이렇게 축적된 유전학 등 대한 연구결과 영국의 농업 대혁명이 발생하여 식량생산량은 급증한다. 역설적으로, 울타리치기운동 덕분에 줄어든 농토로 인하여 농업대혁명이 일어나서 적은 농업생산량으로 굶주리던 백성들이 이제는 배불리 먹고 살게 되었으니 울타리치기운동도 혁명이라 불러줄만하다. 1750년경 영국의 식량생산량은 영국민 전체의 필요량을 넘어서기 시작하였다고 하며, 1770년에는 식량생산증가율이 인구증가율을 앞서게 된다. 이때 발견된 열쇠(유전학)로 풀어낸 것이 각종 식물과 동물품종의 개량이었으며, 이는 다시 세계의 식량증산혁명이란 엄청난 결과를 이끌어내어 힘없는 자들의 대량아사를 막아낼 수 있었다. 더 나아가 앞서의 증기기관이 직조기가 아닌 농기구를 개량하는 데에도 사용되어 농업생산량은 더 늘어나게 된다. 이처럼 18세기 중엽 영국에서 시작된 기술혁신과 이에 수반되어 일어난 사회, 경제구조의 변혁인 산업혁명의 여파로 인하여 독특하고 획기적인 혁명들이 줄줄이 등장하게 된다.

● 다양한 혁명들의 등장

15세기 후반부터 18세기 중반 대항해 시대 이후, 범선을 소유하고 있으며 선장과 인부들을 고용하고 동양과 무역을 할 물품을 구입할 능력이 되는 사람들은 돈을 무역업에 투자하였다. 그러나 풍랑이나 해적 등을 만나 배를 잃고 나면, 전 재산을 투자한 사람은 망하기도 하고 남의 돈을 끌어들인 사람들은 평생 빚쟁이들을 피해 도망 다녀야했다. 이런 상황을 피하기 위하여 일정한 담보를 신탁해 두면 피해 금액만큼을 되돌려 주는 제도가 생겨난다. 무역을 위해 나선 배가 모두 다 떠나는 족족 침몰하거나 실종되는 것이 아니니 만큼 담보를 받아주고 피해금액을 물어주는 사업도 돈이 남는 꽤 짤짤한 사업이었다. 하지만 이런 제도가 생기다 보니 선주船主들은 배상금을 믿고 낡은 배를 띄우거나 경력이 모자라는 선장이나 뱃사람을 고용하는 등의 꼼수를 쓰게 된다. 꼼수를 부린 사람들이 꽤 있었는지 '도덕적 해이Moral Hazard'라는 용어도 생겨난다. 보험 제도를 잘 활용했다면, 셰익스피어의 작품인 《베니스의 상인》에서 고리대금업자인 샤일록에게 고소당한 안토니오는 화물선이 침몰했다는 소문에 위기에 몰릴 필요도 없었고, 피를 받아낸다거나 가슴의 살점을 도려내겠다는 등의 살벌한 재판도 할 필요 없이 보험회사에 전적으로 사건을 일임했으면 별일 없었을 것이다. 《베니스의 상인》의 현대식 제목은 '무보험 선박이 부른 선주의 비극'이라고 고쳐 써야 할 것이다.

보험 이야기를 하다 보니 생각나는 보다 더 큰 혁명이 있다. 바로 금을 담보로 받아, 받은 금보다 더 큰 대출을 해주고 그 이익금을 챙기는 은행이라는 곳이다. 그런데 은행은 누가 만들었을까? 이 세상의 성지聖地 중에서 순례자가 가장 많이 찾는다는 예루살렘 성전 안에서는 예수님이 살아계시던 시기까지도 성전 외부에서는 당당하게 통용되던 화폐가, 제아무리 그 가치가 높다하더라도 성스러운 성전 안에서 신에게 바치거나 성물聖物을 구입하는데 직접 사용할 수가 없고, 성전 측의 허가 하에 성전 안에 좌판을 깔고 앉아 있는 환전꾼들을 통해 전용 화폐로 교환해야만 했다. 세속에서 사용하던 동전을 신성한 성전에서 그대로 사용할 수 없다는 것이 이유였다. 성전 전용 동전에 비싼 환율을 적용하여 바꾸어 주고 그 이윤으로 부를 축적하던 환전꾼들의 좌판Bank을 엎어버린 예수님이 환전꾼들을 파산Bankrupt(좌판을 엎다)시킨 걸로 보아, 예루살렘 환전꾼들이 은행가의 전신이 아니었을까 싶다.

● **나폴레옹, 영란은행을 벤치마크하다**

프랑스의 나폴레옹 보나파르트(1769~1821)는 브뤼메르 쿠데타를 통해 제1통령이 되었을 때, 그가 처리해야 할 가장 시급한 일은 당시에 한창 진행 중이던 제2차 대불 동맹전쟁이 아니라 오히려 프랑스의 국내 경제파탄이었다. 나폴레옹은 궁극적으로 조세제도의 개혁과 외국에 대한 침공과 약탈로 이 문제를 해결했지만, 그 효과를 바로 얻을 수 없으므로 당장은 어디선가 돈을 꿔야 했다. 외국을 침공하기 위해 군대를 조직하려고 해도 당장 돈이 필요했기에 나폴레옹도 쿠데타를 일으킨 지 불과 2개월만인 1800년 1월 18일, 영란은행을 벤치마킹하여 프랑스의 중앙은행인 프랑스 중앙은행을 설립하게 된다. 1694년 영국의회가 설비한 영란은행 英蘭銀行을 북경식 중국어로 발음하면 '잉그란인항'이 되므로, '잉글란드 은행'임을 쉽게 알 수 있다. 현대식 중앙은행의 선두 주자들은 정확하지는 않지만 통상 스페인, 독일, 네덜란드, 영국, 프랑스 순으로 설립되었다고 보고 있다.

● 군수용품으로 시작하여 민간으로 퍼지다

Spin on & Spin off

Spin on&Spin off[6]는 중요한 시사용어임에도 불구하고 국어사전에 등재되어 있지 않다. spin off는 간혹 영어사전에 '부산물 혹은 파생적으로 발생한 것'이라 표현되어 있기는 하다.

군사-경제적 용어인 스핀 온spin on과 스핀 오프spin off에 대해 잠깐 살펴보도록 하자. 간단히 말해 '스핀 온'은 민간기술이 군사기술로 이전되는 것을 의미하며, 가령 등산용으로 나왔던 고어텍스가 특수전용 전투복에 사용되었다든지, 천체를 관찰하던 대형 망원경을 소형화해서 군사용 망원경 및 더 나아가 쌍안경을 개발했다든지 등등을 말한다. 앞서 설명하였듯이 첩보전에 사용하였던 독일의 전설적 암호해독기도 사실은 민간용으로 개발된 것을 군대에서 가져가 버린 스핀 온 현상이다.

하지만 이와는 반대로 우리가 지금 사용하고 있는 컴퓨터란 존재는 군사기술이 민간기술로 이전된 스핀 오프이다. 스핀 오프는 군사기술이 민간기술로 이전되는 것을 말하는데, 의외로 현대과학의 발달 측면에서는 스핀 오프의 경우가 스핀 온보다 더 많이 발견되고 있다. 과거 소련이나 중공 같은 병영국가(군대가 나라의 중심적 역할을 하는 나라)이자 공산국가였던 나라들에서 스핀 오프 현상이 많았는데, 그 이유는 민간을 위한 경공업 분야보다는 군사력 강화를 위하 중공업이 차지하는 분야가 많고 예산이 중공업 쪽으로 치우쳤기 때문에 좋은 기술들이 먼저 군사용으로 사용되고 나서 여유가 생기면 민간에게 넘겨주는 방식이었기 때문이다.

군사기술이건 민간기술이건, 페니실린처럼 우연히 발견되어 전쟁터의 군인에게 사용하기 위해 정부가 적극 개입하여 급하게 연구 생산 시킨 것들도 있지만, 통상 어떠한 제품이 상품화되고 또 전쟁무기로써 전략화 되기까지는 수많은 검토와 실험과정 및 그 파장까지 고려된 후에야 우리 같은 보통 사람들 눈앞에 나타나게 된다. 쉽게 말해 우리 눈앞에 나타나는 장비나 정책들은 적어도 이미 30년 전쯤에 계획이 시작되었다고 보면 된다. 가령 대한민국 최초의 이지스 함인 세종대왕 함이 민간에 공개되었다면 이배의 최초 생산 계획은 이미 30여 년 전에 시작되었다고 생각하면 대충 맞는다.

고어텍스는 방수, 방풍 기능 및 습기 배출기능을 가진 섬유막을 재료로 한 제품이다. 한때 우리나라에서도 유행했고 다양한 기능성 옷가지의 재료가 되어 요즘도 상당한 양이 팔리고 있다. 세상이 좋아지다 보니, 우리 젊은 군인들도 구식의 가죽군화 대신에 고어텍스를 이용해 제작된 최첨단 전투화를 보급 받고 있다. 등산화나 등산복을 만들기 위한 기능성 천으로 개발된 제품이 군복뿐만 아니라 군화의 재료로까지 사용되는 이러한 경우는 스핀 온의 개념에 속하게 된다. 민간기술이 군사기술로 이전되었기 때문이다.

● **바바리**

우리가 통상 바바리코트라고 부르는 외투는 영국의 Burberry 회사의 레인코트를 말하며 브랜드가 유명해지면서 마치 일반명사처럼 되어버린 경우이다. 이 코트는 능직綾織(개버딘)

방수면 천으로 만든 우비이다. 애석하게도 바바리는 일본식 발음인 바바리バーバリ가 우리말로 굳어져 오용되고 있는 단어이다. 우리국민이 혀가 짧은 것도 아니므로 '벌버리'라 부르는 것이 맞다. 심지어는 벌버리 코트를 입고 다니며 기행을 일삼는 남자를 '바바리 맨'이라고 부르기까지 하니, 이러한 용어를 순화시켜 제자리로 가져다 놓기에는 이미 늦은 감이 있다. 바바리는 셀로판 접착테이프 회사의 이름인 스카치테이프처럼 고유명사가 일반 명사화된 경우이다.

그런데, 갑자기 웬 바바리-코트? 라며 의문을 가질 분도 계시겠지만, 앞서 소개한 개념인 스핀 온과 스핀 오프에 대한 이해를 돕고자 예를 든 것이다. 고유의 우비제품 등을 생산하던 '벌버리'라는 회사는 세계 제1차 대전 중에 영국군대의 상당한 관심을 받아왔고, 100여 년이 지난 오늘날에도 패션 트렌드의 한 기둥을 이루며, 고급 패션 브랜드의 리더 자리를 차지하고 있다. 바바리코트는 일종의 '트렌치코트trench coat'로서 언뜻 프랑스가 원산지일 것이라고 생각하는 분들이 많고, 또 실제로 프랑스 사람들이 가장 많이 입었던 것도 사실이다. 왜냐하면 트렌치코트가 세계 제1차 대전 당시의 불란서 육군의 필수적인 군복중의 하나로 기나긴 유럽의 서부 전선에서 벌어졌던 땅을 파고 숨어서 총을 쏘는 처절하고 지루했던 참호전 trench war을 상징하는 복장이기 때문이다. 트렌치코트는 프랑스 국방구의 요청으로 참호전을 위해 디자인되고 대량으로 생산 구매되어 전선에 보내진 옷이긴 하지만 원산지는 유명한 디자이너이자 창업주인 영국인 토마스 벌버리Burberry의 작품이다. 트렌치코트는 100% 군사적 목적으로 만든 제품이며, 전후에 그것이 민간용으로, 그것도 하나의 세계적 패션의 트렌드로 옮겨간 '스핀 오프' 개념의 기념비적 물건이라 할 수 있겠다.

● 히로뽕

　　　　　히로뽕, 혹은 뽕이라 하는 화공약품이 있다. 과거에 합성된 약물임에도 지금도 세계 곳곳에서 불법적으로 혹은 의학적으로 사용되고 있다. 1941년 일본의 제약회사인 대일본제약주식회사가 메스암페타민methamphetamine이라는 각성작용이 강한 합성 마약에 필로폰philopon이라는 상품명을 붙여 판매한 것이다. 그리스어인 필로포노스φιλοπόνος는 '일을 사랑하다'라는 뜻을 가지고 있다. 일본 내 상표명을 ヒロポン 혹은 疲勞ポン이라 내놓은 이 제품은 군수공장과 군에 제공되어, 전투 혹은 작업에 동원된 사람들에게 7배의 힘을 낼 수 있게 해준 획기적인 물건이었다.

　'일을 좋아 한다'는 표현을 보니, 아우슈비츠 수용소 정문의 '노동이 너희를 자유케 하리라'라는 잔혹한 노동 착취를 위한 구호가 적힌 간판이 생각난다. 이런 마약의 변형물이 지금은 과잉행동 주의력결핍 증후군ADHD의 대표적 치료제로 사용되는 덱스트로암페타민이다. 잠을 쫓고 식욕을 감퇴시켜 비만을 방지해 주기에 사람들이 남용하다가 중독에 빠지는 사례도 있다. 일본과 조선의 내선일체內鮮一體를 강조하던 시기의 일본에서 만들어졌기에 순도 높은 히로뽕을 생산하는 뛰어난 기술자 중에는 머리 좋고 기술 좋은 조선인들이 많았다고 한다. 히로뽕은 주로 전쟁 중의 군수품 공장 노동자들에게 제공되었으므로, 일본에 끌려간 수많은 우리 징용자들도 이를 복용했을 것으로 추정된다. 일부 국내에 남은 기술자들이 순도 높은 순정제품을 만들 줄 안다고 해서 스카우트 제의를 받기도 했을 정도이지만, 박정희 정권의 끈질기고 강력한 마약금지 정책이 효과를 거두어 2000년대 초의 미국의 중독의학 교과서에는 대한민국, 일본, 대만, 싱가포르가 세계 유일의 마약청정지대라고 표기되어 있기도 하다.

그리스의 신神중 꿈의 신인 모피우스의 이름을 따서, 잠을 오게 하는 경향이 있다하여 명명된 모르핀Morphine이라는 물질도 존재하며 현재에도 상당한 양이 사용되고 있다. 한동안 우리나라에서 유행했었던 '엔도르핀'이라는 단어도 엔도몰핀Endo-morphine의 줄임말로 우리 몸속에 존재하는 모르핀이라는 뜻이다. 우리 몸속에 원래부터 존재하여 스트레스나 고통이 심하게 올 때에 이를 극복하기 위해 우리 몸 안에서 마치 호르몬처럼 분비되어 기분을 안정시키고 고통을 완화시키는 역할을 하게 되는데, 이것을 인공적으로 합성한 제품이 모르핀이다. 일본산 히로뽕(암페타민)은 국민의 노동력을 최대한으로 착취하기 위해 생산된 것이라면 서양과 미국에서 사용된 모르핀은, 세계 2차 대전 중 의무부대에 의해 사용되어진 약품 중 최고의 진통 및 최면 주사제였다. 세계대전은 끝났지만, 아직도 많은 국가들이 전쟁을 대비하여 상당량의 모르핀제제와 심지어는 필로폰제제를 군사용으로 비밀리에 보유하고 있을 것으로 추정된다.

● 통조림

　　　　　　통조림도 민간용이 아닌 군사용으로 개발되었다. 나폴레옹이 전쟁을 치를 당시에 전투식량을 오랜 기간 보존하기 위해 시행한 연구의 결과물이 통조림이다. 우리나라에는 일본을 통해 깡통can&tin이라는 단어가 전해졌고 이 역시 우리말로 굳어진 일본어다. 전쟁 때 전투식량으로 사용하기 위해 열심히 보관해 두었던 빵과 고기는 썩고 야채는 흐물흐물 해지다가 바싹 말라버리고, 오랜 기간 보존할 수 있게 특별히 제작된 빵인 비스킷hard tack은 썩지는 않는 대신 너무 딱딱하여 이빨이 들어가지도 않고 망치로도 잘 깨지지 않고 게다가 바구미라는 벌레가 서식하길 좋아하여 옛날의 비스킷은 악명이 높았다. 프랑스의 나폴레옹은 식품을 장기 보존 할 수 있는 방법을 특허 내는 사람에게 상금까지 걸며 오래 보관할 수 있는 전투식량 개발에 관심을 보였다. 여기까지만 보더라도 통조림이란 물건은 민간용이 아닌 군사용 물건으로 먼저 개발되었다가 그 이후에야 민간용으로 넘겨진 스핀 오프 방식이란 것을 쉽게 알 수 있다.

　　상금까지 내걸리자, 아페르(1752~1841)라는 프랑스인 양조 업자가 열로 살균한 식품을 유리병에 밀폐하여 저장하는 통조림을 개발하여 명성을 얻고 상금도 얻었지만, 전쟁터라는 거친 환경에서 너무 쉽게 깨지는 유리병의 단점 때문에 환영받지 못한다. 그 대신 1810년 영국인인 피터 두란드가 깨지기 쉬운 병 대신에 양철tin 통can에 음식물을 저장하는 방법을 특허 냈고, 1812년, 병이건 양철통이건 두 가지 저장 방법의 특허권을 둘 다 돈으로 몽땅 사버린 브라이언

돈킨과 존 홀이라는 두 명의 영국인들에게로 특허가 넘어가 버린다. 그런데 1855년 예이츠라는 영국인이 깡통따개를 발명해 보급하기 전까지만 해도 통조림을 따기 위해서는 망치와 끌을 사용했었다는 사실이 우리에게 씁쓸한 웃음을 선사해준다.

● 라식, 아프가니스탄에서 온 축복?

아프가니스탄의 무자헤딘과 탈리반이라는 조직체 덕택에 범생이(못생긴 모범생)스럽고 거기다가 웃기게 생긴 뿔테 안경까지 쓴 대한민국의 젊은이들이 점점 사라져가고 있다고 한다. 먼 곳을 바라볼 기회가 없을 정도의 빽빽하게 들어선 회색빛 콘크리트 숲, 텔레비전과 컴퓨터 모니터, 작은 화면의 스마트폰 때문에 우리나라의 젊은이들의 시력이 점점 나빠져 가고 있다고 하던데, 안경 쓴 사람, 심지어는 콘텍트 렌즈를 낀 젊은이들조차 구경하기 어렵게 되었다. 이건 참으로 희한한 현상이다. 알고 보니 특수한 안과 수술 덕분이었다.

눈은 나쁜데, 안경을 안 쓰는 젊은이들이 늘어나면, 이에 비례하여 수술을 전문으로 하는 안과 의사들의 손도 무척 바빠질 것이라는 예측이 가능해진다. 외모지상주의가 만연한 우리나라에서는 취업을 위해서라도 안경 쓰는 것을 포기하고 시력회복 수술을 택하는 젊은이들이 늘어가고 있다. 눈의 각막을 깎아 내는 수술이기에 눈이 다시 나빠지면 재수술은 어려울 것이다. 불편한 보조 장비보다는 위험한 수술을 택하는 요즘 사람들의 마음이 이해는 간다. 쌍꺼풀

수술은 이미 필수처럼 되어버렸고, 젊고 예쁘고 건강해 보이기 위해 다양한 방법들을 택하고 있다. 짙은 화장 정도는 이제 애교에 불과하다. 남자들도 화장을 한다.

광학렌즈 하면 가장 먼저 떠오르는 것이, 독일인 광학기구 제조가인 칼 자이스Carl Zeiss(1816~1888)이다. 이어서 일본의 올림퍼스를 떠올리는 한국인이 많을 것이다. 내시경의 렌즈 중에서는 올림퍼스사의 제품을 최고로 치기도 한다. 하지만 1990년대와 2천 년대를 선도하는 광학기술과 광학제품의 주인공은, 인정하기 싫겠지만 독일도, 일본도 아닌 러시아이다. 러시아의 광학기술은 사실은 소비에트연방의 냉전 및 3차 세계대전을 대비한 군사광학 기술을 그 모체로 하고 있다. 망원경, 야간투시경, 거리측정장치, 소형렌즈 등의 장비뿐만 아니라 진짜 놀랄 만한 비장의 무기가 존재했었다.

무거운 안경에 의지하며 스마트하지 못한 외모로 인해 데이트도 못하고 취업에도 불이익을 받던 시력 나쁜 우리 젊은이들에게 훨씬 맑고, 밝고 또 아름다운 세상을 선물해준 기적의 수술 방법이 존재하도록 만들어준 공로자들은, 첫째는 소비에트공화국을 끈질기게 압박하고 공격하여 군에 입대한 수많은 소비에트의 젊은이들을 전사자 혹은 부상자로 만들어 고향으로 돌려보낸 아프가니스탄 땅의 무자헤딘Mujahedin[7] 게릴라와 탈리반Taliban[8] 세력들이다. 소련의 아프가니스탄 무단 점령으로 시작된 전쟁으로 소련 측의 사상자가 너무 많이 속출하자, 젊은이들이 스스로 자원하기는커녕 당의 강제징집마저 회피하려는 움직임이 거세졌다. 아프가니스탄으로 보낼 붉은 군대의 젊은이들의 숫자가 점점 줄어들기 시작한 것이다. 그나마 그동안 군대가 면제된 사람들은 시력이 안 좋은 젊은이들이었다.

라식LASIK은 레이저 눈 수술 혹은 레이저 시력교정술로써, 근시近視, 원시遠視, 난시亂視증에 대한 시력교정술의 하나이다. 대부분의 환자들에게 있어서 라식은 거의 영구적으로 안경과 콘택트렌즈를 대신해준다는 확신을 주게 하였다. 라식 기술에 대한 특허권을 쟁취하기 위한 치열한 싸움은 1982년부터 있어 왔으며, 1989년 6월 20일에 드디어 페이멘이라는 사람이 라식에 대한 미국특허(US4840175)를 획득하게 된다. 1982년의 트로켈 박사의 엑시머 레이저Excimer laser에 대한 연구도 라식 수술법의 개발에 큰 영향을 끼치게 된다.

우연하게도, 라식의 개발 속도가 몹시 빨라지기 시작한 시기가 소련에 의한 아프가니스탄 침공전쟁의 9년간의 시기(1979~1989)와 비교적 일치한다. 초기 아프간 전쟁은 소비에트연방의 꼭두각시 역할을 하는 아프가니스탄 정부군과 전국으로부터 모여든 무자헤딘 간의 내전 형태였지만, 소련의 괴뢰인 아프간 정부군이 패배를 거듭하자, 1979년 12월 24일 소련의 지도자인 브레즈네프는 정예부대인 붉은군대 제40군의 파병을 시작으로 직접적으로 아프가니스탄 문제에 개입하였고, 이는 1989년 2월 15일 소련의 마지막 지도자인 고르바초프가 소련군의 전면 철수를 명령하면서 종결된다. 끊임없이 진흙수렁으로 빠져드는 전쟁이었기에 이 전쟁을 '소련의 베트남전'이라거나 '곰 잡는 덫'으로 불렀다.

관여하지 말았어야 할 전쟁의 진흙구렁에 빠져 버린 채, 파병할 병력부족으로 침울하기만 하던 아프가니스탄 전쟁. 그러나 징병해서 보내야 할 장병의 숫자는 점점 더 많이 필요해졌다.

파병될 소련 젊은이들의 입대 전 신체검사를 하던 징집소에서 벌어진 대화를 한번 엿들어 보기로 하자. 신체검사를 받으러 온 젊은이 왈, "군의관님, 저는 어두운 불빛아래서 너무 오래 공부를 해서 도수 높은 안경을 써도 시력이 0.2/0.2입니다. 저는 제 눈앞의 사람이 탈리반인지 아군인지조차 구별 못할 겁니다. 저는 방해만 될거여요. 제발 군대 면제 시켜주세요."

　그러자, 안타까워하기는커녕 의기 당당한 안과 군의관은 다음과 같이 말한다. "그래? 알았다, 너 여기 좀 잠깐 누워 있어봐." 잠시 후, '직직 직직' 거리는 기계소리가 들리고, 군의관 왈 "일어나서 시력검사표를 다시 읽어보도록 하자… 1.2/1.2… 너 합격!!!" 컨베이어 벨트에 누운 고도 근시들 젊은이들은 몇 분 사이에 마치 대량생산되

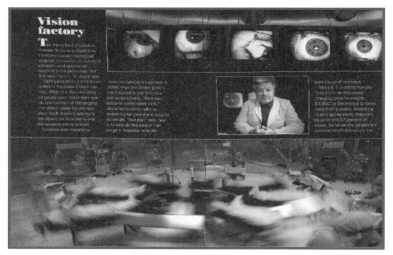

Fyodorov's RK Factory&Monitor Station. '라식수술의 콘베이어 벨트'. 내셔널지오그래픽 잡지의 기사에 포함된 보기 드문 사진을 발췌한 것이다. 속도감을 강조하기 위해 카메라의 셔터 속도를 조정한 사진이라는 설명이 붙어 있다. 가운데를 중심으로 7명 정도의 환자들의 수술대가 회전하면서 빠른 속도로 동시에 시력회복 수술과정을 거치고 있는 장면이다. 대량생산을 하는 자동화된 공장 같은 분위기 때문에 제목이 '시력공장'이다. 1992년 9월 판 내셔널지오그래픽 잡지에 게재되었다.

듯 정상시력을 갖춘 용맹한 소비에트의 붉은 전사로 다시 태어나고 있었다. 라식, 라섹 수술은 스핀 오프, 즉 군대 기술의 민간 이양이다. 스마트폰과 컴퓨터 모니터로 눈 다 버려도 한 번의 기회가 더 있다는 쉬운 생각을 사람들에게 심어준 의료기술 혁명중 하나이다.

● 길라잡이

길라잡이라는 우리말이 있다. 길을 인도하는 사람. 길앞잡이와 길나장이羅將가 섞여서 이루어진 말이라고 한다. 새로 나온 기술들이 등장하면 그것을 배우는 학습용 서적의 제목으로 한때 많이 등장했었다. 인터넷 길라잡이, 컴퓨터 길라잡이 등으로 말이다. 그리고 나장은 일종의 낮은 벼슬이요, 길나장이는 옛날에 수령이 외출할 때에 길을 인도하던 관아에서 심부름 따위를 맡아보던 나장을 지칭하였다고 한다. 요즘 우리는 이러한 길라잡이를 하나 이상씩 두고 살고 있다.

길라잡이 하면, 할리우드 영화에 익숙한 우리들에겐 미국서부의 미군 기병대들을 안내하던 샤이엔Cheyenne, 수Sioux등의 북아메리카 원주민들을 생각할 수도 있다. 이들은 월등한 시력, 후각, 청각과 용맹함과 충실함, 그리고 그 무엇보다도 경험과 직관력을 이용하여 목적지나 목표물을 정확히 찾아내어 타격할 수 있도록 백인들을 도와주곤 했다. 적에게 패해서 도망쳐야할 위기 상황에서도 그들은 안전하고 정확한 지름길을 알아내서 안내를 해주곤 했다. 참으로 소중한 존재였다. 이들은 안내자guide란 지칭 보다는 정찰대원scout라는 이름으로 불렸다.

옛날에 길라잡이가 있었다면, 지금은 내비게이션이라는 것이 있다. 배의 항로를 찾아나간다고 해서 navi+gation이란 새로운 단어가 생겨난 걸까? 비록 지금은 자동차에게 길로 안내해주는 기계가 되었지만, 원래는 '배+조정하다'의 합성어다. 물론 배에 장착한 것도 내비게이션이고, 비행기에 장착한 것도 내비게이션이고 심지어는 날아가서 폭발할 유도미사일에도 내비게이션이 장착되어 있다.

내비게이션 장치가 없었을 때에는 배나 항공기는 관성항법장치라는 장비를 사용해왔으며 이는 내비게이션이 등장하기도 전 한참 전에 발명되었으므로 기술적으로 보아도 결코 화려하지는 않지만 그 가격은 내비게이션 가격의 수십 배를 훌쩍 뛰어 넘는 독특한 물건이다. 천문학적인 돈을 투자하여 전용 인공위성 수십 개를 우주에 띄워야 작동되는 내비게이션에 비교하여, 관성항법장치INS는 지구의 북극과 남극에서 형성되는 자석과 같은 개념의 자기磁器성 그대로를 이용하여 방해받지 않는 정밀성을 유지하는 튼튼한 길라잡이 기계이기 때문이다.

원시적 관성항법장치는 말 그대로 지구의 자기장과 지구의 관성慣性을 이용하여 항해를 하는 시스템이었지만 현재에는 컴퓨터 기능을 추가한 동작센서accelerometers와 회전센서gyroscopes를 함께 활용하여 위치, 방향 및 속도와 방향을 측정하여, 움직이는 물체의 방향을 조절한다. 현재 선박, 항공기, 잠수함, 유도미사일 및 우주선에 사용되고 있다. 그렇다면 관성항법장치는 내비게이션과는 무엇이 다를까?

관성항법장치가 나침반에서 온 것이라면, 내비게이션은 군사용

개통 당시 우리 국민들에게 금산 위성통신 지구국은 첨단과학을 상징하는 엄청난 규모의 미래지향적 건축물이었으며 국민들의 자부심은 대단했었다.(대전일보)

기술이 민간용으로 전환된 스핀 오프 기술이다. 미국국민들의 세금으로 운용되는 전용 인공위성의 서비스로 제공되는 위치추적시스템인 만큼, 초기에는 미국이 GPS시스템에 대해 일정한 로열티를 내비게이션 회사들로부터 받아 엄청난 잇속을 차렸을 것이라는 의문이 제기되기도 하였으나, 이러한 소문이 사실과는 다른 듯싶다. 이러한 오해를 불러일으킬 만도 한 것이, 옛날에 우리나라 자체 소유의 인공위성이 없던 시절에 외국에서 열리는 대한민국 국가대표팀이 참가한 운동경기를 녹화 아닌 생중계방송으로 시청하려면 상업용 인공위성을 가동 중인 나라한테 위공위성 사용료와 중계료를 내야 했기 때문일 것이다. 지금은 인공위성 보유국이라는 것이 국가적 자랑이지만, 예전에는 인공위성 보유는 꿈도 못 꾸고, 금산에 설치되어있던 최첨단 인공위성 수신 시설이 국가적 자랑이던 시절도 있었다. 1969년 5월 15일 충청남도 금산에 대한민국 최초의 위성통신 지구국이 개통되었으며, 교과서에는 자랑스럽게도 이 사실이 매년 소개되었었다.

내비게이션이라고 시스템이라고 부를 수 있는 체계는 전 세계를 통틀어 약 3개가 존재하며, 현재 대한민국이 사용하고 있는 지이피에스GPS라는 것이 가장 먼저 등장한 현대식 시스템이라고 보면 된다. GPS는 위치확인시스템Global Positioning System의 약자인데, '우주에 위치한 인공위성을 기반으로 한 체계'라는 의미를 이름 속에 함축하고 있다. 나의 차에 달린 조그마한 내비게이션이라는 기계가 GPS라는 중계 장비를 통해 멀리 하늘위에 떠있는 인공위성과 직접 교신을 하고 있는 것이다. 그런데, GPS시스템이라는 것도 처음엔 군사목적으로 미국이 비밀리에 설계 개발 생산하여 사용하던 것인데, GPS만을 위해 전용으로 사용할 수 있는 인공위성이 20개, 아니 40여 개 이상을 넘어가자, 보안과 안전장치가 장착된 보다 뛰어난 군사용 위성을 따로 발사하게 되었고, 여분의 위성들을 버리기도 아깝고 하여 민간에 이양하면 상당한 활용가치가 있고, 그 고객은 미국인들뿐만 아니라 전 세계 사람들과 지구상에 널려 있는 자동차, 배 와 비행기가 모두 고객이 될 것이라는 기대를 갖게 되어 인터넷의 민간으로 이양과 마찬가지로 GPS시스템도 민간으로 이양된다.

하지만, 인터넷과는 달리 GPS에 대한 미국시민들의 불만은 많은 편이다. 해마다 GPS운용을 위한 인공위성을 유지보수 및 새로운 발사를 위해 미국국민들이 낸 세금을 사용하기 때문이다. GPS시스템에 대해서는 "왜 미국시민들이 내는 세금으로 운용되는 인공위성을 다른 나라사람들에게 공짜로 쓰게 하고 내비게이션 기계를 만들어 팔아 돈을 벌게 해주는가?"에 대한 미국인들의 불만어린 목소리들은 인터넷을 조금만 뒤져봐도 꽤 나온다.

필자가 유독 GPS와 내비게이션의 설명에 공을 들이는 이유는 따로 있다. 필자가 위에 언급 한바 인공위성이 남아돌아서였다는 것은 사실이 아닐 수도 있기 때문이다. 조사한 바에 따르면 군사용으로 비밀리에 사용되던 GPS 시스템이 민간에 이양된 사연은 미국의 돈벌이와는 상당히 거리가 먼 인도적人道的인 차원에서였다고 밝혀져 있다. 그것도 대한민국의 비극적 사건과 직접 관계가 있다.

물론 GPS는 이미 20대 이상의 전용 인공위성을 띄워 이를 군사적 목적으로 사용하게 된 미국에서 여분의 시스템을 민간용으로 이양해준 '스핀 오프' 기술에 해당하며, 수많은 국제 구매자들의 수요를 추정하여 기밀의 개방 및 상업화가 국익에 더 큰 도움이 될 것으로 믿고 개방시킨 것이며, 또한 이미 군사용 전용으로는 20대 이상의 추가적인 군사전용 인공위성을 따로 확보하여 군사용 GPS를 이미 운용중이기 때문에 마음 놓고 이를 민간에 이양한 것도 사실이다.

미국 GPS에 의존하고 있는 중국도 부지런히 자체의 위치결정시스템을 갖추기 위해 노력하고 있는데, 적어도 20개 이상의 인공위성이 동일한 목적만을 위해 항시 우주에 떠 있어야 한다는 것을 지적한 바 있다. 그래서 중국은 '중국 나침판 시스템(CCC 혹은 Beidou-2 IGSO1)'을 진행 중에 있지만, 그 비용 조달과 개발능력 및 만만치 않은 유지비로 인해 고전을 면치 못하고 있다. 러시아의 경우는 1976년에 개발을 시작한 그로나쓰GLONASS라는 시스템을 사용하고 있는데, 냉전 전후로 해서 미국의 GPS에 대응하기 위해 러시아우주항공방위군이란 조직이 관리운용하고 있다. 유럽연합은 일명 GNSS

혹은 갈릴레오 시스템을 운영 중에 있으며 이는 유럽우주회사ESA에서 제작하였고, 이탈리아의 천문학자인 '갈릴레오 갈릴레이'의 이름을 따왔다.

하지만, 그 어떤 위치결정 시스템도, 국가 대 국가 또는 집단 대 집단 간의 갈등이나 전쟁 등의 극단적 상황이 발생할 경우 제대로 작동하지 않을 것은 분명하다. 그러므로 각 집단은 비상시를 위한 암호화된 위치결정시스템을 따로 준비 중이거나 이미 준비완료 하였으며, 참고로 우리가 사용하는 내비게이션의 위치 추적의 오차가 가령 약 50m 수준이라면 군사용은 10m 내외로 그 정밀도에 큰 차이가 있다. 미 국방부는 처음에 상용 GPS의 오차도를 100m 선으로 정하려다가, 민간용으로써의 사업성 및 실용성이 떨어질 수 있다는 지적에 따라, 50m로 정밀 조정을 허용했다고 한다. 또한 군사전용 GPS는 비밀번호가 걸려 있어서 이것을 혼란시키려는 재밍Jamming 기술을 무력화 시킬 수 있다. 사족蛇足이지만, 대한민국에서 개발한 대다수의 GPS 기반 유도무기들이 군사용이 아닌 상업용 GPS에 기반을 두고 있어, 북한군의 값싼 소형 GPS교란 장치에 의해 무력화 될 수 있다는 우려가 존재하며, 이러한 GPS교란 장치를 불시에 인천국제공항과 같은 곳에서 작동시키면 항공기 충돌 등의 대재난이 벌어질 수도 있다.

우리나라도 우리나라 군대만의 암호화된 위치결정시스템을 가지면 좋겠지만, 우리나라의 경우 1년 내내 떠 있을 수 있는 인공위성의 숫자가 기상관측용, 방송통신용, 우주관측용 등 다 합쳐서 5~6대 수준이며 그 또한 수명이 5년 정도이므로 5년 마다 새로운 위성을 발사하여 대체하여야 하기에 발사 비용은 물론 유지 예산도 만만치가 않다는 것이 문제이다.

미국이 GPS 위치결정시스템의 민간 이양에 적극적으로 나서게 된 계기가 우리나라, 즉, 대한민국과 관련이 있다는 것을 앞서 언급한 바 있다.

우리나라가 예뻐서 그런 것은 결코 아니다. 1983년 269명의 탑승객을 태운 대한항공 747 여객기(Flight 007)가 구소련연합USSR이 정한 비행금지 구역에 길을 잃고 들어가 어이없게도 스파이 비행기로 오인되어 러시아 항공방위군 요격기의 공대공 미사일에 격추되어 전원 사망하자, 당시 미국 대통령이던 로널드 레이건은 더 이상의 민간여객기의 억울한 피해가 일어나지 않게 하겠다는 뜻으로 GPS를 민간용으로도 자유롭게 사용할 수 있도록 인도적 명령을 내렸다. 민간용 GPS를 위한 첫 번째 인공위성이 1989년 발사되었고 24번째 위성이 1994년 발사되었다. GPS는 현재 미국정부 소유이며 국가자원에 준하여 美국방부DoD에 의해 운용되고 있다. 이 또한 미국과 한국, 두 나라의 기이한 인연이라 아니할 수 없겠다. 우리는 자동차의 내비게이션을 사용할 때마다 KAL기 희생자분들의 넋도 함께 기려야 할 것이다.

**앞선 자와
뒤선 자**

세상일은 보통 수십 년 이상의 기간 동안의 계

획을 준비한 후 등장한다. 갑자기 나타나는 것은 없다. 물이 98, 99℃를 걸쳐 100℃에 이르렀기에 부글부글 끓는 것이 보이는 것이지 0℃에서 갑자기 끓는 물은 없다.

뒤선 자라고 해서 무시할 것이 아니며, 앞선 자가 마음을 놓아도 되는 상황이 아니다. 여기에서 뒤선 자라는 것은 앞선 자의 뒤를 바짝 쫓아온 자를 말하는 것이지 뒤에 쳐져 따라오기를 포기한 상대를 말하는 것이 아니기 때문이다. 그리고 뒤선 자가 어디쯤 오고 있는지 뒤돌아 볼 여유도 없다. 혹시라도 역전당하지 않기 위해 수단과 방법을 다하여 당장의 경쟁자를 제쳐야 하기 때문이다. 솔직히 말해서, 이 세상이나 우리의 사회 현실도 입장이 똑같다.

아인슈타인에 대한 질문을 한번 드려보겠다.

아인슈타인Albert Einstein(1879~1955)은 미국의 핵무기 개발과 관계가 없다?
핵무기 개발은 로버트 오펜하이머Robert Oppenheimer(1904~1967)가 한 것이다?
아인슈타인은 결백innocent하다?

아인슈타인이 태생은 독일이라 독일을 위해 일한 사람 같아 보일지 모르겠지만, 그는 미국을 위해 일한 사람이다. 미국의 대접을 받지 못했다면 아인슈타인도 지금 수준의 유명인사는 되지 못했을 것이다.

최근 소식에 의하면, 아인슈타인이 미국 정부에게 '독일보다 핵 개발을 먼저 하지 못하면 큰일이 날 것'이라고 전언傳言하므로 인하여 미국이 가장 먼저 원자탄을 실전에 배치하였고, 또 사용하게 되었다는 소문이 돌고 있다. 과연 사실일까? 상대성이론을 만든 아인슈타인이 유태인을 보호하기 위해 반 유대 제국세력들을 전멸시키려고 이 엄청난 살인무기를 만들었다는 걸까? 방임은 아닐 테고, 최소한 협조를 했다는 의미일까?

여호와(야훼)를 숭배하는 연합세력들에 의해 세계에서 유일하게, 소돔과 고모라도 아니면서 히로시마와 나가사키의 두 곳에 불벼락을 얻어맞은 일본 땅에서 이 상황을 가장 반겼던 존재들은 아마도 일본 내에 존재하는 수만의 각종 신神들이었을 것이다. 아시아에서 가장 서양화된 국가라고 스스로 외쳐온 일본에서 기독교적 복음은 씨도 남아나질 않을 정도가 되었는데, 도요토미 히데요시 이후 권력을 잡아 에도江戸시대를 이끌었던 도쿠가와 이에야스는 일본의 천주교세력에 대한 완벽한 말살정책을 폄으로써 예루살렘에서 유럽으로, 아메리카 대륙으로 그리고 다시 태평양을 건너 일본으로 건너오게 될 기독교 복음의 전파 경로를 차단해 버린다. 반면에 예상외로 철저한 무신론적, 유물론적 공산주의혁명의 탄생지였던 러시아가 무소불위의 권위를 유지하던 유일적 사상인 공산주의를 버리고 러시아제국의 차르tsar시대 그리스정교회의 옛 기독교 시절로 회기回期하였다는 것은 참으로 아이러니가 아닐 수 없다.

이상에서 살펴보았듯이, 수단과 방법을 가리지 않는 남들보다 앞서려다보니 시간에 쫓기어 그 착취와 유린의 부작용이 고스란히 남아 우리와 우리의 후세後世들에게 돌아오게 된다. 밝은 미래보다는, 볼썽사납게 파헤쳐진 자연과 인간들의 마음에 남은 어두운 상처의 그림자만 눈에 선한 것은 저자만의 느낌일까? 공중화장실에

써 있는 문구인 '아름다운 사람은 머문 자리도 아름답습니다.'라는 문구가 갑자기 머릿속으로 들어온다.

르네상스를 이어 자연과학의 발달의 황금기와 근현대철학의 활발한 활동에 힙 입어 세계 여러 곳, 특히 유럽과 북미대륙을 중심으로 엄청난 신개념과 신사고 및 급변하는 사회구조와 과학발전의 산물들이 쏟아져 나오기 시작 했다. 세기말의 어두움을 노래한 사람들보다는 2번째 밀레니엄 직전의 마지막 시대인 20세기를 새로운 세상이 열리는 희망의 시대로 바라본 사람들이 훨씬 더 많았을 것이다. 굳이 모더니즘과 포스트모더니즘을 이야기하려는 것은 아니지만, 모더니즘에 대한 막연한 기대감과 맹신이 모더니즘에 비판적인 포스트모더니즘 조류를 일으켰듯이, 요즘 사회의 4차 산업혁명에 대한 모더니즘적 과대포장이 또 다른 부작용을 발생시키지 않을까 하는 우려가 약간 있다.

증기기관과 전신電信, 전기, 전자 및 인터넷과 디지털, IT의 급속한 발전을 보면서, 인간의 이기적 속성에 대해 조금 생각해 보았다. 우리가 혁명이라 부르는 것의 정체는 과연 무엇일까?

앞선 자는 뒤에서 쫓아오는 자들을 따돌리려고 하고, 뒤선 자를 어떤 수를 써서라도 앞서려고 한다. 내가 하면 로맨스 네가 하면 불륜인 것처럼. 내가 했던 짓들은 역사적 필연이요, 혁명이고, 네가 하는 것은 그냥 반칙도 아닌 역사의 퇴보이며 비인도적이고 반세계적 반칙이란 논리가 존재한다.

해적질과 산적질로 기술과 자본을 먼저 유입하여 형성된 대집단이 해안과 대륙을 지배하기 시작했었다. 해적질과 산적 질은 곧 무역과 강력한 해상무력 및 군사력과 그 지역에 대한 지배력이란 그럴 듯한 명칭으로 변하고, 그 본거지는 폴리스polis라 하여 지키기도 수월하지만 그를 주변으로 새로운 문화와 문명을 퍼뜨리고 공유하여 문명의 발달도 쉬웠다. 고대 그리스와 헬라Hellenic 그리스 다음의 제국으로 등장한 로마제국은 바다뿐만 아니라 대륙에까지도 시원스럽게 육로 길을 뚫어 버렸다. 선사시대에 대해서는 정보가 없어 어찌 되었는지 잘은 모르겠고, 역사시대에는 하나의 민족, 하나의 집단이 살아남는 방법은 군사적 정복을 통해서였는데, 이 방식은 조직폭력배들의 이권 및 자리다툼과 크게 다르지 않았을 것으로 보인다.

하지만, 한때 특정지역을 주름잡던 대집단은, 더 새로운 혁명적 기술로 무장한 다른 집단에게 멸망당하기도 한다. 인류는 이 행위를 비교적 자주 반복해 왔던 것 같다. 어린이 역사교과서를 인용해 보자면, 대략 우리 어린이들이 배우는 것이 구석기(뗀석기)시대, 신석기(간석기)시대, 청동기시대, 철기시대 등이다. 그런데 그 중 유독 철기시대는 참 오래도 간다. 어찌 보면 철기 다음 시대가 진정한 산업혁명이란 이름의 주인공이 되어야 할지도 모른다. 다시 한 번 생각해 보자. 철기시대 다음의 시대는 무슨 시대일까? 아니, 철기시대의 다음 시대가 오기나 할까?

이야기가 너무 길어질 것 같으니, 대략 중세 말中世 末에서 대항해시대 그리고 근대 시대를 한번 돌아보도록 하겠다.

우리말로, 영국이란 나라가 있다. 영국이란 나라가 좋든 싫든 근대사에 끼친 영향이 지대하기 때문에 소개하고자 한다.

● 영국이 갑자기 착해진 걸까?

영국은 세계에서 가장 먼저 산업혁명을 이룩하여, 주변 경쟁대국들에 비해 노동력을 줄일 수 있는 혁명을 이룩하였기에 이참에 다른 나라들과 큰 거리차이로 앞서나갈 전략을 기획하게 된다. 다른 경쟁국들 보다 앞서나가기 위해서는 다른 국가의 주된 기관 산업들에 타격을 입혀야 했는데, 마침 다른 경쟁국 대부분이 그들의 산업의 주된 동력을 인력, 특히 노예제도에 의존하고 있다는 것을 감지하고는(물론 영국 자신도 세계노예무역제도에 심하게 관여한 나라이다) 경쟁국들의 발전을 저해하기 위해 영국의 노예제도를 스스로 1833년에 갑자기 폐기하고, 노예제도는 하나님의 뜻을 거스르는 비인간적 행위라며 말을 바꾸고(이전에는 좋은 주인을 섬기는 것이 덕이라 하였었던가?) 갑자기 인간은 오직 신만을 섬긴다며, 노예해방을 주장하기 시작한다.

강력한 해군력을 동원하고 스스로 경찰국가임을 내세워 노예수출로 국가예산을 충당해야 하는 일부 나라들의 노예선과 각지의 노예 수출기지를 견제하거나 공격하고, 적극적으로 노예수출 자체를 방해하는 훌륭한 짓을 하게 된다. 그 뿐만 아니라 정치, 외교적 영향력을 발휘하여 전 세계의 노예제도를 비판, 나아가서 적발 및 추방의 의지를 보이는 등 갑자기 착한 영국이 되기 시작한다.

이처럼, 성경의 강력한 말씀까지 거론하며 노예해방을 위해 왕립 군 장병들과 대영국제국 국민의 목숨과 귀중한 재산까지 포기하고 희생시켜 가면서까지 노예상인 제도와 노예매매제도를 유지하는 국가들에 대해 응징과 대응을 하였고, 철저한 자기반성을 선언하였던 신사紳士의 나라 대영제국.

● 미국도 갑자기 착해지다

미국북부에서는 유럽지역의 기근과 경제상황의 악화에 따른 유럽 이민자들의 유입 및 공업화와 산업화의 발달로 인해 노동력의 여유가 생기고, 남부지역에 비해 월등한 인프라와 공업기술, 문화수준과 인구의 증가로 자신감을 얻자, 북부 미국의 링컨 대통령도 갑자기 종교와 인류애를 앞세우며 노예해방을 주장하고, 시민운동가들과 언론인, 작가들에게 노예해방 분위기를 조장토록 하여, 결국 흑인 노예의 노동력에 거의 전적으로 의존하는 재식농업栽植農業, Plantation으로 이루어진 남부 미국을 견제하고 남부의 경제를 와해시키려 한다. 이에 대항하여, 미합중국 중 11개 주가 합심한 남부연합Confederate의 거대한 반발이 일어나게 유도함으로써 미국 전역에서 벌어진 동족상잔의 피비린내 나는 내전인 남북전쟁이 벌어지며, 수많은 비극을 초래하고 마무리된다. 결국 미국의 남북전쟁은 먼저 산업화의 기반을 마련했던 북부Yankee, Union측의 승리로 끝나며, 미국이 북부를 위주로 한 재통일과 재정비를 이룩하고 강대국 반열에 올라서게 되며, 그동안 뒤쳐졌던 세계 제국주의적 찬탈대열에 합류하게 된다.

노예해방의 아버지는 과연 아브라함 링컨(1809~1865)인 것이 맞는가? 게다가 기술과 산업 그리고 전쟁수행 능력이 남아돌게 된 미합중국은 남북전쟁이라는 내전을 끝낸 여유를 가지고 이제는 북부

뿐만 아니라 남부의 군인들까지도 합중국내의 군대로 재정비하여 미합중국 군 기병대를 창설하여 대륙의 서안지구 및 중부지역의 발전을 저해하던 요인인 잔존 원주민(미국의 경우는 인디언)에 대한 재배치 및 이주정책을 추진하여 이전 보다 훨씬 더 가치 없는 땅으로 인디언 부족들을 내몰았고 슬그머니 대부분의 인디언들은 어디론가 자취를 감추고 만다.

해방된 흑인들조차 바로 해방의 기쁨을 맛보지 못하고 각종규제와 차별 및 유독 흑인들만이 체포되게 되는 특이한 법률 등을 통해 다시 교도소로 유입되어 해방 전의 노예생활보다 더 가혹한 강제노역을 당하게 된다. 해방 직후부터 현재까지도 흑인 길들이기는 진행 중이다. 20세기 초 미국의 엄청난 발전은 사실상 2차 산업혁명의 결과로 발생한 대량생산 시스템이었던 만큼, 다시 노예화된 흑인노동력의 도움을 받았다고 보아도 거짓이 아닐 것이다. 그리고 인디언들의 위협으로부터 자유로워진 미국당국은 국토횡단 철로건설을 통해 동서해안과 멕시코와 캐나다를 잇는 국경선 내부의 안정화에 상당한 성공을 이루게 되고, 실질적인 국토 장악 후 이번에는 유럽의 제국들과 함께 자국 주변의 멕시코 및 스페인의 식민지인들인 쿠바와 필리핀 등을 노리며 되며 세계 재패에 나서게 되는 것이다.

철로 건설이 거의 완료되자, 이제는 자동차가 대량으로 생산되기 시작한다. 이번에는 기찻길이 아닌 도로가 필요했다. 형식적으로 노예는 존재하지 않는다. 물론 그 중에는 백인들도 소수 포함되어 있긴 하였지만, 교도소에 끌려온 흑인 재소자들을 동원하여 거대한 도로건설 사업을 추진하게 된다.

발에 쇠구슬과 쇠스랑을 찬 흑인 노예들이 단체로 길에 늘어서

철로 건설을 위해 집단으로 동원된 흑인 재소자들이 발에 쇠사슬을 찬 채 공구를 들고 있다. 이를 사슬에 매인 집단(Chain Gang)이라 부른다.

도로건설 작업을 했다고 하여 이를 쇠스랑을 찬 집단이라는 체인 갱chain gang[9]이라는 명칭으로 현재까지 기억되고 있다.

혁명의 허상

　　　　　　필자는 가능하면 정치적 혁명과 혁명가들에 대한 언급을 자제하고 있는데, 이는 자칫 잘못하면 마치 이념서적인양 오해를 부를 수 있기 때문이다. 하지만, 수많은 혁명들, 또한 인간의 역사를 바꾸다시피 한 혁명들이 우리에게 끼친 영향과 앞으로도 끼칠 영향에 대해서는 생각해 볼 기회를 가져야 한다고 생각한다.

　군주제를 없애고자 온 시민이 힘을 합치고 목숨을 걸고 이룩한 부르주아혁명은 궁극적으로는 군주의 자리를 엘리트 부르주아 집단이 대신 차지 한 것일 뿐이며, 부르주아 혁명의 미완성도를 비난하여 더욱 발전된 노동자혁명(프롤레타리아 혁명)을 부르짖으며 모든 노동자, 노무자, 농노들에 의한 자유민주주의이자 사회주의를 주장했던 소비에트공화국의 스탈린조차도 결국은 국가자본주의國家資本主義[10]와 계급독재[11]를 추진함으로 인하여 백성들의 발언권과 인권과 권리를 빼앗아 간 탓에, 소비에트Soviet는 무너지고, 대신 구舊소비에트의 권력층과 엘리트층들이 차르Tsar와 부르주아의 자리를 되차지하게 된 것은 인류 정치혁명의 모순과 괴리를 잘 보여주는 장면이다.

결국, 원래 있던 제자리로 돌아오게 되는 혁명은 과연 얼마나 많은 불필요한 죽음을 생산해내는 모순을 보여주었는가? 정치적 혁명들은 마치 영웅놀이와 의미 없는 순교처럼 여겨질 때도 있다. 당연히 희생이 필요하므로 혁명에 휩쓸린 개인에게는 허무만이 남을 것이다. 누가 혜택을 받게 될 것이냐를 염두에 둘 필요도 있다.

> 혁명은 죽음의 가면이고, 죽음은 혁명의 가면이다.
>
> Die Revolution ist die Maske des Todes, der Tod ist die
>
> Maske der Revolution
>
> – 하이너 밀러Heiner Müller[12]

우울한 이야기지만 실패한 혁명도 많다. 4차 산업혁명을 미리 내다 본 듯한 미하일 고르바초프의 소련연방 개혁정책인 개방의 글라스노스트와 혁신의 페레스트로이카는 베를린 장벽을 무너뜨리고 오히려 구소련을 해체시키는 결과를 가져오며 지구 전체에 엄청난 영향을 끼쳤다.

　사필귀정이라 하여 악인惡人은 반드시 역사의 심판을 받게 되어 있고 역사는 반복되는 것이라고는 하지만, 수명이 제한되어 있는 개인이 이렇게 반복되는 역사를 기다릴 수는 없는 법이다. 혁명이 발생할 때에는, 자신이 그 혁명의 주체인지 혹은 숙청의 대상인지를 잘 지켜 판단해 보아야 한다. 심지어는 트로츠키[13]나 체 게바라[14]처럼 자신이 혁명의 중심역할을 한 실체의 주체임에도 불구하고 가차 없이 제거된 사람들도 있다.

　4차 산업혁명이 추후 정치적 혁명을 유발시킬 가능성이 높지만, 일단은 정치적인 부분은 배제한 상태로 혁명의 혜택을 받게 될 계층이 누구인지를 살펴볼 필요가 있다. 항상 소외계층이 발생되어 왔기 때문이다. 물론, 상하가 뒤집어지더라도 중간층이 무너지지 않는다면 중도성향의 시민들은 혁명을 두려워하지는 않을 것이다. 하지만 진행 중인 4차 산업혁명의 수혜자가 누구이며 피해자는 누구이며 그 숙청의 대상이 누구인지 우리는 알 수 없다.

　그렇다면 모든 인류에게 정보의 자유와 공유를 외치던 디지털과 인터넷은 어떤 모습으로 변할까? 물론 변화는 이미 ing 즉, 진행 중이지만 말이다. 과연 자본과 소수엘리트층은 우리에게 엘리시움 Elysium[15]같은 황금시대Golden age를 선사해 줄 수 있을까?

　우리 인류의 과학수준은 아직은, 라디오 수준에 머물러 있다. Radio란, '전자기식電磁氣式신호의 무선 전송radiation or wireless transmission of electromagnetic signals'의 약어임을 이해하고 있어야 한다. 방사능을 radiation이라고 한다. 현대 과학의 혁명은 줄線, line이라는 굴레를 이제 막 벗어난 전자電子, electron와 같은 존재이다. 아주 쉽게 설명하자면 이젠 모든 것이 유선有線이 아닌 무선無線시대라는 것이다. 유선 전화기를 직장까지 들고 다닐 수는 없지 않은가? 하지만 무선을 가두어둘 장벽嶂이 없으니 이제 우리는 이것을 우리 마음대로 통제할 수 없다. 더 이상 갇혀있는 존재가 아니라는 것이며, 그 범위 또한 인간의 의지로 정하고 통제할 수 없다는 의미로 해석되어질 수도 있다.

앞으로의 권력은 영어와 프로그램언어를 유창하게 구사할 수 있는 자와 빛을 다스리는 자들이 잡게 될 것이다. 예를 들어, 그동안 공상과학에서만 보아오던, 실용적 레이저LASER의 개발자들의 무리와 결탁한 거대자본이 차지하게 될 가능성이 많아 보인다. 미래지향적인 무기 중에서 가장 효과 있는 무기는 물리력을 이용하여 물체를 움직이는 무기가 아닌, 즉 대포로 대포알을 날려 보내거나 미사일이 날아가서 부딪혀 폭발하는 것이 아닌, 빛 에너지가 직접 날아가 목표물을 파괴시키는 것으로, 물리적 에너지 자체가 파괴력을 발휘하는 직접에너지무기DEW와 같은 빛의 속도로 반응하는 고에너지 혹은 고전원高電源무기들이 될 것임은 두말할 필요도 없다. 물론 이미 선행연구를 지나 실험단계에 들어와 있기에 미국을 비롯한 강대국들은 수년 내에 이러한 무기들의 실용화시킬 것으로 예측된다.

머지않은 미래에 레이더 혹은 라다RADAR[16]의 시대를 넘어서 라이다LIDAR[17] 시대가 오고 있는데, 이는 전파radio wave뿐만 아니라 레이저의 빛light을 쫓는 시대에 도달해 있다는 것을 의미한다. 빛 덕분에 밤에 공부도 하고 텔레비전도 보고 냉장고 안의 시원한 음료를 내어 마시며 음악도 듣고, 밝은 전등불 아래에서 온가족이 오붓하게 식사도 했었지만, 빛 때문에 순식간에 나와 내 집이 부서

지거나 녹아내릴 수 있는 그런 미래, 전기로 전구의 불을 밝힌 토마스 에디슨(1847~1931)이 상상도 못했을 그런 미래가 이미 수십 년 전부터 이미 계획되어 오고 있음을 우리는 짐작이라도 하고 있어야 할 것이다.

과연 인간은 빛光을 통제할 수 있을까? 내리쬐는 태양빛에 식물도 자라고 동물도 자라고 우리도 살아간다. 하지만 그늘 하나 없이 뜨거운 태양 아래 맨 등짝을 보이며 하루 종일 일해야 하는 사람에게는 고역이자, 일사병의 원인이자, 심지어는 백내장과 피부암의 촉발요인이 된다. 물론 햇볕을 피할 선선한 그늘이 항상 있는 사람에게는 일광욕을 즐기듯 느긋하고도 즐거운 시간이 될 수 있을 것이다. 대기권의 혼란으로 강력한 빛이 여과 없이 내려쬔다면 어떤 일이 생길까?

크게 의미 없어 보이는 그 어떤 것이라도 세상을 급속하게 그리고 크게 변화시키는 역할을 할 수 있으며, 그 시작에는 항상 조그마한 촛불의 불꽃, 즉, 굳건하게 닫혀있는 큼직한 철문을 개방할 수 있는 아주 작은 열쇠가 있기에 마련이다. 판도라의 상자에는 열쇠가 있었는지 모르겠지만 그래도 열어볼 뚜껑은 있었을 것이다. 그러므로 그 열쇠가 누구의 손에 쥐어지느냐 따라 모든 결과가 달라질 수 있을 것이다. 유토피아가 올 것인지 아니면 여전히 부와 권력에 의한 지배와 노예생활의 지옥 같은 세상이 유지될지, 아니면 지금 보다 독한 지옥이 올 것인지는 어떤 사람에게 핵심적 열쇠가 주어질 것이냐에 따라 달라질 것이다. 신神은 누구에게 열쇠를 주었을까?

혁명의 불꽃은 아름답지만, 큰 불길을 잡을 자신이 있어서 일으키는가? 인류의 역사를 볼 때에 그랬던 것 같지는 않다. 혁명은 연출된 불꽃놀이가 아니다. 예측대로 전개된 혁명은 한 번도 없었다.

　우리나라의 온갖 정보망을 뚫고 다니는 초보해커들이나 일부 해외동포들의 정보망을 이용한 사기극은 이들이 유능해서가 아니라 잘못된 자의 손에 열쇠를 쥐어주었기 때문일 뿐이다. 이들이 가장 기본적인 프로그래밍이라도 이해를 하고 저지른 일들일까? 철두철미하게 통제되어서 망정이지 그렇지 않다면 세계를 전멸시킬 핵폭탄 발사 장치를 누르는데 특별한 기술이 필요해서 못 누르고 있는 것일까? 50리터의 휘발유는 거의 죽어가는 환자를 급히 병원으로 옮겨 살리거나 산 높은 곳에서 구조를 기다리는 귀중한 생명을 구하는데 이용할 구급차나 구조헬기의 연료로 사용될 수 있다. 하지만 5리터의 휘발유가 대한민국 국보 제1호를 잿더미로 만들어버리거나 5리터의 신나(씨너)가 무고한 시민 수백 명을 지하철에서 저승길로 안내하는데 사용될 수 도 있는 것이다.

　혁명은 우리를 억압으로부터 자유롭게 풀어줄 수 도 있지만, 거꾸로 우리를 엄청난 탄압 속에 가두어둘 수도 있는 양날 가진 칼이 될 수 있다는 것은, 그리 길지 않은 인터넷의 역사 속에서 이미 드러났고 계속 드러나고 있다. 인공지능이나 가상현실 혹은 유전자공학도 마찬가지이다. 우리의 편리와 생활의 개선, 그리고 효율화, 간소화 및 능률화를 위해 등장한 혁명적, 진보적 도구가 예상과는 달리 불러올 수 있는 부작용들을 한 두 사람이라도 비판적인 시각에서 검토해보았으면 하며, 점점 더 가속도가 붙어가는 변화와 발전 그리고 그로 인한 계층 간 독점과 소외간의 사회역학을 조금이나마 이해해 보려는 시도를 해주었으면 한다.

　컴퓨터 강의록처럼 보이겠지만, 이번 장의 마지막으로 프로그래밍 언어에 대해 언급해 보려고 한다. 아스키코드ASCII, HTML, Javascript, Java, C-language, Basic 등 단지 몇 개의 대표 프로그램들만이 세계의 수천 개의 언어와 숫자와 그 외의 모든 것의 기반이 되고 있다. 뒤에 다시 나오겠지만, 누군가가 2006년이 되면 중국어가 인터넷의 반 이상을 차지할 것이라고 예상했었다고 하는데 이것은 처음부터 오류였다. 모든 프로그램의 베이스는 알파벳과 인도숫자이며 수학공식이다. 이 모든 것을 완벽한 한자도 아닌 간체자簡體字로 교체하는 것은 불가능하다.

지금 지구 밖의 우주를 훨훨 날고 있는 위성들과 발사를 기다리는 강대국의 핵 탄도들도, 전 세계의 교통 신호등들도, 최고의 전투기라고 자랑하는 스텔스전투기의 소프트웨어와 프로그램도 거의 모두가 C언어와 Basic기반의 프로그래밍 언어로 작동하고 있다.

이만하면 먼 과거에 전 세계의 언어가 혼란해져 바벨탑을 쌓던 인간들이 흩어졌을 당시와 비교해 보았을 때에, 인간은 더 친밀하고 완벽하게 딱 2~3가지 언어로 무슨 표현이든 하고 있는 셈이다.

● **프로그래밍 언어별 랭킹(2012년)**

스택 오버플로우Stack Overflow는 상부상조하는 정신에 입각한 700만여 명의 프로그래머들이 가입해 있는 단체이다. 이 단체에서 선정한 프로그램 언어의 순위順位이다.

순위	Stack Over flow
1	C#(Visual C)
2	JAVA
3	PHP
4	JavaScript
5	C++
6	Phyton

프로그래머 커뮤니티에서 선정한 프로그램 언어랭킹(1~6위). 2012년 기준

세상의 가장 강력하고 중요한 기관들이 사용하고 있는 프로그래밍이 어떤 것들인지를 인식하는 예지능력은 다음세대들이 보유해야 할 귀중하고 절실한 능력이라고 본다. 세계의 언어가 다시 통일되고, 바벨탑이 방해 없이 설계대로 끝까지 세워져 올라가는 날이 올지도 모르겠다.

그러나 과격단체의 테러용 무기로 팔려나갈 핵탄두와 마지막 단계로 다가가고 있는 오존층 파괴로 인한 작렬하는 태양열과 각종 파波에 둘러싸이게 될 인류문명의 필연적 파멸은 신이 아닌 인간 스스로 마치 계획된 일정에 맞추어 자발적으로 한 걸음 한 걸음 나아가고 있는 것 같은 느낌을 준다. 이번에는 신이 아닌 인간이 자청해서 멸망의 길을 찾아가고 있는 모양새이다.

자본주의의 발생 이래 500여 년 이상 비상한 능력을 축적해온 엘리트 급 부르주아 자본가들은 굴하지 않고 이때를 대비하여 한층 더 견고한 성을 쌓아 대비하고 있을 것이라고 추정된다. 이들이 바로 르네상스 이래로 미래를 예측하고 미래를 만들어가는 사람들이다. 디지털과 인터넷 또한 그들이 만든 도구이지만, 믿는 도끼에 발

등 찍힌다는 속담도 있듯 공이 어느 방향으로 튀게 될지는 몰라도, 아직까지는 인터넷과 디지털이라는 존재는 신세계의 건설과 지구의 종말 없는 생존을 위한 혁명적 도구로써 손색이 없는 것으로 보인다. 여기에 인공지능과 바이오메딕스Biomedics[18]까지 가세했으니 말이다.

하지만 민중들이 알아야 할 것은 부르주아 혁명으로 농노가 노동자로 변했을 뿐 별로 달라진 것이 없다는 것이며, 새로운 4차 산업혁명은 노동자들에게도 무노동無勞動의 자유를 주겠다는 멋진 캐치프레이스를 달고 있다는 것이다. 앞서 강조하여 언급하였듯이 여기에는 어떤 복선이 깔려있는지를 우리는 아직 모른다. 복지예산의 무분별한 증가와 복지란 단어 속에 숨겨진 의미에 대한 고민을 조금만이라도 더 해보았으면 한다. "일 안 해도 먹여 살려주겠다."는 공약처럼 달콤한 것이 또 어디에 있을까? 속내는 단체로 잉여剩餘가 되어달라는 부탁일 것인데.

우리가 살고 있는 이 아름다운 세상과 지구를, 우매한 이 책의 저자가 바라보는 묵시록黙示錄적인 무거움으로만 보지 마시고, 자유의지를 가지고 태어난 귀중한 한 인간의 올바른 판단력을 가지고 바라보시고 현명한 선택들을 하시길 기대해 보겠다.

1 크림 전쟁

크림 전쟁은 1853년 10월부터 1856년 2월까지 지속된 러시아 제국과 연합국간의 전쟁이다. 연합국에는 영국, 프랑스, 사르데냐 왕국, 오스만 제국이 참가하였다. 전쟁의 발단은 러시아 제국이 오스만 제국 내 정교도들에 대한 보호권을 주장한 것이 직접적인 원인이 되었으나, 팔레스타나의 성지를 둘러싼 정교회와 천주교회의 권한 다툼을 배경으로 프랑스와 영국이 참전하는 등 중동을 둘러싼 열강들의 이권 다툼에 의해 일어난 것이다. 사르데냐 왕국은 크림 반도에 아무런 이권이 없고, 러시아 제국과 특별히 대립 관계도 아니었지만, 이탈리아 통일을 위해 영국과 프랑스의 지원을 받을 계산으로 참전했다. 전쟁의 대부분은 흑해에 위치한 크림 반도에서 일어났으며, 1856년의 파리 조약으로 종전을 맞이하게 된다. 파리 조약의 결과로 러시아 제국은 다뉴브 하구 및 흑해 인근에서의 영향력을 잃게 된다.

2 패킷 네트워킹packet networking

네트워크 패킷이라고도 한다. 컴퓨터 네트워크와 통신에서 자주 사용되는 패킷 교환 방식은, 작은 블록의 패킷으로 데이터를 전송하며 데이터를 전송하는 동안 네트워크 자원을 사용하도록 하는 방법이다. 하나의 파일은 패킷 교환망 안에서 전송되기 위하여 작은 크기의 데이터들로 나뉘며, 개별 데이터는 발신지 주소, 목적지 주소, 기타 정보 등이 추가되어 하나의 단일한 패킷이 된다.

패킷은 컴퓨터 네트워크가 전달하는 데이터의 형식화된 블록이며, 특정한 형식에 맞추어 전송에 필요한 부가적인 정보들을 포함한 채로 데이터를 전송할 때, 네트워크는 장문의 메시지를 더 효과적이고 신뢰성 있게 보낼 수 있다. 무선 네트워크 프로토콜은 Wifi, Bluetooth 등이 존재한다.

3 통신프로토콜

계층 구조로 이루어진 통신 규약들의 집합. 컴퓨터와 컴퓨터 사이, 또는 한 장치와 다른 장치 사이에서 데이터를 원활히 주고받기 위하여 약속한 여러 가지 규약規約이다.

4 통신규약

통신 프로토콜 또는 통신 규약은 컴퓨터나 원거리 통신 장비 사이에서 메시지를 주고받는 양식과 규칙의 체계이다. 통신 프로토콜은 신호 체계, 인증, 그리고 오류 감지 및 수정 기능을 포함할 수 있다. 프로토콜은 형식, 의미론, 그리고 통신의 동기 과정 등을 정의하기는 하지만 구현되는 방법과는 독립적이다. 따라서 프로토콜은 하드웨어 또는 소프트웨어 그리고 때로는 모두를 사용하여 구현되기도 한다. 예로는, HTTP(Hyper Text Transfer Protocol), FTP(File Transfer Protocol)등이 있다.

5 클러스터링

Clustering(무더기로 만들다)이란 똑같은 구성의 서버군이 병렬로 연결된 상태를 말한다. 로드밸런서에 의해 각 클러스터링된 서버에 의해 서비스가 진행이 되고, 클러스터링된 서버들중에서 한 대의 서버의 이상이 있다면 로드밸런서에서 그 서버의 분배를 제거함으로 정상적인 서비스가 끊김 없이 이루어지도록 한다. 로드밸런싱Load Balancing이란 서버의 로드를 클러스터링된 서버별로 균등하게 나누어 주는 서버를 말한다.

6 Spin on&Spin off

스핀 온spin on은 '~을 중심으로 회전하다.'라는 뜻을 가지고 있지만, 일종의 순기능順機能을 말한다. 민간 기술이 군사 기술에 재활용되는 현상이며, 스핀 오프Spinoff의 반대 의미이다.

스핀 오프spin off는 기업분할, 기업분리 및 로켓 또는 유도 미사일이 우주공간에서 분리되는 것 혹은 부산물이나 파생물을 의미한다. 특히 공공분야에서의 상업적 분야로의 기술의 파생효과를 의미한다.

7 무자헤딘Mujahedin

무자헤딘은 성전(지하드)에서 싸우는 "전사"를 의미한다. 20세기 후반에 이슬람 이념에 따라 투쟁 단체에서 싸우는 의용군을 가리키는 말로 확립되었다. 소비에트 연방의 아프가니스탄 침공이 계기가 되어 규합된 일종의 의용군이다.

8 탈리반Taliban

탈레반 또는 탈리반은 아프간 남부를 중심으로 거주하는 파슈툰족에 바탕을 둔 부족단체에서 출발한 조직이다. 탈레브 혹은 탈리브talib는 전통식 이슬람 학교(마드라사-Madrasa) 등의 학생들을 가리키는 말이며, 탈레반Taliban은 탈리브Talib의 복수형으로 '학생조직'으로 볼 수 있다. 1990년대 중반 활동을 시작, 1997년 아프가니스탄의 정권을 장악했으며 2001년 미국의 공격으로 축출되기까지 아프간을 통치했다. 아프가니스탄을 장악했을 당시에 남녀차별 정책으로 인해 세계로부터 강한 비판을 받았다. 아프가니스탄은 1979년 옛 소련군의 침공을 계기로 소련의 점령 하에 들어갔으며 이슬람 조직들을 중심으로 미국 등의 지원을 받은 저항세력들이 10년 이상 반 소련 항쟁을 벌였다. 1989년 소련 붕괴 직전 모스크바는 아프간에서 군대를 철수시켰다.

9 체인 갱chain gang

체인(쇠사슬) 갱(패거리)라는 것은 서로 서로 쇠사슬에 줄줄이 연결되어 허드렛일이나 하찮은 일로부터 시작하여 수감자들에 대해 처벌을 대신하여 갖가지 중노동을 시키는 것을 의미한다. 고로, 건물 보수, 도로건설, 철도건설, 개간開墾들의 일에 동원하기가 수월하였다. 미국의 남부에서 유행되었으나 1955년경 점차적으로 폐지된 제도이다.

10 국가자본주의國家資本主義

국가자본주의(독일어: Staatskapitalismus, 영어: State Capitalism)는 자본주의적 계획경제제도라고도 하며, 자본주의 경제체제 속에서의 국가통제주의적인 대량의 국유화 정책을 의미한다. 또한, 공산권 국가에서는 '사회주의 신경제정책'이라고도 하였는데, 토대는 소련의 레닌이 러시아 혁명 후 한때, 도입해 적용을 시험하였으며, 국가에서 자본을 얻기 위해 실시했던 사회적 경제 제도였다. 마찬가지로, 자본주의 체제의 국가들에서는 국가 위기 상황에서 불가피한 경제적 상황을 돌파하기 위해 필요시 사용했던 개념의 제도이지만, 군국주의나 공산주의 체제의 국가에서는 제국주의 국가와 마찬가지로 전시 상태에서의 과거 경제정책으로 한때 이해되기도 했다. 1920년대 중반 이후 소련에서는 '신경제정책'이라고 불렸으며, 중화인민공화국에서는 '수정주의'라고 불렸던 경제 정책이다.

11 계급독재

프롤레타리아 독재(무산계급 독재無産階級獨裁, 영어: Dictatorship of the proletariat)는 프롤레타리아 민주, 프롤레타리아 민주주의, 프롤레타리아 민주제라고도 불린다. 카를 마르크스에 의해 그의 1875년 저서 '고타강령비판, Critique of the Gotha Program'에서 사용된 용어로, 이는 자본주의와 공산주의 사이의 과도기적 사회를 일컫는다. 이 때문에 '사회주의 체제'라고도 할 수 있으며, 이 기간 동안 "국가는 프롤레타리아의 혁명적 독재 형태 그 이상 아무 형태도 취할 수 없다." 이 표현은 프롤레타리아가 현존하는 유산 계급의 정치 체제를 전복한 후 중앙 집중적인 권력 구조를 설치하는 것을 뜻한다. 이는 현재 억압적인 정권이라는 뜻으로서 일반적으로 쓰이는 "독재"라는 표현과는 구분된다. 사회주의국가는 마르크스-레닌주의에 따라 프롤레타리아 독재를 체제의 본질로 하고 존재한다. 프롤레타리아 독재는 우선 무엇보다도 자본가계급을 대상으로 하고 있다.

12 하이너 뮐러 Heiner Müller

하이너 뮐러(1929~1995)는 동일 태생의 시인이자 극작가이며 연출가. 공산주의 동독에서 활동을 시작하였고, 통일동독에서도 정열적인 활동을 벌였다. 그의 작품들은 포스트 모더니즘적 요소가 강하다.

13 트로츠키

레프 다비도비치 트로츠키Лев Давидович Троцкий(1879~1940)는 소비에트 연방의 전 해군 군사인민위원, 외교관, 정치가, 사상가이자 노동운동가이다. 볼셰비키 혁명가이며 마르크스주의 이론가로, 그의 사상을 따로 일러 트로츠키주의라고 한다. 통상 레온 트로츠키Leon Trotsky라 불린다, 초기에는 멘셰비키였다가 볼셰비키로 전환, 10월 혁명에서 블라디미르 레닌과 함께 볼셰비키당의 지도자 중 하나로 소비에트 연방을 건설했다. 초대 소비에트 연방의 외무부 장관을 맡았으며 붉은 군대의 창립자이다. 스탈린과의 권력 투쟁에서 밀려나 '인민의 적'으로 몰려 소비에트 연방에서 쫓겨나게 되어 멕시코로 망명하였다. 말년에 멕시코에서 거주했으나, 스탈린이 사주했다고 여겨지는 암살자에 의해 등산용 피켈로 살해당했다.

14 체 게바라

에르네스토 라파엘 게바라 데 라 세르나Ernesto Rafael Guevara de la Serna (1928~1967)는 '체 게바라'라는 애칭으로 더 잘 알려진 아르헨티나 출신의 공산주의 혁명가, 정치가, 의사이자 쿠바의 게릴라 지도자이다. 1959년 쿠바혁명 성공이후 권력에서 밀려난 그는 볼리비아에서 자체로 쿠바의 지원 없이 혁명투쟁을 벌이다가 잡혀 처형되었다.

15 엘리시움Elysium

엘리시움은 그리스어인 엘리시온 평야Ηλύσιον πεδίον에서 따온 이름으로, 고대 그리스 종교와 철학의 특정 분파 또는 학파들이 오랜 시간 동안 유지해 온 사후 세계의 개념이다. 엘리시움은 하데스와는 구분되는데, 신에 의해 선택된 자들, 바르게 산 자들, 영웅적인 행위를 한 사람들이 사후에 가는 곳으로 이곳에서 축복되고 행복한 삶을 살며 삶 속에서 즐겼던 일 또는 직업을 계속 마음껏 즐기며 산다고 생각되었다.

16 레이더 혹은 라다RADAR

레이더 혹은 라다RADAR; radio detecting and ranging는 전자파를 대상물

을 향해서 발사해 그 반사파를 측정하는 것으로써, 대상물까지의 거리나 형상을 측정하는 장치이다 멀리 있는 물체와의 거리를 전자파에 의해서 계측해서 보여주는 것으로 비행기의 위치를 파악하거나, 강수량 예측 시스템 등에 사용되고 있다. 전쟁에서 적 비행기의 위치를 알아내기도 하며, 바다 속 깊은 심해까지 레이더를 쏘아 수심을 알아내기도 한다.

17 라이다LIDAR

라이다LIDAR: Light Detection And Ranging는 레이저 펄스를 쏘고 반사되어 돌아오는 시간을 측정하여 반사체의 위치좌표를 측정하는 레이더 시스템이다. 처음에 통신용으로 개발되었지만 강한 단색성에 의해 빛과 전파의 양면 특징을 가졌기 때문에 통신 이외의 각종 용도에도 사용되고 있다 항공 또는 위성 탑재되어 지형측량에 사용되며 스피드 건, 자율이동로봇, 자율주행 자동차 등에도 활용되고 있으므로 미래지향적 시스템으로 각광받고 있다.

18 바이오메딕스Biomedics

의공학醫工學(의용생체공학/생체의공학, biomedical engineering)은 보건진료 용도를 위해 의료와 생물학의 설계 개념 및 공학원리가 융합된 응용 분야이다. 이 분야는 공학과 의료 사이의 간극을 줄이도록 노력하고 있다. 진단, 관찰 및 치료를 포함하는 보건 치료를 개선하기 위해 의학과 생물학과 함께 공학의 기법으로 설계하고 문제를 푼다. 의공학은 다른 많은 공학 분야에 비해, 비교적 최근에 독자적인 학문으로 떠오르고 있다. 이러한 진화는 그 자체가 한 분야로 간주되기에, 이미 확립된 분야 간의 학제적 전문이 되는 새로운 분야로 전환이 되는게 일반적이다. 의공학에서의 작업의 대부분은 서브필드의 광범위한 분야에 걸친 연구개발로 이루어져 있다.

의공학 응용 프로그램은 임상 장비로부터 재생조직의 성장, 제약 및 치료 생물학적 제제, 고가의 정밀 진단 및 일반적인 영상기기, 작은 이식 장비, 체적합, 보철물, 다양한 진단과 치료 의료기기의 개발을 포함하고 있다.

4장

아날로그와 디지털
(Analogue and Digital)

알아야 할 단어가
점점 더 많아지는 세상

요즘 세상을 간단하게 뭐라 표현하면 좋을까?
"하루가 멀다고 알아야 할 단어들이 더 많아지는 세상"이라고
정의하고 싶다.

테크노춤, 스타크래프트, 피카추 등은 이미 구시대의 단어가 된
지 오래고, 새로 나온 정당이 좌파인지 우파인지 중도인지도 모르겠
고 이름조차 외우기 힘들다. 또한 새로 뜨는 회사이름이나 신제품
들이 한정 없이 쏟아져 나오고 있다. 현재 집권당의 이름도 잘 모르
는 사람들이 있을 것이다. 어차피 새 이름으로 바뀔 테니 몰라도 될
것이다. 서양인들과 인터넷 대화를 하게 될 것을 대비해서 열심히
외워 두었던 'LOL(크게 웃다, laughing out loud)'라는 인터넷 '이모티
콘Emoticon'[1]이 무엇인지 미처 이해할 시간도 없이 '#' 문자하면 연
상되는 '해시태그Hash tag'[2]라는 용어도 이해해야 한다.

'뜻은 몰라도 일단 먼저 쓰고 보자?' 바보 같아 보이지만 매우
능동적이고 효율적인 괜찮은 생활방법 같다.

LOL(League of legends)[3]이라는 RPG[4] 겸 RTS[5] 게임도 있다. 그런
데 RPG는 뭐고 RTS는 또 뭐람? RPG는 FPS[6] 게임이자 mmorpg[7]게

임인 '서든어택' 등의 전쟁게임에 단골로 등장하는 휴대용 로켓발사기의 이름인 RPG와 같지만 다른 뜻을 가진 단어이다.

정신 사납게 만드는 것들은 굳이 알 필요도 없다고 하실 분들이 많이 계실 것이며, 사실 영향력이 크지 않으므로 외워두실 필요도 없으며 그 의미를 완전히 파악할 필요도 없을 것이다. 그래서 이번에는 상표trademark 혹은 브랜드brand에 대해 언급해 보려한다. 앞서의 요상한 단어들엔 관심이 없어도 브랜드나 상표는 무척 심오하게 따지는 것이 요즘 사람들의 심리이다. 상표도 안보고 물건을 무작정 구매하는 사람은 거의 없을 것이다. 특정한 상표가 처음 대중에게 공개된 후 오랜 시간이 흐름에 따라 그 상표의 가치가 높아진다고들 한다. 나름대로 전통 깊은 상표라는 것들이 존재한다. 요즘 반 토막 났다는 소문이 돌긴 하지만, 대표적인 상표가 '코카콜라'이다. 특정한 상표가 신뢰를 얻으면 사람들이 물건을 고르기가 쉬워진다. 믿으니까. 물론 신뢰감 높은 상표일수록 그렇지 못한 상표에 비해 값이 비싼 것이 보편적이지만, 일단 신뢰가 가는 상표가 달린 것을 사면 마음이 놓인다.

신뢰성과는 별개로 상표가 널리 알려져 있어서 손해를 보는 회사도 있다. 해당 상표가 붙은 제품에 대한 불매운동 및 고소고발이 멈추지 않을 수도 있다. 피해 다녀야할 나쁜 징표이자 악명 높은 상표로 소문날 수도 있다. 물론 그런 상표는 오래 가지 못하겠지만 영악하게도 그럴싸한 새로운 상표로 변신을 하고서는 다시 대중들 속에 파고들 것이다. 얼굴에 철판을 까는 게 아니라 아예 얼굴을 새것으로 바꾸어 버리는 것이다.

그러므로 새롭다하여 무조건 좋은 것만은 아니다. '나중 사람

아우슈비츠 수용소 정문의 간판, '노동은 너희를 자유케 하리라(Arbeit Macht Frei)' 라는 알 듯 모를 듯한 문장이 적혀 있다. 피할 수 없는 고통스러운 노동으로부터 벗어날 방법은 죽음뿐 이라는 중의적 의미 아닐까?

을 겪어 봄으로써 먼저 사람이 좋은 줄을 알게 된다.'는 말인 '구관 이 명관'이라는 속담이 있을 정도이다. 새로운 이름이 사람들에게 기대와 기쁨을 줄 수 도 있지만, 사람들의 마음에 상처를 준 경우도 있으며, 때로는 수백 년간 공포의 상징으로 남아 있을 수도 있다. 세 계 제2차 대전 중 독일군에 의해 폴란드에 설치되었던 '아우슈비츠 Auschwitz'라는 단어도 대학살holocaust의 대명사이자 상징이 된 일 종의 품명品名이다. 이슬람 급진파 무장 세력인 '알카에다Al-Qaeda' 나 '이슬람급진무장세력ISIS'처럼 두려움을 자아내는 상징적 이름 들도 존재한다.

그동안 사회, 정치, 문화, 외교, 과학 등의 여러 가지 분야에서 다 양하고 새로운 용어들이 쉼 없이 등장하여 우리를 괴롭혀 오고 있는데, 그럴 때마다 민중들은, "에이, 이런 거 다 어린 아이들 장난 짓 거리지 뭐" 아니면 "아, 이런 거 다 그렇고 그런 사람들의 일이고 우리와는 상관이 별로 없을 것 같으니 내가 신경 쓸 바가 아니지 뭐"하며 지내왔고, 또 그래도 별 탈 없이 살아온 것이 사실이다.

별 탈 없을 거라며 그냥 마구 사용해온 단어 중에는 다찌방, 오라이, 빠꾸, 미싱, 시다, 미숀, 빵구, 샤프, 에리, 나시, 사인펜, 매직 등 등 우리 문화에 지대한 영향을 끼친 용어들도 많다. 이와 같은 국적불명의 단어들이 우리말 사용에 좋은 영향을 끼쳤다고는 볼 수 없다. 생각 없이 외국어 또는 일본인들이 만들어 쓰던 엉터리 같은 말을 가져다 쓰는 것은 건전한 우리말을 병들게 하는 것인데, 국민들은 별 불평이 없어 보인다.

이 글의 목적 자체도, 인터넷이 뭐 어째서? SNS가 뭐 어째서? 앱 application이 뭐 어째서? 라고 단순하게 생각하고 받아들이고 살다가 자칫 잘못하면 세상의 노예로 전락할 우려가 있음을 경고하려는 것이므로 작은 물이 둑을 무너뜨릴 수도 있다는 교훈을 되새겼으면 한다.

'식감食感'이라는 생소한 단어가 요즘의 공용방송에 너무 자주 등장한다. 하지만 국어사전에 식감食感이란 단어는 없다. 일본에서 온 말로 추정된다. 우리에겐 아주 오래된 소중한 단어가 있는데, 바로 '맛'이라는 순수한 우리말이다. 아마도 '씹는 맛, 느껴지는 맛'을 식감이라고 쓰기 시작한 것 같은데, 이런 잘못된 용어의 영향력이 강해지면, '맛'이란 소중한 순수 우리말은 소멸되고 말 것이다.

'구한말舊韓末'이라는 용어 또한 공용방송은 물론 학계에서조차 개념 없이 사용하고 있기 때문에, 국립국어원에서는 올바른 사용을 권고하고 있지만, 아무도 문제를 제기하지 않는다. 즉, '구한말'을 '조선말'과 동일하게 사용하고 있다는 문제이다. 구한말은 조선시대가 아니라 대한제국시대이다. 구한舊韓은 대한제국이요, 신한新韓은 대한민국이다. 고로 정확한 구한말의 시기는 1905~1910년의 을사늑약에서부터 경술국치까지의 시기를 말한다.

1504년, 연산군 때의 갑자사화甲子士禍라는 혁명적 사건이 있었는데, 오랜 시간이 지난 지금도 여러 사람이 희생된 두려운 사건이 었을 것이므로 그 후유증이 사라지기까지 상당히 오랜 시간이 걸렸을 것이다. 하지만 학생들 입장에서는 암기를 해야 하니, 기억법의 특정방식 중에 연상법과 대입법을 사용해서 철저히 머릿속에 저장을 해두었다. 마침 당시에 '삼강사와'라는 음료계의 히트작이 있었기에 삼강사와라는 단어와, 연산군이 자신의 어머니의 원수를 갚자고 벌린 일이라서 '갑자 싸워(사화)'라고 대입시켜 보았다. 삼강사와는 Sam-Kang Sour의 우리말로 신맛이 나는 음료라는 뜻인데, 일본에서 개발한 음료라서인지 sour의 발음이 '싸워'가 아닌 '사와'가 되었으며, 회사는 없어졌지만 '사와'라는 음료는 지금도 판매되고 있다. 아무튼 모르는 것이 약인지 아는 것이 힘인지? 판단이 안 되는 세상이지만, 사람들은 필자를 보고 "당신은 쓸데없는 것에 너무 예민하게 군다."라고 조언해 주곤 한다.

여태까지 알 듯 모를 듯한 사설을 늘어놓은 이유는, 우리들이 '인터넷'이 무슨 상표인 양 알고 사용하고 있으며, '앱'이라는 것은 편리한 프로그램 정도로 여기며 그저 새로 나오는 것들을 기분에 따라 여과 없이 받아들이는 것이 안타깝기에 언급하는 것이다.

예상외로, 우리들은 디지털digital 시대를 살면서도 디지털이 무엇인지, 또 그에 상응되는 아날로그analogue가 무엇인지에 대해 잘 모르는 듯하다. 이 두 가지를 구분하지 못하면, 우리시대의 가장 중요한 용어인 "제4차 산업혁명"을 이해할 수 없음에도 불구하고 말이다.

옛날 같지가 않아서 조금만 뒤쳐져도 앞서가는 사람들을 따라잡을 수 없는 세상이 되었음에도, 도저히 알지도 못하겠고 알 자신도 없는 상태라면, 아예 알기를 포기하고 살 것인지 아니면 어떻게든 따라가야 할 것인지 중 한 가지를 선택해야 할 것이다. '필요한 만큼만 알면' 될 것 같기도 한데, 그 '알 만큼'이라는 것의 기준이 애매하다.

물론, 아직도 주변을 둘러보면 디지털이건 컴퓨터건 인터넷이건 이것들과 무관하게 잘 살아가고 있는 사람들이 많은 편이다. 앞서 말씀드린 '아는 것이 힘인지, 모르는 것이 약인지'는 더 겪어 보아야 알겠지만, 앞의 일을 잘 알 수 없고 예측불허의 세상이 오고 있는 것은 맞다. 보이스 피싱, 인터넷사기, 아이디도용, 신상 털리기, 컴퓨터바이러스 감염 등 등 별별 일들을 당하고 살면서도 두려움이나 불안감이 실제로 없는 것인지가 궁금하다. 불과 몇 년 사이에 세상이 얼마나 달라졌는지를 폐쇄회로텔레비전CCTV과 인터넷이 없던 시절과 지금의 시절을 한 번쯤 비교해서 생각해 보시면 어떨까 싶다.

상대적으로 옛날 일이 되어버리긴 했지만, 와이파이wi-fi라는 단어를 텔레비전 광고를 통해서 처음 접하게 되었는데, 광고의 내용인즉, 한밤중에 스마트폰 대리점에 은밀하게 찾아온 고객이 귓속말로 상점 점원과 한 대화였는데, "와이파이가 잘 터지느냐"는 것이었다.

야밤중에 터지긴 뭐가 터진다는 말일까? 그렇지 않아도 외국에서는 테러도 자주 벌어지고 있던 터라, "터지긴 뭐가 터져?"라는 궁금증을 자아내게 만든 꽤 성공적인 광고였다고 본다. 알아보니 '와이파이'란, 전파나 적외선 전송 방식을 이용하는 근거리 통신망이며 보통 '무선 랜LAN'이라고 한다는 답을 얻어내었다. 무선 랜을 마치 하이파이 오디오처럼 품질 높고 편리하게 쓸 수 있다는 뜻에서 '와이파이wi-fi'라는 별칭이 나오게 된 듯한데, 와이파이라는 상품의 개발자들은 과거 1950, 60년대에 유행했던 진공관식 전축電蓄중 다른 전축들보다 특별히 음질이 좋은, 다시 말해 음질의 충실도忠實度, fidelity가 좋은 전축이 대 히트를 쳤던 과거의 사실을 기억해 내어 하이파이Hi-Fi, High Fidelity란 전문용어가 가지고 있던 오랜 장점과 그 명성을 재활용한 것인데, 암시 또는 은유적으로 '하이파이'처럼 높은 무선충실도Wireless Fidelity보인다고 하여 Wi-Fi(와이파이)라는 부르게 된 것이다.

아날로그와
디지털

도대체 디지털이 무엇이기에 그렇게도 위대하다는 것일까? 이것은 돼지의 털도 아니고, 영어 발음대로 '디지탈'이라고 쓰면 탈이 난다. 디짙digit이라는 단어가 있는데, 이는 손가락이나 발가락의 뜻도 있고, 자리 수 또는 숫자를 의미하기도 한다. 디지

건반악기인 피아노(좌)와 아날로그의 대명사인 현악기 바이올린(우). 하지만 피아노의 건반도 숨겨져 있는 현(絃, string)을 나무망치로 때려서 음을 내는 방식이므로 '그게 그거'라는 주장도 있다.

털digital은 '손가락 혹은 숫자를 사용 한다'의 뜻을 가지고 있어 엄밀히 말해, 디지털 컴퓨터라고 하면, 계수형計數型(숫자식)컴퓨터라는 뜻이며, 아날로그analog(또는 analogue)형 컴퓨터와 비교 대비되는 개념이다. 독자 분들 중에서는 아마도 아날로그형 컴퓨터를 접해보신 분은 극히 드물 것으로 본다.

컴퓨터나 전자기기에서의 '디지털'의 의미는 손가락을 사용한다는 뜻이 아닌 '숫자를 사용 한다'의 뜻으로 보는 것이 타당하다. 우려가 되어 다시 말하지만, '손가락으로 두드리는 키보드가 달려 있기 때문에 디지털이라고 부르는 게 아니란 뜻이다.' 만약 손가락으로 두드리는 것을 디지털이라고 한다면, 피아노의 전신前身쯤 되는 1600년대의 하피스코드harpischord라는 건반악기도 디지털 악기라 주장할 수 있을 것이다.

이제부터는 '디지탈'과 '디지틀'로 혼용해온 것을 '디지털'로 통일하도록 하겠다. 털털 거리는 것이 듣기 싫지만, 뒤지게 탈나는 것도 싫으며, 더군다나 표준이 생명인 우리의 국어사전은 '디지털'을 표준 외래어로 정하고 있다.

아날로그가 지닌 뜻은 '유사類似하다 또는 비슷하다'는 뜻인데, 물리학이나 전자공학분야에서는 이를 '데이터나 물리량을 연속적으로 변화하는 양으로 나타내는 것'이라고 정의하고 있다. 이에 반하여 디지털이라 하는 것은 손가락으로 전자계산기나 컴퓨터의 자판을 두드린다는 뜻이 아니라, 두 개의 숫자 즉 0과 1을 가지고 세상 모든 것의 속성을 표시한다는 뜻이다.

컴퓨터 세상에서의 0zero은 아무것도 없다는 것이 아니고, 0이라는 실존하는 숫자를 의미한다. 아무것도 없음은 0zero이 아닌, 널null, 無[8]이라는 단어를 사용하여 따로 표현한다. 고로 0은 존재하는 숫자이다. 사주팔자四柱八字를 볼 때의 음양오행陰陽五行에서의 음(--)과 양(__)처럼 0과 1을 번갈아 사용하는 디지털의 언어는, 쉽게 예를 들자면, 00000001은 나, 10000000은 너, 그리고 10000001은 우리라고 표현하자는 식인 것이다. 마치 우리국민이 가지고 있는 주민등록번호처럼 각각의 숫자 및 그 배치는 각 각 다른 특성과 상태를 표현하는데, 쓰이는 문자는 항상 딱 두 개 뿐인 0과 1로 지극히 간단하다. 간단하게 된 이유는 간단한 것이 쉬워서가 아니라, 매우 어렵게 간단해 진 것이다. 2진법이라고는 하지만 간소화될수록 더 어렵다고 보면 된다. 십진법에 익숙한 우리들에게 2진법의 이해는 쉽지 않다. 촛불 두 개를 가지고 꺼진 촛불은 0, 켜있는 촛불은 1로 인식하고, 진공관 2개가 있을 때에 불이 켜진 것은 1,

켜지지 않은 것은 0이 되는 식이다. 작은 전구크기만한 진공관보다 엄청나게 작아진 발광전도체인 트랜지스터도 마찬가지이며, 여러 개의 트랜지스터를 심어놓은 집적회로integrated circuit도 있다. 트랜지스터보다 훨씬 작아진 형태로 선별적으로 전기에 반응하는 반도체semiconductor의 원리 또한 진공관 방식과 동일하다. 현대적 디지털 컴퓨터는 단지 0과 1의 두 숫자만 인식할 수 있다고 보면 될 것이다.

앞서의 인터넷의 발달에서도 보았듯이, 아날로그와는 달리 0과 1로 디지털화된 데이터는 잘게 쪼개어 내보냈다가 받아서 다시 조립시킬 수 있다는 대단한 장점을 지니고 있다. 찢어진 아날로그는 찢어진 그림처럼 재조립이 쉽지 않다.

이런 방식으로 인간이 감지할 수 있는 한도 내에서의 색깔, 소리, 맛, 냄새, 크기, 세기, 질감, 무게, 온도, 암흑 등 세상에 있는 모든 것을 표현할 수 있다고 보는 것이다.

과거에 경질고무, 비닐, 플라스틱 판때기 등에 흠집을 내고 흠집 위에 속이 빈 가느다란 금속 바늘을 올려놓고 돌림으로 인하여 경질고무판과 바늘이 서로 긁히는 소리를 증폭시키는 장치가 개발되었다. 미리 새겨놓았던 다양한 무늬의 흠집(홈)과 금속바늘이 서로 마찰되면서 큰 소리를 얻게 되는 장치가 바로 전축(축음기, 레코드플레이어)이고, 처음에는 흠집 한 곳만을 긁던 바늘이 홈의 양쪽에 동시에 닿게 함으로써, 두 개의 긁히는 소리를 한꺼번에 들리게 한 기술은 소리 산업에 있어서 아주 혁명적인 사건인 스테레오stereo 음향의 발견이다. 한 개의 홈에서만 나던 단조로운 소리mono에서 일약 양쪽에서 동시에 들리는 스테레오 소리는 상당히 신비하게 들렸을 것이다. 그래서 통상 스피커도 2개, 헤드폰, 이어폰도 두 개, 즉 한

레코드판과 전축의 바늘. 턴테이블 위에 놓인 레코드판의 모습이고 바늘을 장착한 바늘 지지대가 판위에 놓여있다. 속이 빈 깔때기 구조의 주사바늘 같은 바늘을 통해, 판에 새겨진 홈을 긁는 소리가 전축의 증폭기를 통과한 후 스피커를 통해 큰 소리가 나오게 된다. 바늘이 홈의 한쪽만을 긁으면 모노, 약 쪽의 홈을 모두 긁으면 스테레오 소리가 발생한다.

쌍으로 이루어진 모양이다. 물론 우리 귀가 두 개라서 그랬겠지만, 앞으로는 앞쪽 머리뼈 부위를 통해 전달되는 공명음까지 들려줄 쓰리-웨이3-way 헤드폰이 나올지도 모른다. 레코드판은 오래 듣다 보면 홈집이 점점 더 깊어지고, 금속바늘도 닳게 되어 소리의 음질이 점점 떨어지기 때문에 레코드판과 바늘을 새로 사야한다는 단점이 있다.

　이보다 더 뒤에 나온 발명품은 플라스틱 판때기가 아닌 쇳가루가 발라진 셀로판테이프에 강력한 자석을 대어 쇳가루의 고유한 무늬와 홈을 만들어 내어 소리를 녹음하고 재생시키는 릴reel 테이프이다. 제법 잘 사는 집에서는 릴 테이프를 이용한 녹음기를 가지고 있기도 했는데 덩치가 상당히 커서 방송국 같은 큰 장소에나 어울리는 물건이었다. 커다란 두 개의 릴을 아주 소형으로 만들어 작은 플라스틱 케이스에 넣은 것이 카세트테이프cassette tape인데, 손바닥 보다 작은 카세트테이프에 녹음 기능까지 추가되면서 휴대성까지 급진적으로 개선되게 된다. 소니사의 워크맨이라는 초소형 휴대용 카세트테이프 플레이어 및 레코더가 상품화되면서 상당기간 전성시대를 누리게 된다.

소니사의 워크맨이 첨단과학의 전성시대를 누리긴 했지만, 여기까지는 아직도 아날로그 방식을 이야기하는 것이다. 쇳가루가 뿌려진 카세트테이프에 강력한 자석을 이리저리 휘둘러 특이한 무늬를 만드는 기록 방식이 바로 아날로그 방식의 대표적인 예이며, '데이터나 물리량을 연속적으로 변화하는 양으로 나타낸 것'이 아날로그라

카세트테이프의 릴에 발라놓은 철가루의 독특한 무늬를 확대한 사진이다. 자석을 대면 무늬가 바뀌어 버리므로 녹음한 것이 엉망이 되는 수가 있다. 테이프의 양쪽 면에 쇳가루를 묻히는 기술이 개발되면서 카세트테이프는 비로써 A, B 면 양쪽을 사용할 수 있는 경제적인 녹음수단이 되었다. 쉬운 예로 글자 지우는데 사용하는 수정테이프는 한쪽 면만 사용 가능하다.

하였듯이 테이프에 발라진 철가루의 양이 테이프의 이동에 따라 물리적으로 변화하여 소리가 녹음되므로 아날로그 방식이라 하겠다.

고유한 무늬 혹은 패턴을 통해 반복적으로 소리를 만들어내는 방식인 카세트테이프가 0과1의 숫자의 집단으로 소리를 내고 녹음하는 소위 디지털 방식의 CD(콤팩트디스크)로 교체되게 된다. 물론 CD도 레코드플레이어와 마찬가지로 바늘대신 일종의 레이저를 쏘아 물리량을 측정하는 방식이라면 아날로그 CD이겠지만, CD에 저장된 0과 1의 디지털 부호를 읽어 들여 소리로 전환하는 방식이라면 디지털 CD가 된다. 그런 이유로 콤팩트디스크도 초기시절엔 아날로그 방식과 뒤이어 등장한 디지털 방식의 두 가지가 함께 섞여 존재했었다. 아날로그와 디지털 CD는 육안으로는 구별하기 어려운 편이다.

이처럼 컴퓨터의 개발 역사의 초기에는 아날로그 방식의 컴퓨터도 존재했겠지만 일치감치 디지털 방식을 취하게 된다. 무엇이든 디지털화된 컴퓨터와 연관되어버린 지금 세상에서 아날로그적인 요소들이 모두 사라진 것만은 아니다. 진공관, 트랜지스터, 집적회로, 반도체 등은 디지털인 반면 레코드판과 앰프, 현재 사용 중인 스피커와 과거의 텔레비전의 브라운관, 자동차의 핸들이나 선풍기 등은 아날로그적인 감각이 풍부하게 남아 있는 물건들이다.

퍼스널 컴퓨터PC, personal computer의 등장 초기의 8비트짜리 CPU를 장착한 컴퓨터에 플로피 디스크 대신 일반 카세트테이프를 잠시 동안 보조기억장치로 사용했던 시절도 있었다. 컴퓨터의 데이터 입력을 아날로그적으로 했다는 것이다. 어울리지 않는 한 쌍이지만, 미래의 컴퓨터 메모리 시장에 아날로그 방식이 다시 등장할 수도 있다고 하니 한치 앞을 내다보기 힘든 세상이다.

디지털이 슬며시 소리 없이 아날로그적인 것들을 밀어내고 다양했던 우리의 세상과 만사萬事를, 부지불식간에 가장 단순한 0과 1이라는 두개의 숫자로 모두 대체해 버린 셈인데, 아날로그는 무조건 구식이고, 디지털은 무조건 신식이라는 식의 구분방법도 옳은 방법은 아니다. 고로, 아날로그와 디지털의 대략적인 차이는, 아날로그는 질적質的, quality인 표현이고, 디지털은 양적量的, quantity 표현이라는 것이며, 아날로그보다는 디지털 체계가 상호 호환互換성이 훨씬 높다는 점이다.

숫자를 놓고 보았을 때에 로마숫자와 한자漢字의 숫자의 한계는 Ⅰ, Ⅱ, Ⅲ과 一, 二, 三으로 3까지가 한계이고, 인도숫자의 1, 2, 3, 4, 5는 수식數式으로 산술算術에 효율적이라서 계산이 가능하다는 이야기가 있긴 하지만, 이 또한 생각하기에 따라서는 머리가 복잡해지는 이야기이다. 우리가 인도숫자(아라비아숫자)로 계산을 한다고 말은 하지만, 사실 시각적 심볼을 뇌가 디지털적으로 변환하여 계산해내는 것이기 때문이다.

디지털화는 우리의 생활방식과 삶에 엄청난 변화를 초래하고 있는데, '마냥 효율적인 것인가?'라는 우려를 일으키고 있다. 디지털과 인터넷의 발달은, 인류의 새로운 바벨탑이 될 것인지 아니면 진정으로 찬란한 미래로 향하는 한 줄기 빛인지, 한번쯤 유념해 볼 일이다. 적어도 지구상의 각각의 민족들이 보유한 수백 가지의 현대 문자들을 HTML[9]과 ASCII 코드[10]와 같은 디지털 코드로 모두 다 표현할 수 있기에, 과거에는 언어적 장벽으로 인해 각지에 흩어져 살았고, 각자의 문화와 사회방식을 고수해 오던 인류를 하나의 문명으로 다시 통합시킬 수 있는 것이 디지털기술과 인터넷이며, 가히 신新바벨탑이 세워지고 있는 중이라고 해도 과언은 아니다.

> 온 땅의 언어가 하나요 말이 하나였더라. 이에 그들이 동방으로 옮기다가 시날 평지를 만나 거기 거류하며, 서로 말하되 자, 벽돌을 만들어 견고히 굽자 하고 이에 벽돌로 돌을 대신하며 역청으로 진흙을 대신하고, 또 말하되 자, 성읍과 탑을 건설하여 그 탑 꼭대기를 하늘에 닿게 하여 우리 이름을 내고 온 지면에 흩어짐을 면하자 하였더니, 여호와께서 사람들이 건설하는 그 성읍과 탑을 보려고 내려오셨더라. 여호와께서 이르시되 이 무리가 한 족속이요 언어도 하나이므로 이같이 시작하였으니 이 후로는 그 하고자 하는 일을 막을 수 없으리로다. 자, 우리가 내려가서 거기서 그들의 언어를 혼잡하게 하여 그들이 서로 알아듣지 못하게 하자 하시고, 여호와께서 거기서 그들을 온 지면에 흩으셨으므로 그들이 그 도시를 건설하기를 그쳤더라.
> 그러므로 그 이름을 바벨이라 하니 이는 여호와께서 거기서 온 땅의 언어를 혼잡하게 하셨음이니라 여호와께서 거기서 그들을 온 지면에 흩으셨더라.
> — 구약성경 창세기 11장

이 새로운 바벨탑은 0과 1이라는 하나의 언어로 차근차근 쌓여가고는 있지만, 반대로 그 누구도 알아 볼 수 없는 새로운 언어를 만들어 가고 있다고 볼 수 있다. 마치 고대나 중세시대에 글을 모르는 대다수의 사람과 읽고 쓸 줄 아는 극소수의 사람이 존재했던 때처럼, 디지털화 되어 있는 데이터의 생리와 컴퓨터 프로그래밍의 원리를 아는 사람들과 단순이 이들이 만들어 낸 창조물들을 소비하는 대다수의 문맹(컴퓨터 언어를 모르는 사람들)으로 나누어질 것이기 때문이다. 친근하고 다정한 겉모습으로 다가오는 디지털의 뒷면의 얼굴은 우리가 바라보는 것과 크게 다를 수 있다. 내가 통제할 수 있는 것인지 아니면 그와는 정 반대로 내가 통제되고 있는 것인지, 다 알고 사용하는 것인지 아니면 잘은 모르지만, 어쩔 수 없이 다 맡겨 놓고 믿어야 할 형편인지, 현대를 살아가는 우리들의 위치가 서서히 갈라지며 계층 간의 차이가 새롭게 형성되고 있는 것이다.

대부분 쉽게 인터넷을 접하고 계실 것이니, 인터넷 익스플로러나 크롬과 같은 브라우저browser의 메뉴중 하나인 '소스source 보기'를 클릭해서 살펴보시는 데 아무런 어려움은 없으실 것이다.

유네스코 국제 연합 교육 과학 문화 기구의 홈페이지

위의 사진은 유네스코 국제 연합 교육 과학 문화 기구의 홈페이지를 캡처한 것이다. 참 멋지다. 허나, 위의 멋진 모니터 화면의 속 모습을 한번 들여다보자.

인터넷 익스플로러의 메뉴모임 중에 '소스보기'라고 적혀있는 바bar를 클릭해 보겠다. 위의 홈페이지의 속 모습은 아래와 같다.

```
[소스: source]
⟨head profile="http://www.w3.org/1999/xhtml/vocab"⟩
  ⟨meta http-equiv="X-UA-Compatible" content="IE=edge" /⟩
  ⟨meta charset="utf-8"⟩
  ⟨meta name="viewport" content="width=device-width, ini-tial-scale=1.0"⟩
  ⟨meta http-equiv="Content-Type" content="text/html; char-set=utf-8" /⟩
  ⟨meta name="description" content="UNESCO encourages
international peace and universal respect for human rights by pro-
moting collaboration among nations." /⟩
(이하 생략)
```

이런 복잡한 영어글자들의 조합이 모니터를 통해서는 위의 사진처럼 보인다는 것이 신기하지 않은가? 설마 마술은 아닐 것이다. 위이 조합은 HTML과 자바스크립트Javascript 등으로 이루어진 프로그램 소스이다. 특징은, 모든 프로그램의 기본 언어는 영어 알파벳과 인도숫자가 사용된다는 점이며, 물리적으로 그려진 그림이 아니라 디지털 코드로 이루어져 있다는 것이다. 아마, 대한민국 국회, 중국의 공산당원회의, 일본의 의회, 미국 상하의원회의, 아니 전 세계의 의회나 국회의 의 홈페이지 소스도 크게 다르지 않을 것이다. 이미 국제사회의 언어는 하나이다.

● **리셋 증후군**Reset Syndrome

다마고치[11]처럼 반도체 칩을 장착하여 제한된 컴퓨터의 기능을 하는 휴대용 게임기로 시작하여 다양한 컴퓨터 게임 및 스마트폰 게임들이 청소년들과 젊은이들의 생활의 전반을 차지하게 된 시대에 있어서 가장 가슴 아픈 증후군 중의 하나가 리셋 증후군이다.

아날로그와 디지털의 또 다른 차이점을 설명하기 위해 리셋reset이라는 용어를 설명하려다 보니 이와 관련된 '리셋증후군'도 함께 소개해 본다. 리셋 기능(초기화기능)은 디지털이 나오기 전 아날로그 시절에도 널리 존재했었다. 차량의 운전석에 표시되는 주행거리 측정 장치나, 택시의 요금계산 장치, 테이프레코더의 작고 길고 흰색바탕에 검은색 번호판이 회전하는 것을 보셨을 것이다. 즉, 택시의 바퀴가 몇 바퀴 굴러가는지를 직접 보지 않아도 되니 편하고, 테이프가 어느 정도 감겼는지를 눈으로 직접 확인하지 않아도 되니 편하다. 이러한 장치들은 장치 옆에 튀어나온 가늘고 긴 검은 버튼을 누르면 여태까지의 숫자가 삭제되고 다시 원래대로 처음의 0000000으로 되돌아가는 것이다. 즉, 리셋이 되는 것이다. 전자게임기나 전자제품은 제품 뒷면에는 아주 작은 구멍이 있어서 그곳을 머리핀 같은 것으로 누르면 리셋이 된다.

리셋 증후군의 실질적 의미는, 컴퓨터 게임의 주인공이 게임도중 죽더라도, 게임을 리셋하여 처음으로 되돌리면 다시 살아나기 때문에, 어릴 때부터 이러한 게임에 노출된 아이들은 동물이나 사람의 생명도 리셋 할 수 있다는 착각을 하게되어 생명경시의 풍조가 나타나고, 조금만 좌절감이 와도 세상살이를 쉽게 포기하게끔 만들어, 모든 것은 언제라도 리셋만 하면 새롭게 다시 시작될 수 있다는 착각을 주는 증후군을 말한다.

자동차 거리계. 계기판에 달린 리셋 버튼을 누르면 99999라는 숫자가 00000 으로 리셋된다. 택시의 요금표시 기계(taximeter)도 마찬가지이다.

또 한 가지, 이제는, 어느 과거시험에서도 글씨의 필체를 보지 않는다. 명필名筆이 필요한 것이 아니라 정필正筆이 더 중요한 세상이 되었다. 즉 답안지 제출의 현대식 방식인 OCR 과 OMR의 정확한 활용이다.

OCR 카드는 형태를 인식한다. 문자, 지문인식, 안면인식 기술 또한 OCR과 개념이라 보면 되며 기본적인 스캐너는 물론 외국어를 번

OCR(Optical character recognition). 표식, 문자, 형태를 인식한다. OMR 카드를 개량한 OCR 카드의 활용도는 더욱 다양해질 전망이다.

OMR(Optical mark recognition 또는 Optical Mark Reader). 현재 사용 중인 OMR 카드 인식장치에는 문자인식엔진이 따로 없다. 해마다 대입수험생들이 사용하는 카드이기도 하고 우리가 자주 접하는 바코드도 OMR이다.

역해주는 스캐너 등도 OCR 개념의 연장이다. 반면에 OMR 카드는 특정 표식만을 인식한다. 흔히 보는 바코드가 OMR 개념이다. 앞의 사진은 각각의 예이다.

지문 인식, 자동차번호판인식 안면 인식 시스템 등은 모두 이러한 기술을 응용한 것이다.

디지털화 혹은 아날로그의 디지털화 및 상호간의 호환성 문제에 대한 연구가 과거에도 활발했으며 지금도 거침없이 진행되고 있다. 이러한 연구가 그저 좀 기술적으로 더 편해보자고 그런 것 아닌가? 쓰기 편리한 기능의 좋은 제품들이 나오겠거니 생각하겠지만, 국가의 존망存亡과 관련되어 있기도 하다. 대한민국에는 세종대왕만큼이나 위대한 인물들이 존재한다. 우리 한글의 컴퓨터 글꼴Font을 개발해낸 분들이다.

2000년, 밀레니엄 무렵이 되자, 중국의 번창과 국방, 과학 및 경제의 발전으로 인하여 중국의 세계적 위상이 겁 없이 올라가는 것을 보면서, 일부 서구 학자들은 2006년경이 되면, 인터넷에서 사용되는 언어가 영어를 제치고 절반 이상을 중국문자가 차지하여 인터넷과 모니터화면은 중국문자로 도배될 것이라고 예측한 바 있다. 하지만, 서구의 학자들은 표음문자인 알파벳과는 달리 중국의 한자漢字는 아날로그적인 표의문자로서, 디지털화시키는데 있어서 근본적인 한계를 가지고 있다는 점을 간과하였던 것 같다. 이런 이유에서인지 중국 당국은 이미 1950년대 초부터 중국어의 약점을 보완하고 중국어의 국제화를 이루려는 목적으로 중국어 표기법을 한자가 아닌 알파벳 식의 로마자 표기법으로 전환하여 어린 학생들에게 중국 동요를 알파벳으로 배우게 하였다. 중국어를 알파벳 식 체계의 문자체계로 바꾸려는 시도를 중국어 병음倂音체계라고 한다. 그런 고로 중국이 세계 제일국인 G1이 되어 팍스 시니카Pax Sinica의 시대가 도래 한다 하더라도 이미 영어와 알파벳과 숫자로 이루어진 컴퓨터 프로그램은 바뀌지 않고 현상태를 유지하게 될 것으로 보인다.

중국이 병음체계 추진의 결과, 아래와 같이 주음부호라는 특수한 문자로 이루어진 자음과 모음이 1918년에 만들어졌다. 알파벳을 사용하기 이전에 써왔던 구식 표기 방식이라 지금은 구경하기 어렵다.

注音符號輸入範例

,b	ㄅ	,p	ㄆ	,m	ㄇ	,f	ㄈ	,d	ㄉ	,t	ㄊ	,n	ㄋ
,l	ㄌ	,g	ㄍ	,k	ㄎ	,h	ㄏ	,j	ㄐ	,q	ㄑ	,x	ㄒ
,j	ㄓ	,ch	ㄔ	,sh	ㄕ	,r	ㄖ	,z	ㄗ	,c	ㄘ	,s	ㄙ
,I	ㄧ	,w	ㄨ	,u	ㄩ	,a	ㄚ	,o	ㄛ	,e	ㄜ	,e	ㄝ
,ai	ㄞ	,ei	ㄟ	,ao	ㄠ	,ou	ㄡ	,an	ㄢ	,en	ㄣ	,ang	ㄤ
,eng	ㄥ	,r	ㄦ	,cs	•	,rs	´	,ssv	ˇ	,fs	ˋ		

표어: 주음부호(注音符號). 중국의 핀인(병음)개혁에서 1918년 도입된 주음부호. 중국인들이 자체개발한 특수 문자 및 영어 알파벳으로 발음기호를 적어놓았다. 여차하면 한자를 버리고 알파벳으로 중국어를 표기하겠다는 전략이다. 실제로 중국어는 위의 영문표기 및 숫자를 통해 간체자를 표현하여 중국어 문장을 디지털화 할 수 있다.

디지털과 인터넷 주도 시대에서 생존하기 위한 중국의 노력은 가상한데, 8만개가 넘는 한자를 5천여 개로 줄였으며, 지속적으로 알파벳 병음표기를 추구해 왔으나, 위의 표의 주음부호는 이제 더 이상 사용하지 않는다. 중국도 그냥 영어식 알파벳을 사용한다. 예를 들어, 중화사상이란 한자표기인 中国中心主义 [zhōngguózhōngxīnzhǔyì], 즉, '중국중심주의(쭝꾸오쫑씬쥬이)'는

[zhong1guo2zhong1xin1zhu3yi4]의 방식으로 쓰고 4성은 1~4의 숫자를 사용하여 표기하면 디지털화가 가능해진다.

결론적으로, 프로그램 언어가 절대로 한자나 중국어로 바뀌지 않을 것이라는 것이다. 아직까지는 알파벳의 영향력을 무시할 수가 없다.

1 이모티콘 Emoticon

컴퓨터나 휴대 전화의 문자와 기호, 숫자 등을 조합하여 만든 그림 문자. 감정이나 느낌을 전달할 때 사용한다. '그림말'로 순화.

2 해시태그 Hash tag

특정 핵심어 앞에 '#' 기호를 붙여 써서 식별을 용이하게 하는 메타데이터 태그의 한 형태. 이 태그가 붙은 단어는 소셜 네트워크 서비스에서 편리하게 검색할 수 있다.

3 LOL(League of legends)

롤플레잉게임 RPG 즉, Role playing game이며, 실시간 전략 RTS 즉, Real time strategy 시뮬레이션의 독특한 조합을 이룬 온라인게임을 말한다. 중독성이 아주 강하다고 알려진 게임이다. Laughing Out Loud 의 LOL 과 구분하길 바란다.

4 RPG

롤플레잉게임 Role playing game의 영어 약자이기도 하지만 유명한 소련제 무기인 RPG-7(Rocket-propelled grenade, 로켓추진 수류탄의 7번째 개량형 무기)을 의미하기도 한다.

5 RTS

실시간 전략 Real time strategy 시뮬레이션

6 FPS

일인칭 슈팅 게임First person shooting

7 mmorpg

집단 다사용자 간 온라인 역할놀이 게임Massive Multi-user Online Role Playing Game

8 널null, 無

제로의, 영의, 무無의, 공空의, 영도, 빙점을 의미한다.

9 HTML

HTML은 하이퍼텍스트 마크업 언어HyperText Markup Language(문화어: 초본문표식달기언어, 하이퍼본문표식달기언어)라는 의미의 웹 페이지를 위한 지배적인 마크업 언어다. HTML은 제목, 단락, 목록 등과 같은 본문을 위한 구조적 의미를 나타내는 것뿐만 아니라 링크, 인용과 그 밖의 항목으로 구조적 문서를 만들 수 있는 방법을 제공한다. HTML은 웹 브라우저와 같은 HTML 처리 장치의 행동에 영향을 주는 자바스크립트와 본문과 그 밖의 항목의 외관과 배치를 정의하는 CSS 같은 스크립트를 포함하거나 불러올 수 있다

10 ASCII 코드

아스키 코드. American Standard Code for Information Interchange의 줄임말. 미국정보교환표준부호American Standard Code for Information Interchange; ASCII는 영문 알파벳을 사용하는 대표적인 문자 인코딩이다.

아스키는 컴퓨터와 통신 장비를 비롯한 문자를 사용하는 많은 장치에서 사용되며, 대부분의 문자 인코딩이 아스키에 기초를 두고 있다. 아스키는 1967년에 표준으로 제정되어 1986년에 마지막으로 개정되었다. 아스키는 7비트 인코딩으로, 33개의 출력 불가능한 제어 문자들과 공백을 비롯한 95개의 출력 가능한 문자들로 이루어진다. 제어 문자들은 역사적인 이유로 남아 있으며 대부분은 더 이상 사용되지 않는다. 출력 가능한 문자들은 52개의 영문 알파벳 대소문자와, 10개의 숫자, 32개의 특수 문자, 그리고 하나의 공백 문자로 이루어진다. 아스키 코드는 국제 표준 기구에 의해 개발되었으며 미국 국립 표준 연구소에서 제정하였다.

11 다마고치

다마고치たまごっち는 달걀을 뜻하는 일본어 '다마고たまご'와 시계를 뜻하는 영어 '워치watch'의 합성어로 1996년 일본 시장 등장한 휴대용 디지털 애완동물이다. 다마고치는 작고 간단한 달걀 모양의 단순한 컴퓨터 형태를 지니며, 통상 몇 개의 버튼과 액정화면을 갖추고 있다. 다마고치는 출시 이후 전 세계적으로 폭발적인 인기를 얻었다. 미국 뉴욕에서는 1997년 5월 단 3일 만에 3만 개라는 놀라운 판매량을 기록했다.

5장

노예 만들기

노예제도의 필요성

● 홈페이지는 집이 아니다

우리는 가끔 홈페이지Home Page가 마치 자신의 집인 양 착각할 때가 많다. 요즘은 집집마다 인터넷 프로토콜인 I.P. 번호가 부여되어 있다. 집안에서 인터넷이 된다면 고유의 IP번호를 가지고 있다는 뜻이다. 홈페이지까지 있다면 조금 부자이고, 블로그나 페이스 북 등등을 보유하고 있는 분들은 제법 흔하게 볼 수 있다.

우리는, 인터넷과 디지털 사업으로 떼 부자가 된 사람들이 가상현실게임을 즐기고 사이버섹스를 향유하며 최고실력의 웹디자이너들이 화려하게 꾸며준 자신의 홈페이지에서 주거하며 생활하는 것이 아님을 알아야 할 것이다. 특이하게도 자산가資産家들이 진정 즐기는 것은 결국 모두 현실과 자연 속에 있지, 절대 가상 속에 있지 않다. 가공식품이나 유전자변형 식품을 만들어 떼돈 번 사람들일수록 자기 식구들의 먹거리로는 유기농 자연식품만을 고집할지도 모른다.

골프 치는 분들은 이해가 가실 것이다. 필드에는 나가보지 못하고 스크린 골프장에만 다닌다면 많이 아쉬울 것이다. 실력을 연마해서 뜻이 맞는 동료들과 제법 좋은 골프코스에서 즐기고 싶을 것이다. 당연한 것이겠지만 컴퓨터와 인터넷의 가상현실 사업으로 돈 좀 벌었다고 해서 컴퓨터로 스키타고 컴퓨터로 골프치기를 더 즐기는 사람은 아무도 없을 것이다. 그러나 아직은 디지털 기술이 완벽하지 않아서 그럴 뿐이지, 앞으로는 자기가 편한 시간에 마음에 드는 사람들과 가장 멋진 필드로 나가서 현실과 거의 차이가 없는 골프경기를 즐길 수 있는 때가 곧 올 것이다.

그러므로 현재 급성장중인 인공지능과 가상현실기술의 발달 속도를 무시하지 말라. 운전을 배우지 못한 사람이 생전 처음 모의운전 장치로 시내운전을 경험해 보거나, 비행기를 직접 몰아볼 기회가 없는 우리가 모의비행 시뮬레이션을 해보았을 때의 즐거움은 실제만큼 재미있고 위험하지도 않다. 가상현실로 무서운 공룡이나 백상어에게 아슬아슬하게 쫓기는 스릴을 맛본다던지 낙하산 없이 고도 1천 미터에서 떨어져도 죽지 않는 짜릿한 경험이 가능하므로 가상현실 속에서의 경험도 꽤 멋진 경험이 될 것이다. 요즘은 세계적인 놀이공원들(유니버설 스튜디오 등)도 기계장치를 이용한 아날로그 방식이 아닌 디지털 방식에 더 많이 의존하고 있다. 그것이 추세이다.

지금 당장은 잘 깨닫지 못하겠지만, 모든 좋은 것은 완벽한 자연과 현실 속에 존재한다.

없는 사람들은 신제품의 실험 대상이 되기도 한다. 오해의 소지가 약간 있어서 이런 표현을 써도 될지 모르겠지만, 요즘은 완벽한 제품이 아닌 베타β제품[1]을 버젓이 신제품인양 파는 부도덕한 제작자들과 상인들이 많이 존재한다. '베타'의 의미 자체가 신제품이긴 하지만 아직 실험 중이므로 완성된 완제품은 아니란 뜻을 지니고 있다. 베타제품이란 것은 의학계로 보자면 일종의 새로 개발된 약물에 대한 인체실험과 마찬가지이므로 함부로 했다가는 큰일 날 사건이다. 그래도 좋다고 줄서서 기다렸다가 살 정도로 실험동물격인 여러분은 참 열심이다. 그럼에도 불구하고 베타제품들은 암암리에 프로그램, 전자제품부터 자동차 혹은 비행기나 배처럼 아주 덩치가 큰 것까지 여러 가지가 나와 있다.

부자들이 왜 비싼 돈을 주고 우주선을 한번 타보겠다고 할까? 우주관광 말이다. 그냥 우주선이 찍어온 광경을 집에 편하게 앉아서 감상하거나 가상현실로 경험해볼 것이지, 돈이 너무 많아서 쓸데가 없어서일까? 아래는 몇 몇 회사의 우주관광 예상 비용이다.

① XCOR 에어로스페이스 회사
   여행비용 : 1인당 1억 8백만 원
② 월드 뷰 산업
   여행비용 : 좌석당 8천 5백만 원
③ 버진 은하계 우주선SS2 우주여행
   여행비용 : 1인당 2억8천만 원
④ SpaceX 드래곤 우주여행
   여행비용 : 7인 패키지 1590억 원, 혹은 좌석 당 227억 원

부자들이 돈 쓸 데가 없어서 낭비하는 것이 아니고, 첫 번째는 가난한 사람들이 경험하지 못할, 아니 웬만한 부자라도 경험하지 못할 실제 경험을 해보고 싶은 마음으로 자신은 선택받은 사람이란

의미이며, 두 번째로는 가상이 아닌 현실 그대로를 직접 자연 그 자체대로 느끼고 싶어서이다.

여행이라… 그 옛날엔 텔레비전 방송이나 영화 혹은 사진으로 접했을 세계 곳곳의 관광지들을 지금은 직접 가서보고 자신의 사진기에 사진을 담아오는 시대이다. 그럼에도 좀처럼 쉽게 가보기 힘든 곳은 여전히 TV나 영화나 사진을 통해 간접 경험하고 있는 것도 사실이다. 조금 웃기게 들리겠지만 텔레비전, 영화, 사진, 동영상도 가상현실이다. 실제가 아니기 때문이다. 디지털적인 것만 가상현실이고 아날로그적인 것은 가상현실이 아니라고 생각하면 오산이다. 오페라나 음악회는 좀 모호하지만, 실제처럼 흉내 내어 연기하는 연극도 가상현실이다. 실물을 따라서 만들어낸 헝겊 인형이나 모형도 가상현실이다.

엄청난 오류를 범하면서까지 사용되고 있는 용어가 있는데, 영화관에서의 3D 혹은 4D식의 표현이다. 입체안경을 쓰고 보는 입체화면이면 3D, 좌석까지 실감나게 흔들리고 움직이면 4D라고 한다. 하지만 D는 차원dimension의 약자이다. 4D면 4차원인데, 어떤 인간의 몸이 4차원 경험할 수 있을까?

아직까지는 인터넷상에 훌륭하고 좋은 정보들이 넘쳐난다. 우리가 좋고 나쁨과 거짓과 진실을 구별하기가 조금 어렵기도 하고 언어가 안통해서 그렇지만, 좋은 정보가 너무도 많이 존재한다. 지금 구글이나 유투브가 아니면 어디에서 그 고급스러운 것들을 감상하겠는가? 하지만 유투브는 곧 사라진다. 곧 정보의 독점과 유료화의 시대가 올 것이기 때문이다. 또한 통제의 시대도 올 것이다. 지금은 손님을 끌기위한 맛보여주기 단계인 것이다. 콜라도 자꾸 먹어보고 맛이 들여야 돈 주고 사마시지 않겠는가? 정보를 독점하는 그리고 정보를 독점할 수 있는 소수만이 앞으로 더 넓고 깨끗하고 전망 좋은 자연을 독차지하게 될 것이다. 힘없는 다수는 힘 있는 소수가 만들어낸 사이버 공간 안에서 살아가며 삶의 거의 모든 것을 그 안에서 해결해야만 할 날이 머지않아 오게 될 것이다. 운전사나 핸들이 없는 차량에 몸을 맡길 수 있다면, 앱(어플)에 전적으로 의존해도 좋을 것이다.

주민등록증 외에 여러분 모두에게 아이디란 것이 생성되어 있을 것이다. 대한민국의 국민일 뿐만 아니라 디지털 세계의 시민이 되셨다는 의미다. 앞서의 리셋증후군에서 보신 것처럼, 인간은 현실을 진짜 자신 말고도 대체된 자신 속으로 몰입할 수 있다. 주민등록증은 현실속의 나를 대표하지만 아이디는 가상현실속의 나이다. 영화 〈아바타〉에서처럼 현실과는 전혀 다른 자신을 경험할 수 있다. 과거의 우리는 이름으로 대표되었던 반면 이제는 아이디가 우리의 상징이다. 우리는 사실 이름이 나인지 내가 이름인지 잘 모른다. 몰입되면 진짜 자아를 잊는다. 특히 가상현실 속에서 개인은 자신을 잊어버리거나 전혀 다른 존재로 대체된다. 이런 존재를 '대리적 존재 surrogate being'라 부른다.

돈 많은 부자들은 가상현실을 좋아하지 않는다, 오히려 자연적인 주변 환경을 더 아름답게 가꾸어 자연 그대로를 즐기고 싶어 한다. 가공된 가상의 미학이 아니라 비싼 돈을 주고라도 꾸미지 않은 자연산을 소유하고 싶어 한다. 부자들은 남들에게는 가짜를 선사해 줄지언정, 자신들은 절대 가짜를 사용하지 않는다. 진짜를 찾을 뿐.

2014년도인가? 세계적 입지전적 인물인 대한민국의 모 소프트웨어 회사의 김 모 대표가 언론과 인터뷰를 한 내용이 있다.

> 일주일에 평균 2권의 책을 읽을 정도의 '독서광'이다. 인문
> 고전부터 과학과 사회, 실용에 이르기까지 언론에 알려진
> 그의 추천서적도 다양하다. 1997년 동료 16명과 함께 자본
> 금 1억 원으로 창업했다. 이듬해 9월 세상에 내놓은 온라인
> 게임 '리니지'는 미국 블리자드가 만든 '스타크래프트'와 함
> 께 게임 업계의 양대 산맥으로 떠올랐다. 당시 그의 나이는
> 31살이었다.

미안하지만, 그는 게임광이 아니라, 독서광이다.

세계 1위의 부자 빌 게이츠의 '자녀교육 십계명'도 꽤 유명하다.
빌 게이츠가 자기 딸에게 하루 45분만 컴퓨터를 쓰게 한 이유는 무
엇일까?

● 과학기술의 혁신에 의한 유토피아Technologic Utopia

과학과 기술의 발전이 우리에게 유토피아를 안
겨줄 것이라고 한다. 모두들 밝은 미래에 대한 벅찬 기대에 차있다.
3D 프린터만 있으면 뭐든 다 될 듯싶다.

가장 우려되는 테크노피아technopia[2]의 형태는, 다수의 빈곤층에
게는 먹으라며 통조림 몇 개를 던져준 채, 소수의 상류층들만이 풍
경 좋은 집 앞의 정원에 깨끗한 식탁보를 얹은 식탁을 내놓고 자연

그대로의 운치 속에서 자연이 준 그대로의 음식을 즐기는 모습이다. 테크노피아의 한계를 인정할 수 있어야 한다. 잘못하면 앞으로의 세상은 전부 병든 세상으로 변하고 그때에 가서는 아무도 구제할 수 없게 될 것이다.

산업화, 즉 1차 산업혁명과 2차 산업혁명기 사이의 유럽에서는 다음과 같은 내용을 담은 소설이 출간되었으며 100년이 넘게 널리 읽힌 책이 되었다. 한쪽은 기계처럼 일만하고 햇볕은 보지도 못하고 먹는 음식은 지하에서 사는 곤충과 지상에서 보내주는 통조림이며, 항상 기름에 찌든 푸른색 작업복 차림의 지하인간과, 그에 비해 한쪽은 낙원 같은 지상에서 천사들 같은 삶을 즐기는 하얀색 린넨의 넉넉하고 향기롭고 아름다운 옷차림에 밝은 태양빛 아래 늘 피크닉과 축제 같은 하루하루를 즐기며 사는 지상인간들 사이의 이야기를 다룬 작품이었던 것 같다.

땅위의 사람들은 식량을 공급해 주고, 땅 아래의 사람들은 지상에 필요한 에너지와 물품을 공급해 준다. 지하 인간들이 지상으로 나와 행패를 부리거나 하지는 않지만, 서로 사이가 그리 좋지 않다. 지하의 인간들은 지상의 인간들을 증오하고, 지상의 인간들은 아예 지하인간들의 존재를 모르거나 아는 사람들은 지하인간들을 경멸한다. 땅위에서 살던 사람이 출입하면 안 되는 위험지역에 모르고 놀러나갔다가 가끔씩 지상에서 지하로 뚫린 구멍에 실수로 빠지기라도 하는 날에는 그것을 눈치 챈 끔찍하게 생겼고 몸에서 역겨운 냄새를 풍기는 지하인간들이 신기한 구경거리라도 생긴 양 우르르 몰려들어 지상에서 떨어진 깨끗하고 아름다운 지상인간을 실컷 희롱한 뒤에 결국 특별식 요리 감으로 잡아먹는 그런 이야기였던 것 같다.

이 이야기는 영국인 소설가인 조지 웰스H. G. Wells[3]의 1895년 《타임머신》이라는 작품으로 서기 802701년의 미래의 영국을 무대로 삼고 있다. 지하의 어두움에 적응되어 그렇게 진화되어진 인류의 후손인 몰록Morlock족들과 지상의 인간들Eloi간의 갈등과 대결을 그린 작품이다. 어찌 보면 미래 세계의 퇴보된 부르주아와 자본가와 프롤레타리아 노동자간의 대립을 풍자한 작품일지도 모른다.

공간과 자원이 제한된 지구라는 이 세상에 머물면서, 모든 인간이 다 똑같이 평등하고 공평하게 잘 살아갈 수는 없을 것이다. 그것은 절대 불가능한 일일지도 모른다. 마음에 내키진 않지만 인정해야만 하는 사실이다. 산아제한으로 인구가 줄고 있다지만, 땅은 넓고 인구는 적었던 그 옛날 고대 시절에 조차도 인간이 편하게 살 기름진 땅은 항상 부족했고, 상대적으로 척박한 땅이 많았다. 문명이 곳곳에서 마구잡이로 발생하지 않고 기름진 땅에 집중되어 태어난 것, 그리고 인간이 좋은 영토를 확보하기 위해 끊임없이 전쟁을 해온 것만 봐도 지구상에 분포된 땅이 각 민족들에게 평등하게 분배된 것이 아니라는 것을 알 수 있다. 인간의 속성상, 경쟁할 인구가 줄게 될 경우라도, 줄어든 종족을 대상으로 다수가 남은 종족이 전쟁을 일으킬 것이 뻔하다.

영국의 스코틀랜드 지방이 갑작스럽게 독립을 주장하고 나온 이유 중의 하나가 영국의 동쪽 바다인 북해에서 새로운 유전이 발견되었기 때문이라는 소문도 있었다. 비록 우리나라에서는 쓸 만한 유전이 발견되지 않아 석유를 시추하지 않은 탓에 석유가 솟아나는 땅을 경험하진 못했지만, 그나마 석탄이 풍부했던 탄광촌이 있었고 광부와 그 식구들로 벅적거리던 때가 있었다. 강원랜드가 세워지기 전까지만 해도 탄광이 문을 닫은 후 광부들의 초라한 사택 촌만 덩그러니 남긴 채로 진폐증을 얻어 눌러앉은 사람들 외엔 모든 이들이 떠나 버린 척박한 곳이었다. 열심히 가족과 국가를 위해 손발이 검어지도록 열심히 일하며 억척같이 하루하루를 살아 왔던 광부들의 터전이, 이제는 빚을 지어가며, 전 재산을 날려가며 일확천금을 노리며 혹은 본전이라도 챙겨보려는 사람들의 터전으로 변해버렸다. 강원랜드가 건설되었어야 하는 이유는 타당하다. 어쨌든 경제는 돌아가야 하니까.

강한 인간들은 약한 인간들이 살고 있는 공간을 빼앗아 차지하고는 그곳에 살던 약한 인간들을 보다 척박한 땅으로 쫓아내어 이주시키거나 달리 보낼 마땅한 땅이 없으면 아예 멸종시키기까지 하는 인간의 시커먼 속성을 드러낸다. 척박한 땅으로 도망가서 숨어 살지라도 훗날에 보복당할 위험을 제거하기 위해 강한 자들은 약한 자의 땅도 빼앗고 목숨도 빼앗는다.

파란색 풍선과 빨간색 풍선 두 개를 공간이 제한된 투명한 플라스틱 상자 안에 넣어 두었다고 상상해 보자. 파란색 풍선이 부풀면 빨간색 풍선은 쭈그러들 것이고, 빨간색 풍선이 부풀면 파란색 풍선이 쭈그러들 것이다. 파란색과 빨간색 양쪽 모두 부풀어 오른다면 결국에 가서는 어느 한쪽이 터지고 말 것이다. 두 개의 풍선이 똑같은 부피로 더 이상 욕심을 내지 않는다면 터지지 않고 두 풍선이 공존할 수는 있겠다.

"남극 상공의 대기층에 있는 오존층이 뚫렸고 점점 더 구멍이 커져간다? 아니다?"라는 갑론을박이 한창일 무렵, 당시의 세계 전체에서 운행 중인 차량, 즉 덤프트럭이건 버스건, 승용차이건 모든 자동차를 다 합쳐서 세계 전체에 약 3억6천만대 가량의 차량이 있었다고 한다. 그리고 어떤 다른 공해물질 보다도, 자동차의 배기가스가 오존층 파괴의 주범이라고 알려져 있다. 우리는 보편적으로 숫자 개념과 통계에 대해 익숙하지 않기 때문에 아직은 무엇이든 여유가 있을 것으로 착각하며 살고 있는데, 현재 대한민국은 이미 1가구 1차량 시대에 돌입했으며, 1인당 1차량시대를 눈앞에 두고 있다. 그런데 만약 중국이라는 나라가 대한민국만큼 발전하여 1인당 1차량의 선진국가형 시대에 들어선다면 어떻게 될까? 이웃 국가의 경사이므로 기쁜 마음으로 축하해주면 되는 걸까?

전 세계의 차량은 1996년에 추정치 약 6억7천 대로 증가하더니, 2014년엔 12억 대로 늘어났다고 한다. 역시 차량증가율이 가장 높은 나라는 중국이다.

만약 그렇게 된다면, 전 세계 보유 차량의 숫자에 10억 대 이상의 차량이 추가로 더해진다는 뜻인데, 겨우 3억6천만 대의 차량들이 내뿜은 배기가스에 뚫렸던 오존층은 이제 가히 13억6천만 대의 차량에서 발생하는 배기가스를 상대해야 할 운명에 처해지게 된다. 이미 산업화 시대를 지나 선진국에 진입해 있는 대한민국은 세계에서 공해가 가장 심한 환경오염지역에 위치해 있다. 우리가 잘한다고 되는 것이 아니다. 이웃을 잘 만나야 한다.

지진도 없고 공기도 맑고 기후도 좋아 세상에서 가장 살기 좋다고 여겨져 왔던 뉴질랜드의 인기가 감소한 것도 남극권의 오존층 파괴로 인한 자외선의 악영향 때문이었는데, 피해가 극심한 것은 아니었지만 지진까지 발생하는 바람에 뉴질랜드로 이민 오는 사람의 숫자가 줄어들었다. 대한민국은 오존층 파괴는 아니지만, 아마존과 같은 세계의 허파가 아닌 세계의 굴뚝 바로 옆에 살기 때문에 피해가 엄청나다. 힘이 약해서 할 말을 못하고 그냥 살고 있다.

오존층의 완전파괴? 인류멸망? 이를 막을 방법은? 그렇다고 해서 나머지 나라들 살아보자고 중국이란 나라를 없애야 하는가? 중국의 발달을 지체시켜 중국을 1950년대로 되돌려 놓아야 한다는 이야기도 나온다. 미국의 국무부 및 국방부의 정책을 추정해보면, 세계 제3차 대전은 자유진영과 공산진영이 핵무기를 가지고 살벌하고 차갑게 대치하던 소위 냉전으로, 소비에트연방의 해체와 함께 종전되었고, 세계 제4차 대전은 테러와의 전쟁으로 인류를 위협하는 급진적 테러집단과 테러지원국가들(악의 축)에 대한 전쟁으로 지금도 한창 진행 중이며, 새로 시작된 제5차 세계대전은 그 명칭이 소위 '환경과의 전쟁'이므로 뭔가 좀 미심쩍고 또 수상쩍은 느낌이 든다.

현재까지의 세계 대전들을 한번 정리해보자.

세계 제1차 대전: 종결
세계 제2차 대전: 종결
세계 제3차 대전: 냉전, 종결
세계 제4차 대전: 테러와의 전쟁, 진행 중
세계 제5차 대전: 환경과의 전쟁, 진행 중
세계 제6차 대전: 문화 종교 전쟁, 발발 예정

최근 이 사실을 중국인 지식층들도 어느 정도는 알아차렸는지,

대책을 마련 중에 있는 모양이다. '환경과의 전쟁'이라 애써 표현한 것은, '중국과의 전쟁' 혹은 중국의 팽창주의에 맞선 전쟁 혹은 중국이 일으키는 공해에 맞선 전쟁이라 명시하면 이건 너무 노골적인 도발이 되기 때문이다. 인도의 인구도 12억이라고 하지만 중국은 단순히 인구 13억이 넘는 나라가 아니고 중산층의 숫자가 3억 이상인 나라이다.

무슨 뜻인지 얼른 감이 오지 않으실 것 같아서 자세히 설명 드리겠다. 물론 중국 인구 중에서 10억 명 가량은 제정 러시아 때의 농노農奴와 유사한 농민공農民工층과 가족들 및 지방 농민 및 소수민족으로 매우 힘든 삶을 유지해 나가고 있는 집단이다. 그러나 중산층만 놓고 보았을 때에, 미국의 인구 3억5천만 명 중 중산층 이상이 몇 명이나 될지 추산해 보자. 미국도 중산층이 많아야 1억 명 정도일 것이다. 독일, 프랑스, 일본은 어떨까? 아마도 이렇게 많은 중산층 인구를 보유한 나라는 중국 밖에는 없을 것이다. 인구 11억의 인도의 경우에는 계급제도 탓인지는 몰라도 빈부의 격차가 너무 심해서 아직 중국처럼 될 가능성은 희박하다. 중국의 잠재력은 엄청나다. 중국이 신흥국가도 아니고 이미 수천 년 전부터 중국지역에서 발달한 황하문명이 여러 제국들을 길러내지 않았던가? 세계의 중심이라 '中國'이 아니던가?

인류멸망을 막기 위해서라면 결국 중국을 만리장성 이남지역, 만주지역, 신장新疆지역, 외몽고지역 및 티베트 지역으로 갈기갈기 찢어놓고 천주교와 기독교를 유입시켜 유물론적 공산주의 정권을 끌어내리고 회교도와 농민공들에 의한 반란을 유발시키는 방법 외에는 우리의 소중한 지구를 지켜낼 방법이 없을 수도 있다. 중국보고 발전하지 말라고 전 세계가 요구할 수도 없고. 지구를 구하기 위해 지구의 전체인구의 1/4을 보유하고 있는 오랜 지구식구였던 중국을 파멸시켜야 한다니… 이건 보통 고민이 아닐 것이다.

석탄과 디젤원료의 사용을 줄이고, 각종 탄소배출을 줄이고 하이브리드 혹은 전기자동차를 내놓는 등 세계는 다각도로 공해문제 해결을 위해 노력하고 있다. 하지만 지구와 오존층이 파괴되기 전에 효력이 발생 해줄지는 미지수이다.

이런 와중에, 인터넷의 첫 번째 사회적 기여는 희한하게도 지구상의 공해를 줄이는데 도움을 주었다는 것이다. 마차와 배 그리고 자동차, 비행기에 이르기까지 여러 가지 이동수단에 실린 엄청난 양의 배달 편지mail들이 세계 각지를 여기저기를 다니면서 공해를 발생시켰을 것이다. 그나마 인터넷에 의한 이메일e-mail덕분에 우편배달로 발생하는 공해, 인건비, 도로교통의 마비 등을 격감시킬 수 있게 되었다. 하지만 의외의 결과인 인터넷 쇼핑의 발달로 인한 택배 량의 증가로 인한 더 많은 인건비 및 교통 혼잡이 발생하였으므로 그게 그거인 셈이 되어버리긴 했다. 그러나 택배 시스템의 조직화 및 효율화를 실현시킬 수 있다면 혼잡과 오염을 크게 감소시킬 수는 있다.

다행히도 불쌍한 중국을 굳이 희생시키지 않고도 지구를 지켜낼 방법은 여러 가지가 있다. 한국의 중류층 도시가정의 중학생 소녀 한명이 자신의 모든 권리와 이익을 포기할 경우, 아프리카에 사는 같은 나이의 소녀 9명의 생명을 구할 수 있다. 이들에게 기본적인 식량을 공급하고 건강을 유지시켜주고 기초적인 교육을 받고 옷과 잠자리를 얻게 해 줄 수 있다. 현대식 아파트에서 자고 일어나 엄마가 지어준 밥 먹고 버스타고 학교 가서 급식 먹고 야자시간에 간식 사먹고 카톡하고, 밤에 집에 와서 컴퓨터로 숙제하며 치킨 시켜먹고, 휴일 날에는 온 가족이 배기량 2000cc짜리 자가용을 타고나가 쇼핑하고 외식이라도 하고 들어온다고 가정할 경우, 이런 일상을 위해 한국의 중학생 소녀 1명에게 투자된 돈으로 찢어지게 못사는 나라의 같은 나이의 소녀 9명을 가장 기초적인 인류애적 수준에서 먹여 살릴 수 있다는 뜻이다. 거꾸로 말하자면, 내가 대한민국에서 중류층 생활을 하기 위해서는 못사는 나라의 사람 9명이 거지생활을 해야만 가능하다는 뜻이다. "다함께 잘 살자?" 이 말은 비현실적인 표현이다.

현대사회는 옛날처럼 세계 인구를 역병이나 기근, 전쟁으로 제한하거나 인종말살정책 같은 것으로 마구 줄여버릴 수가 없다. 오스트레일리아 섬의 원주민 즉, 아보리진aborigine들을 거의 멸종시킨 사건이라든지, 북아프리카대륙에서의 원주민Indian들을 장기적 이주정책 및 고립 정책을 통해 말살시킨 것이라 던지, 아르메니아인, 유태인, 쿠르드족을 분산 추방이나 집단수용을 통해 대량 멸족시킬 수 있는 시대는 이미 지났다. 범죄자들을 단체로 유배 보낼 오스트레일리아만한 섬도 구하기 힘들어졌을 뿐더러, 요즘은 주위에서 보는 눈들이 너무 많아져서 나쁜 짓을 함부로 못하게 되어있다. 개척을 빙자한 추방의 형태로 달나라나 화성으로 잉여 인간들을 보내버리게 될 것이라 예언하고 있는 학자들이 일부 존재하는데 학자들이 공상과학 영화를 너무 많이 본 탓이 아닐까 싶다.

지구의 환경을 쾌적하게 바꾸기 위해 수많은 사람들을 인위적으로 제거해 버릴 수는 없기에 새로운 전략을 짜야한다. 불필요하게 밖으로 나돌아 다녀서 사회에서 거추장스러운 존재가 되지 않으며, 스스로 죽은 사람 마냥 얌전하고 조용히 어딘가에 짱 박혀서 자발적으로 보호구역reservation zone 내에서만 생활해줄 그런 사람들의 집단이 필요하며, 마치 초대형 수용소 같은 곳에서 삶을 마감하게끔 자신의 운명과 미래를 스스로 선택하게 만들어야만 하는데, 이것이 제정신에 가능하겠느냐는 것이다.

약간의 조정이 필요할 것이다. 약간의 조정만 해줄 수 있다면 아직은 희망이 있다. 멀쩡하고 제아무리 정신상태가 건강한 사람도 인위적으로 알코올 중독이나 마약중독자로 만드는 방법이 있다. 약간의 속임수와 세뇌공작과 및 조금의 완력을 동원할 수 있다면 무언가의 중독자로 만들 방법은 실제로 존재한다. 사람을 무엇인가의 중독자로 만들어 버리면 사람은 그것을 선택하게 된다. 마약중독자가 마약 없이는 살기 힘든 것과 마찬가지 원리이다. 정상적이고 평범한 보통사람들의 눈으로 보면 중독자들의 인생이 참으로 무의미한 삶처럼 보이겠지만, 정작 술에 취해 혀 꼬부라진 소리를 해대며 길거리에 아무렇게나 쓰러져 있는 사람은 자기 스스로를 이상하게 보지 않는다. 이들은 오히려 맨 정신으로 있을 때가 더 괴롭기 때문에 항상 취해있고 싶어 한다. 물론 술 취하지 않은 사람들의 눈에는 참으로 안타까워 보인다. 또한 니코틴 중독으로 담배를 아무데서나 꼬나 물고 다니며 역겨운 냄새를 풍기는 당사자 자신은 즐겁겠지만 보는 이들의 눈에는 꼴불견으로 보이기도 한다. 마약중독자들은 어렵게 자기 손에 들어온 별것도 아닌 마약 몇 그램에 세상 전부를 얻은 것마냥 행복해하기도 한다.

중독에 빠지게 되면 힘들게 미래의 성공을 위해 투쟁하며 상대와 경쟁하고 땀을 흘려 돈을 벌려는 꿈은 사라지고 독립적으로 살아가야 할 어려운 인생길 대신에 공짜로 주는 술과 밥과 잠자리를 주는 환경을 자발적으로 선택하게 된다. 이미 무분별한 지원금을 남발하는 복지제도들이 실제로 이러한 부작용을 낳고 있다. 또한 혼밥 혼술을 상업적으로 이용하여 조장하고 있는 분위기도 만연해 있다. 오죽하면 이런 대중가요 가사가 마음에 와 닿을까? "또 나 혼자 밥을 먹고, 나 혼자 영화를 보고, 나 혼자 노래하고, 나 혼자 길을 걷고, 나 혼자 TV를 보고, 나 혼자 취해보고, 오늘도 나 혼자."

하지만 알코올과 마약중독자들만 가지고는 예전의 봉건제도 아래에서의 98%의 농노를 만들어 낼 수가 없다. 귀족이 단 2% 밖에 안 되던 시절처럼 말이다. 게다가 알코올이나 약물 중독자들은 순종적이지 않고 매우 사납게 변할 때가 많다. 그렇다면 뭔가 아주 큰 중독거리가 대 히트를 쳐 줘야만 할 텐데… 그것도, 적어도 지구인구의 1/3 이상이 중독될 그 무엇인가가….

굳이 지하나 수용소, 보호구역에서 살 필요도 없다. 대신, 귀중한 자원을 낭비 안하고, 자연 훼손안하고, 공해를 발생시키지 않으며, 이동 통제에 협조적인 존재가 되어주고, 일절 정치와 정책에 관여 안하는 조건으로 세금도 면제해주고 생활비를 지원하는 등의 혜택을 주어보자.

이런 기본적인 복지혜택 외에, 즐겁고 완벽한 사이버 공간이라는 유토피아에서 하루 종일 실증안내고 놀아주는 사이버놀이기구, 귀찮아하지 않고 끊임없이 고민을 들어주는 사이버토크 머신, 매번 약속장소정해서 힘들게 참석하지 않아도 되는 사이버동창회와 사이버미팅, 사이버제사, 사이버명절 그리고 어렵게 위험을 무릅쓰고 이성 친구를 사귈 필요도 없이 자신을 만족시켜줄 사이버섹스 등 진짜보다 더 즐겁고 통쾌하고 더 실감나는 가상현실의 세상을 제공해주고, 귀찮게 먼 곳까지 긴 시간을 들여가면서 골프를 치고 스키장까지 갈 것 없이 무비용으로 원하는 슬로프를 자기가 원하는 가장 멋진 파트너와 함께 타며, 바닷물 속에서는 자연에서는 상상도 못할 상어와의 진지한 목숨을 건 한판 진검 승부를 즐기며, 감히 접근조차 생각 못했던 원하는 상대와 육체뿐만 아닌 뇌쇄惱殺적인 사랑까지 나눌 수 있는 그런 권리 등 등을 주어보자.

이러한 세상에서 먹고 싶은 것(주로 콜라, 치킨, 햄버거, 피자)을 원하는 대로 골라 먹고, 노동도 안하고 세금도 내지 않으며 편안한 잠자리와 최첨단 공기청정기를 통과한 싱싱한 공기와 여름에는 시원하고 겨울에는 따뜻한 환경을 제공하는 그야말로 '지상낙원'을 제공해줄 용의가 있다. 자발적인 자기선택으로 이런 조건하에서 살아가겠다는 인간들이 많고 또 많아지기만 한다면, 그들은 현대의 과학시대에 있어서는, 그 어떤 시대의 그 어떤 노예보다 또 농노계층보다도 더욱 소중한 존재가 될 것이다.

우스갯소리로, 데이터만 무제한 공짜로 준다면 국적도 바꾸겠다는 젊은이들이 존재한다.

'좀비'라는 말을 우리는 장난으로 사용하고 있지만, 앞으로는 노동을 싼값에 제공하는 노예는 더 이상 필요하지 않고 정교한 기계들이 노예와 노동자층을 대체할 것이므로, 필요 이상의 잉여 인구, 특히 낮은 신분과 저소득층의 집단이 남아있게 될 경우 언제 폭력적 난동을 일으킬지도 모르며, 엘리트들만이 즐길 수 있는 쾌적한 자연 그대로의 지구 상태를 훼손할 위험이 있다. 인생이란 것이 최대한 오래 살아도 120년인데, 이 아깝고 짧은 시간을 고귀한 자들, 즉 자본가와 권력자들과 엘리트층들이 낙원처럼 살 수 있는 세상을 준비해야 하지 않을까? 돌아다니는 인구가 20억 명만 줄어도 지구는 그 활력을 회복하고 더 오래 종말론적 근심 없이 인류는 유지 될 수 있을 것이다. 지구온난화만 막을 수 있어도 얼마나 큰 소득인가?

아직까지는 권위에 반항적이며, 지배받기 보다는 자유를 지향하며, 인공적인 것들보다는 지구와 자연을 더 사랑하고 상상의 세계보다는 현실을 더 동경하겠지만, 앞으로 수많은 젊은이들이 현실을 포기하고 현실보다 덜 가혹하고 더욱 편안한 가상현실속의 세상으로 들어가길 간절히 원하게 될 것이다. 시름과 실망만 안겨주는 고달픈 현실 속에서 폐인이 되느니 가상현실세계 속에서 행복한 삶을 살길 바라게 될 것이다. 지금의 엘리트들과 자산가들의 입장에서 볼 때에 반드시 그들이 보호구역내로 들어가 주어야만 할 것이다. 그것이 지구를 살리는 유일한 길이므로.

엘리트 한명이 평범한 사람 100명을 먹여 살린다는데, 과연 그게 진짜일까? 실제로 그런 이야기는 교육계에서 쉼 없이 나오고 있다. 오늘날 대한민국의 교육 전략도 소수의 수재 엘리트 양성에 있다. 소위 말하는 엘리트 영재교육이다. 아니란 말인가? 사실이다. 소수 엘리트 외에 나머지 학생은 들러리로 전락해버리는 교육방식이 만연해있지 않은가? 4차 산업혁명 이후의 시대는 소수의 엘리트가 다수의 국민을 먹여 살리게 되는 세상이다. 하지만 과연 어떻게 먹여 살린다는 것일까? 정상적으로 먹여 살린다는 것이 아닐 것 같다. 먹여 살린다기보다는 이들 엘리트들이 열심히 돈을 벌어서 지하세계를 선택한 100명에게 가상세계의 행복감을 선사해주는 것이다.

대신에 천재 한명이 자연속의 파란 하늘, 맑은 공기, 깨끗한 해변, 푸른 바다와 건강한 먹거리를 제공받고 또 독점하는 시스템이 될 것이다.

하지만 자연과 세상의 행복을 독점한들 무슨 소용이 있겠는가? 인간이 어떠한 방법을 사용하여 인류가 지구상에서 멸망하는 것을 막으려 할지라도 종말이 오고 있다고 보는 것이 보편적 상식이다. 마치 가장 높이 올라간 그네는 다시 밑으로 내려오게 되어있고, 사람이 태어난 날이 있으면 반드시 떠날 날이 온다는 절대불변의 진리처럼 말이다.

전 세계적으로 홍수에 의한 인류 멸망과 살아남은 소수의 사람들이 새 인류를 일으켰다는 '홍수신화'는 곳곳에 존재한다. 물 심판이 있었을 당시의 노아 홍수 때에 신이 인간을 심판해야 했던 기준은 잘은 모르겠지만 하나님이 나름대로 멸망을 수순을 정했을 것이며, 성경에서 그 설명을 찾아보면 다음과 같다.

> 그때에 온 땅이 하나님 앞에 부패하여 포악함이 땅에 가득
> 한지라
> 하나님이 보신즉 땅이 부패하였으니 이는 땅에서 모든 혈육
> 있는 자의 행위가 부패함이었더라
> 하나님이 노아에게 이르시되 모든 혈육 있는 자의 포악함이
> 땅에 가득하므로 그 끝 날이 내 앞에 이르렀으니 내가 그들
> 을 땅과 함께 멸하리라
> — 창세기 6장 11~13절

앞으로 우리가 당할 불에 의한 멸망은 오존층의 파괴로 인한 태양의 강력한 열과, 질서를 잃은 수많은 빛줄기들과, 핵무기와 전자기펄스ElectroMagnetic Pulse폭탄, 레이저 등의 빛과 열을 이용한 무기들이 난무함으로써 발생할 것이기에, 현재의 과학의 발전 방향은 인간이 마땅히 직면하게 될 멸망의 길로 스스로 걸어 들어가고 있는 모양새나 마찬가지이다.

멸망을 피하기 위하여 미국과 유럽 등에서는 생존사업의 하나로 이미 자리 잡고 있는 다양한 제2의 노아프로젝트로, 화성탐사 및 지하대피소의 구축, 그리고 갑자기 비행기 조종사가 사라지고, 자동차 운전자가 사라지고, 공항관제사가 사라질 '휴거携擧'에 의한 미래의 대혼란에 대비한 휴거대비프로젝트anti-Rapture program로 자동차, 여객기와 항공관제를 인공지능 컴퓨터가 인간대신 조종, 통제해 줄 예방책을 연구 중에 있다. 자율주행 자동차, 조종사 없는 여객기 등의 개발이 현실화 되고 있지만, 세상이 지금대로라면 피해가기엔 역부족일 것이다. 그럼에도 자본가들은 이때를 대비하여 한층 더 견고한 성을 쌓고 있다. 최후의 날에 대비하는 인간들의 모습은 할리우드 영화에도 자주 등장하는 소재이지만 앞으로 닥칠 현실은 할리우드식의 공상과학처럼 해결될 일이 아니다.

여객선 타이타닉호도 완벽한 상태를 갖춘 채로 완벽한 출항을 하였던 배였다. 물론 설계도에 대한 고증이 실시되어 설계상의 문제를 무시하고 배가 건조되었다는 주장도 있다. 할리우드 영화가 저급해 보이는 측면도 있지만 전달해 주는 메시지가 의외로 많다. 완벽한 디지털화와 자동화 등 첨단과학으로 무장된 현대의 과학문명은 출항할 무렵 당대의 초호화 최첨단 여객선인 타이타닉 호와 많은 점에서 닮아있다. 화려해 보이기만 했던 타이타닉 호 1등 칸 아래의 가장 낮은 바닥객실의 남루한 3등 칸에는 새로운 인생을 시작할 희망을 품고 꿈의 나라인 미국으로 가려는 수많은 서민 승객들이 타고 있었다.

비록 '태어날 때 어쩔 수 없이 값싼 탑승권을 손에 쥐어야 했지만' 온갖 어려움을 감수해서라도 희망의 새 땅으로 가고 싶어 하는 인생길 승객들이 지금도 존재한다. 그러나 타이타닉 호처럼 너무 빨리 가겠다는, 또 갈 수 있다는 자만심에 빠져 무모하게 달려 나간다면 거대한 빙산이라는 장애물에 부딪치게 마련이다. 국가나 세상을 이끌어 나가는 지도자라면 국민과 인류를 멸망의 길로 이끌어서는 안 된다. 목적지는 미국동부의 번창하는 항구도시 뉴욕이었지만 엉뚱하게도 최고의 선박이 도착한 곳은 차디찬 바닷물 속이었다.

앞서 타이타닉 호가 완벽한 상태를 갖추었다고 했는데, 완벽함에 따르는 모순을 이미 짐작한 분들도 계실 것이다. 완벽한 배이자 절대 침몰할 수 없는 배에 침몰을 대비한 구명보트를 갖출 필요가 있었을까? 그저 형식상 몇 개의 구명보트만 갖추어도 되었을 것이다. 최고의 배에 "만약에"라는 다된 밥에 재 뿌리는 격의 경고나 충고는 전혀 통하지 않았을 것이다. 완벽하다고 큰소리치는 방어망일수록 마지노선마냥 왜 구멍이 잘 뚫리는 것일까? 돈 많고 장사에 능하며 비싼 기계를 만들고 호화여객선을 만들 능력이 되는 사람들이 더 많은 돈을 벌겠다는 것은 자유이고 산업발전을 위해 권장할만한 일이지만, 제발 그와 동시에 부작용이나 혹시 발생한 재해와 재난에 대한 대비책도 함께 마련해가는 사회분위기가 조성되어만 과학의 발전과 발맞추어 인간의 존엄성과 생명의 소중함도 함께 존중하는 성숙한 사회로 가는 길이 마련될 것이다.

왜, 정신과 의사가 이런 글을 쓰고 있는지 궁금하시는 분들도 계실 텐데, 정신병은 의사 개인이 고칠 수 있는 병이 아니라 사회를 이끌어가는 지도자들이 고쳐야 할 병이기에 현재와 미래의 지도자들이 현명한 선택과 결정을 해주길 바라는 마음에서 이 글을 쓰고 있다. 사회가 건전하면 정신병은 줄어든다. 과거에 만성병, 성인병이라 불려왔던 고혈압, 당뇨, 비만, 그리고 각종 암 등도 이제는 '생활습관병'이라 하여 개인의 잘못이 아니라 잘못된 사회가 개인에게 강요한 잘못된 생활습관 때문에 발생된 것으로 보는 경향이 짙으므로 사회에 책임이 있고 국가차원에서의 관리가 필요하다. 그러나 개인의 의지가 가장 중요한 것이고 '노예가 되느냐 아니냐? 노예상태에서 해방되느냐 그냥 남느냐?'의 선택은 각 개인에게 주어진 것인 만큼 성큼 다가올 미래에는 자유인답게 생존해나갈 방법을 스스로 찾아보아야 할 것이다.

무관심한 관심

● **무관심한 관심**Uninterested Interest

"아빠 어린 시절에는 먹을 쌀과 밥이 없어서 굶었다."고 말하면, 자녀들이 "빵 먹으면 되지"라고 되묻는다고 한다.

이것도 옛날 우스갯소리고, 요즘 아이들은 더 할 것이다. 심각하게 생각하지 않는다. 하지만, 굶을 일이 없으면서도, 상대적으로 그 박탈감은 일제강점기의 시대나 6·25전쟁 이후 시대의 가난을 겪어온 할아버지보다 더 심하다. 피자나 치킨을 먹고 싶은 만큼 먹지 못하는 한恨이, 굶주림에 소나무 속껍질과 칡뿌리를 씹고 버티어 온 할아버지의 고통보다 큰 것이다.

아이들 아닌 젊은이들도 마찬가지이다. 자신의 스마트폰이 구식이 되었다며 업그레이드해야 한다는데, 사실 왜 그렇게 꼭 해야 하는지는 스스로도 잘 모른다. 남들이 다 가진 명품 백이나 명품 점퍼를 손에 넣어야 하는데, 그게 왜 필요한 것인지 본인들도 잘 모른다.

뛰어난 세일즈맨이라면 적도赤道의 더운 아프리카 원주민들에게 비싼 모피코트를 팔고, 알래스카의 원주민들에게 냉장고를 팔 수 있어야 한다고들 한다. 판 사람이야 뛰어난 사람이겠지만, 산 사람은 뭔가?

파는 사람은 물건을 사는 사람에 대한 최소한의 존경심은 있어야 하지 않을까? 하기야 그 사람에게 그 물건이 꼭 필요할 것인가까지 고려해서 물건을 팔다보면 장사가 안 되겠지. "이걸 꼭 사야겠니?"라는 질문은 세일즈맨이 아니라 물건 값을 내는 사람(부모)의 몫이다. 우리는 꼭 필요한지 아닌지도 모르고 구매하는 것이 맞다. 그렇다면 우리는 왜 이러한 구매행위를 받아들이는 것일까? 그것은 필요성 때문에 아닌 소유욕 때문이라고 한다.

'좋아 보이니까.' 그것이 바로 '무관심한 관심'이란 것이다.

무관심한 관심uninterested interest**의 정의**定義

특정 대상에 대해 과도한 관심을 보이면서도, 정작 그 특정 대상에 대해 깊이 알려고 하지 않는 모순적인 태도를 지칭하는 말.

인스턴트 시대에 적절한 표현이라 할 수 있겠다. 즉, 외면만 보고 내면을 보려하지 않은 인스턴트적 심리가 반영된 상태를 말하는 것이다. 다양한 커피와 와인의 종류와 각각의 특색을 줄줄 외우고 있으면서도 우리에게 왜 커피와 와인이 필요한지는 설명하지 못한다. 일본 만화를 좋아하고 섭렵했지만 일본 역사에는 관심이 없거나 일본인들이 어떤 사람들인지 모른다. 이런 인스턴트 문화로 인하여 우리는 이해의 깊이가 더해가는 것이 아니라 특정 유행trend에 그저 적응adaptation되고 흡수/동화assimilation되어가는 것이다.

무관심한 관심을 보이는 사람들은 특정 대상에 대해 상당한 관심과 흥미를 가진 듯 보이지만, 그 특정대상의 본질적인 문제에까지 접근하고 싶어 하지는 않는다. 물론 이것이 잘못된 태도는 아니다. 예를 들어 하와이 오하우 섬의 와이키키 해변에서 멋진 휴가와 물놀이를 즐기기 위해 하와이의 역사까지 알고 있을 필요는 없지 않은가? 물론 알면 더 의미 있는 휴가가 되겠지만….

"골치 아픈 건 딱 질색이어요." 하지만 골치 아픈 것을 무조건 회피하다 보면 단순해진다.

그러므로 무관심한 관심을 보이는 사람일수록 세일즈맨들의 설득에 약하다. 소유 및 구매욕구만 충족시켜 주면 되기 때문이다. 절대적인 필요성이 아닌 소유욕이 발동하여 구매하게 되는 것이다.

또 약간만 추켜세워 주면 더 큰 만족감을 느끼며 그 물건을 구입하게 된다. 요즘은 강요의 시대가 아니라 설득의 시대이다. 설득기술은 마케팅 전략의 핵심이다.

종교 이야기가 무겁긴 하지만, 종교도 좋은 예가 될 수 있다. 전도傳道라는 것도 결국 설득 아닌가? 사람들은 종교심이 많지만 왜 하필 그 종교인지에 대해서는 깊게 생각하고 싶어 하지 않는다.

자유스러운 정보의 공유가 인터넷으로 말미암아 폭발적으로 이루어지고 있기는 하지만 가까운 시일 안에 진짜와 가짜와 애매모호한 정보간의 경쟁이 있을 것이며, 질이 떨어지거나 생산적이지 못한 정보만이 뒤쳐진 민중들을 위해 남게 되고, 정확하고 가치 있는 정보들은 특정계층들의 독점물이 될 것이며, 그동안 평화로운 모습으로 우리를 언제라도 환영할 듯 그 넓은 문을 열어 우리를 초대하던 포털portal들의 거대한 철문은 어느 날 갑자기, 가진 자와 못가진 자를 그 무거운 철문을 경계로 하여 갈라두고서는 거대한 "쿵" 소리를 내며 굳게 닫히고 말 것이다.

너무도 거창한 이야기를 하는 것 같아 쑥스럽기까지 하지만, 디지털 혁명과 인터넷 혁명의 상상 밖의 엄청난 가공할 위력과 그 앞에 힘없이 흔들거리게 될 민중의 나약함을 강조하기 위해 좀 극단적인 표현을 써야만 했다. 조금 더 심각하게 생각해 보자는 뜻이다. 현미경으로 병균을 들여다보기 전까지는 인류는 감염感染이란 것의 진실을 모르고 있었다. 무지는 두려움 아니면 무모함을 불러올 뿐이다.

답을 얻는 방법 중 한 가지는 질문을 해보는 것이다. 그래서 답을 얻기 위해 질문을 던져 보았다.

디지털과 인터넷이란 무엇이고 이런 것들이
우리의 일상생활 중 얼마만큼의 비중을 차지하고 있을까요?

앞으로는 인터넷 없이는 일상생활조차 하기 힘들 듯이 세간世間에 이야기 되고 있다. 인터넷이건 컴퓨터건 과학 기술이 인간의 기본 생활에 쉽게 침투 할 수 있도록 앞장서고 있는 것이 바로 디지털화이다. 바늘이 움직이는 기계식 아날로그 손목시계는 사람들의 선망의 대상이었다. 결혼식 예물에 반지 외에 시계까지 등장한 것으로 보아 시계는 귀한 물건이었다. 지금 생각해 보면 그 당시 시계들은 모두 묵직하고 알이 굵어 촌스럽게 보였음에도 큰 시계를 팔목에 치렁치렁 차고 다니는 것이 자랑이었으며, 사진 한 장 찍을 때에도 손목의 시계가 사진에 잘 나오도록 찍던 옛 시절이 있었다.

외국을 다녀온 사람들을 통해 전해진 새로 나온 작은 덩치의 디지털시계는 숫자로 표기되어 있었기에, 시침, 분침, 초침을 읽지 못하는 머리 나쁜 사람도 금방 시간을 볼 수 있었고, 야광 칠을 하지 않았어도 캄캄한 밤에 스스로 불을 밝히거나 숫자가 빛을 내며 시간을 보여주는 아주 놀라운 물건이었다. 예를 든다면 워크맨 휴대용 카세트플레이어에서 엠피쓰리MP3로의 변환 같은 것이었다. 원래 시계는 워낙 커서 차고 다닐 만한 물건은 아니었다. 런던 엘리자베스 타워의 빅벤시계를 보라. 물론 그 시계는 많은 사람들이 볼 수 있도록 아주 크게 만들어져 공공장소에 설치되었으며, 이 Clock이 Watch로 변하기까지 꽤 오랜 시간이 걸렸다. 주머니에 넣고 다닐 수 있는 회중시계의 발명도 혁명이었지만, 간단하게 손목에 팔찌 차는 셈치고 차고 다닐 수 있는 손목시계의 등장도 혁명이었다.

왼쪽은 현대 감각의 아날로그 시계. 오른쪽은 초창기의 디지털 시계.

우리가 벽에 걸어놓고 보는 시계나 음악을 듣던 레코드판 등이 아날로그라는 정보를 양으로 표시하는 방식이라면, 디지털은 0과 1 이라는 두 숫자를 가지고 이 세상 모든 것을 구분하고 표시하는 방식이다. 요즘 팔리는 음반인 컴팩디스크가 디지털이고 요즘 나오는 휴대폰이 디지털이다. 서로 간에 장단점이 있어 아직 개선 중이며 아날로그의 시대가 아직 끝이 난 것은 분명 아니지만, 현재로서는 아날로그에 비해서 디지털은 모든 면에서 그 속도가 엄청나게 빠르다. 정확히 다시 말하자면 정보의 '전달 속도'가 엄청나게 빠르다는 뜻이다.

타야할 승객은 많은데 줄서서 모든 승객을 가득 다 태울 때까지 기다렸다가 떠나며, 띄엄띄엄 승객을 태우러 오는 덩치 크고 느린 버스를 이용하는 것이 아니라, 줄 서서 기다릴 필요 없이 승객이 오는 족족, 무조건 곧바로 여러 대의 택시에 승객을 나누어 싣고 목적지에 도착 후 집결시켜 재분류하여 다시 승객들을 불러 모으기 때문에 이동 속도가 무척 빨라지게 된다. 전자식이기 때문에 비용이 더 드는 것도 아니다. 이것이 소위 패킷packet이라는 기술이다. 또 가정용 전화기인 아날로그 전화기가 소리만 전달 할 수 있는 반면 디지털 휴대폰은 사진이나 그림, 움직이는 화면 등 디지털 부호로 표시할 수 있는 것은 무엇이든지 전달할 수 있다.

이런 대단한 기술들이 세상을 하루가 다르게 변화시키고 있다. 옛날엔 하루짜리 강의나 수업으로 지난 수백 년 간 일어났던 역사를 다 가르칠 수 있는 여유가 있었다면, 지금은 하루 동안 벌어진 일 조차 하루 안에 설명하기 힘들어진 시대가 되어 버렸다. 다시 설명하자면, 옛날엔 하루 종일 내가 보고 들은 것들을 가지고 일기를 써본들 별로 쓸 것이 없었지만, 요즘은 하루에 일어난 일을 전부 기록하려면 하루보다 시간이 더 걸릴지도 모른다는 의미이다. 옛날 어른들은 미군부대 쓰레기 속에서 구겨진 영자신문지 한 쪽을 주워가지고 집에 와서 다리미로 펴서 읽고 또 읽어가면서 영어를 마스터 했다지만, 요즘 젊은이들은 수만 개의 인터넷 영어교육 사이트가 있음에도 영어공부가 쉽지 않다고 징징거리는 아이러니… 정말 알면 무섭고. 모르면 마음은 조금 편할 수 도 있을 것 같고, 그런 심정이 이해도 간다. '알려고 하지 마, 너무 많이 알아도 다쳐'라는 유행어가 실감난다. 맞는 말이다. 너무 어렵게 생각하지 말고 그냥 사용하면 된다.

컴퓨터가 갓 대중화되기 시작한 초기 시절의 1980년대 말의 컴퓨터 전문가들이 해주던 말이 기억에 남는다. 비싸고 예민한 제품이기도 하고 컴퓨터에 대해 아는 것 보다 모르는 것이 많았던 시대인만큼, 보통 사람들은 컴퓨터에 손대는 것 자체를 몹시 무서워했다. 전문가들의 조언인 즉, 컴퓨터를 사용하는데 괜히 겁을 먹거나 부담 갖지 말고, 새로운 기술로 만들어진 물건이라고 해서 이해하려고 괜히 이리 저리 머리 굴리느라 피곤해하지 말고, 그냥 쉽게 쓰라는 이야기였던 것 같다.

"건드려도 안 터지니 걱정 말라는 것"이었지만, 사실 우리 마음은 터질까 봐서가 아니라 괜히 아무거나 건드려서 그 비싼 컴퓨터가 고장이라도 나면 어쩌나 하는 순수한 마음이었을 것이다. 전문가들 왈, 전화 한통 쓰는데 전자식이니 기계식이니, 전신과 전자 통신의 원리와 전화기의 내부 회로와 구조까지 알 필요가 있겠냐는 것이었다. 그럴 필요 없이 간단하게 수화기를 들고 신호가 가면 상대방의 전화번호 다이얼만 돌리거나 누르고 또다시 신호가 가고 상대방이 받으면, 할 만큼 이야기하다가 끊고 전화요금 통지서가 날아오면 돈만 내면 된다는 것이었다.

여기에 좀 더 기술적인 세련됨과 섬세함을 추가하자면, 수화기를 들어 귀에 대었을 때 '디-'하는 낮은 신호음은 접속이 가능하니 전화번호를 누르라는 뜻이요, '띠띠띠띠' 하는 연속 경고성 고음은 상대가 통화중이거나 상대와의 접속이 지금은 되지 않음을 의미하거나 접속이 끊어진 상태를 의미한다는 것이다. '디르 디르'하는 신호음은 통화가 가고 있으니 상대방이 받을 때까지 기다려 보라는 뜻이라나? 그리고 명심할 것은 '디르 디르' 소리가 기분 좋게 계속 들리더라도 지나치게 오래 들릴 경우 '내 전화를 받아 줄 사람이 없는 상태이거나 상대가 전화를 받을 의지가 없다.'라는 암울한 상황이 발생한 것일 수 있으므로, 이럴 때엔, 문명인답게 "신호는 가는데 전화를 안 받네?"라는 말하면서 수화기를 내려놓는 것이 상책이라는 것이다. '디르 디르' 소리가 간다고 계속 수화기를 붙잡고 언제까지나 기다리는 모습은 가정에서도 그렇고 여러 사람이 줄서있는 공중전

추억 속으로 사라진 다이얼식 전화기

화에서도 결코 보기 안 좋은 문명인답지 못한 행동이었던 걸로 기억
된다. 여러분도 꼭 기억해 두셨다가 여러모로 유용하게 사용하시길
바란다.

처음 전화에서 사람소리를 듣고 기절초풍했던 조선 말기나 동네
에 전화가 한 대 밖에 없던 1960년대 초와는 달리, 요즘은 노인 분
들도 가족들과 통화를 할 때 전혀 겁먹지 않으시고 전화기를 잘 다
루시니까, 컴퓨터 다루기도 마찬가지라는 것이다. 즉, 노인 분들도
컴퓨터를 전화기처럼 다루시게 될 것이라는 것이다. 컴퓨터를 처음
구입한 초보가 워드 프로세서로 한 페이지짜리 문서를 작성하기 위
해 컴퓨터를 다 뜯어보고 바이오스가 어떠니, 네트워크가 어떠니,
메인 보드가 어떠니, 선 연결이 제대로 되었는지 윈도 레지스트리가
어떻다는 등 따질 필요가 없다는 것이다. 고로 그냥 겁 없이 사용하
면 된다는 것이었다. 잘못 썼다고 해서 컴퓨터가 압력밥솥마냥 터질
염려는 없다는 뜻이기도 하다. 실제로 컴퓨터가 초보자의 오작동으
로 폭발했다는 기사는 아직 보지 못한 것 같다. 하지만, 나도 컴퓨터

를 가지고 싶다는 단순한 목적과 마음으로 정말 순수하고 겸허하고 편안한 마음으로 초기의 애플컴퓨터는 보다 다루기 쉬운 XT급 컴퓨터라도 구입해 놓았을 경우, 아주 단순한 의도로 컴퓨터를 켜긴 했지만 퍼스널 컴퓨터가 보급되던 초기에 여러분이 제대로 할 줄 아는 일은 그저 컴퓨터를 켜고 끄는 일 밖에는 없었을 것이다. 그것도 키보드를 이용한 웜부팅이나 도스의 커서에 명령어를 써넣는 자연스러운 전원 끄기를 하지 못하고 애꿎게도 콜드부팅 또는 강제종료를 시키면서 말이다.

다루는 것이 결코 쉬운 일이 아닌 것 같은데, 당시의 대량으로 출간되었던 '컴퓨터 무작정 따라 하기' 책자들의 내용은 위의 말 대로 터지지 않으니 마음껏 해보라는 식이었다. 더군다나, 지금처럼 마우스 및 마우스가 표시하는 커서cursor를 이용하여 모니터 화면위에 나타나는 그림icon을 보며 쉽게 조작하는 그래픽 사용자 인터페이스GUI[5] 시스템이 적용된 윈도Window시대도 아니고 휑하니 아무것도 없는 검은 화면에 일일이 명령어를 외워서 입력해야 하는 프롬트prompt로 대표되는 도스DOS, data operating system시스템의 아주 초기 시대임에도 어렵게 생각하지 말라는 식이었다.

그런 것이다. 앞선 자들에게는 쉬워 보이는 것이 뒤쳐진 자들에겐 어렵게 보이게 마련이다. 이제야 솔직히 고백하겠지만, 컴퓨터가 압력솥처럼 터지지는 않으며, 엘리베이터 사용이나, 전화걸기처럼 쉽게 배울 수 있다는 말은 거짓말이다. 오죽하면 노인들에게 스마트폰 사용법을 가르쳐 주는 강좌가 주민 센터에서 벌어지고 있을까? 똑똑하다는 젊은이들도 스마트폰의 기능을 몇 프로나 사용하고 있을까? 문득, 내가 컴퓨터를 사용하는 것이 아니라, 컴퓨터가 나를

도스의 모니터의 프롬트 명령어(command) 입력 화면

이용하는 것 아닐까? 하는 의문을 갖기 시작했다.

퍼스널 컴퓨터가 도입되던 당시, 컴퓨터를 원하던 많은 사람들이 마음속에 가지고 있던 기대는, 지금 당장 어렵게 컴퓨터를 배우려고 할 필요가 없다는 것이었다. 앞으로 누구나 쉽게 사용할 수 있는 컴퓨터가 나온다는 것이었다. 공상과학 영화에 나오는 것처럼, 큰소리로 '개똥이에 대한 정보를 알고 싶다'고 명령하면 컴퓨터가 어여쁜 목소리로 개똥이의 신상명세서를 읊조리게 되는 그런… 그리고 구닥다리 70년대 공상과학 영화일수록 자주 등장하는 장면이 있는데, 컴퓨터에 깔려 있는 프로그램이 무엇인지는 모르겠지만, 아무튼 브라운관 모니터의 시커먼 배경 화면 위에다 무조건 큰 글씨로 '개똥이 씨의 신상명세와 지금 그가 있는 곳을 밝혀라!' 라고 타자기로 입력하면 컴퓨터에서 줄줄이 개똥 씨에 대한 개인 신상, 사진, 주소, 가족관계는 물론 경력과 현재의 상황 등의 내용이 곧바로 뜨는 그런 것… 이것은 아직도 2000년대 미국드라마나 할리우드 영화, 그리고 우리나라 영화들에서도 여전히 사용되고 있는 수법이다. 개똥

윈도우의 모니터 그래픽 사용자 인터페이스(GUI)화면

씨의 정보를 얻은 후 또다시, "오늘 저녁 메뉴는 뭐냐?"고 바로 물어
도 컴퓨터는 친절하게 전혀 귀찮아하지 않고 대답을 해준다. 정말로
아주 사용하기 쉽고 편리하고 귀여운 컴퓨터임에 틀림없다. 물론 일
반적인 개인용 컴퓨터로는 이러한 작업이 어렵겠으나 멀지 않은 미
래에는 분명 가능한 일이겠다. 그리고 점차 그 꿈이 실현되어가고
있다. 아마존사의 에코와 앨렉사 장치Echo&Alexa Devices 시리즈가
그런 종류이다.

　컴퓨터 구매자들 중에는 똑똑한듯하면서도 바보 같은 분류의
사람들이 두 가지 존재하는데, 그중 하나는 컴퓨터 값이 제일 싸질
때까지 기다렸다가 사겠다는 사람과 둘째는 앞의 분류의 사람들보
다는 덜 알려져 있는 사람들이긴 하지만, 컴퓨터 사용하기가 전화기
나 텔레비전 사용하는 것만큼 쉬워지면 그때 가서 사겠다는 분류이
다. 사실 틀린 말이 아니다. 컴퓨터의 가격은 수개월 만 지나도 엄청
나게 싸지고 있으며 1980년대 말에 수 백 만원 하던 AT286컴퓨터

아마존사의 에코와 앨렉사 장치(Echo&Alexa Devices)

가 지금은 거저 준대도 싫고, 거지도 가져가지 않는다고 한다(물론 부품에 금이 아주 조금 섞여 있다고 해서 '안 쓰는 컴퓨터, 냉장고, 텔레비전, 세탁기'등을 수거해 가는 업자들이 가져가기도 한다). 게다가 갈수록 성능의 변화도 빠르고 가격 변동이 더 빠르니, 기다리다 보면 언젠가는 가장 좋은 컴퓨터를 가장 싼 가격에 사서 흡족해 할 날이 멀지 않은 것이다. 텔레비전과 컴퓨터간의 경계조차 사라질 것이기 때문에 조금만 더 기다리면 된다. 대부분의 디지털 스마트TV가 그 방면(컴퓨터+텔레비전+인터넷+인공지능)을 지향하고 있으니까 말이다.

우리나라에서는 국제간 국가 경쟁력을 높이기 위한 정책적인 방면으로 컴퓨터 교육과 인터넷 교육의 시행에 많은 힘을 쏟고 부었다. 1960~1970년대에 새마을운동과 국가경제개발 계획이 대한민국의 산업화에 효과를 거두었듯이 이번에는 자원이 부족한 우리나라에서 정보IT 경쟁력마저 다른 나라들을 앞선다면 대외적으로 유리한 점이 무척 많을 것이다. 최고의 IT 국가, 인터넷 보급률 세계 1위,

K-Pop처럼 인터넷 콘텐츠를 개발해 낸다면 좋겠다. 물론, IT와 인터넷을 화석연료인 석유에 비유하자면, 산유국도 아닌 나라가 석유 소비율만 세계 1위인 국가처럼 들려서 조금 안타깝긴 하다. 인터넷 보급률 세계 1위이지만, IT 기술력은 세계 15위권 안에도 들지 못하고 있기 때문이다. 해외시장을 침투할 수 있기보다는, 쉽게 침투 받을 수 있는 그런 구조로 굳어져 갈까 걱정이다.

너무 앞장서서 국가주도로 인터넷을 정착시키려던 1990년대 중반부터 2000년대의 분위기는 다소 인위적이며 자연스럽지 못하였으며지며, 대중매체에서 선전하고 우리에게 보여준 것들은 다소 거품이 섞여 부풀려진 모습이었다. 물론 자동차가 많이 보급될 것을 예측하여 길도 닦고 여러 시설기반을 준비하는 것은 참으로 현명한 일이지만, 억지로 마이카 붐을 일으켜 안심하고 걸어 다닐 수 있는 인도를 줄여 찻길로 만들어 버리면, 걷거나 자전거를 이용하고 싶어도 어쩔 수 없이 차를 타야만 하게 되는 세상이 되는 수가 있다. 마치 인터넷만 하면 무엇이든지 이루어질 듯이 인터넷 만능주의를 조장할 염려가 있다는 것이다.

농담 반 진담 반이지만, 겨우 십몇 년 사이에 4인 가족 한 가구당 통신비가 약 20배가량 증가했다. 집전화기와 공중전화를 사용하던 시대와 지금처럼 식구별로 모두 전화기를 들고 다니는 시대의 차이는 전화요금만 보더라도, 가계지출이 엄청나게 늘었다는 말이 된다. 그런데 아무도 이러한 풍조를 걱정하고 잘못 된 부분들을 지적하려는 사람이 없다는 것도 문제이다. 그 이유는 아주 간단하다. 지적을 하려 해도 알아야 하지 않겠는가? 통신의 필요성보다는 이러한 통신비의 증가로 인하여 수입을 올리는 사람들이 권력을 잡고 있는 이상 그냥 보편적 사회현상으로 치부하고 넘어가는 것이 서로 좋을 것이다.

더 자세하게 살펴보자. 집에 전화기 놓고, 공중전화를 이용하던 시대에는 통신비가 가구당 약 2만 원 남짓 들었다. 가령 4인 가구당 월수입을 100만 원으로 잡았을 때에 통신비가 2%였다는 것이다. 지금은 그 월수입이 200만 원으로 증가했다고 치자. 통신비는 전화뿐 아니라, 문자사용로, 데이터 사용료, 인터넷사용료, 부가사용료, 기기할부금 등의 명목으로 20만 원 정도가 나갈 것이다. 즉, 2%에서 10%로 증가되었다는 말이 된다. 다른 생활비에 할당되던 돈이 통신비로 지출된다는 뜻인데, 문제는 통신비를 위해 다른 지출을 줄이는 것이 삶의 질의 차원에서 바람직하냐는 의문이 생긴다.

사람들은 애써, 자기 합리화를 통해, 현대 사회에서는 자신에게는 통신이 가장 중요한 생활의 일부임을 끊임없이 스스로 세뇌시켜야만 과도하게 뜯기는 통신비로 인한 억울함이 덜할 것이다.

다루기 쉬운 컴퓨터를 기다리다가는 수십 년이 지나가 버린다. 실제로 그랬다. 그 사이에 다른 사람들에게 뒤쳐지는 사람들이 생겨났다. 컴퓨터의 발전 속도는 가히 어느 전자제품도 따라 가기 힘들 정도이다. 아무리 첩첩산골 벽지에서 수십 년을 숨어 살았던 시골 사람이라 할지라도 이미지 변신을 위해 머리도 깎고 파마도 하고 새 구두 신고 멋진 넥타이에 양복이라도 하나 새로 맞추어 입고 오늘날의 최첨단 도시에 나타난다면, 그의 행동거지에서는 어느 정도 시대에 좀 뒤 떨어지는 티가 난다 하더라도 대충 남들과 조화롭게 어울릴 만은 할 것이며, 시내 외출을 했다고 해서 과거에서 타임머신을 타고 온 사람 취급을 당하지는 않을 것이다. 이런 방식으로 시골 영감과 도시노인은 그런대로 호환이 되지만, 이상하게도 뒤쳐진 컴퓨터의 사양仕樣은 신제품과 호환互換이 되지 않는다.

컴퓨터라는 것은 정말 해도 해도 너무한 물건인 것 같다. 외모가 조금 바뀌는 것쯤이야 어느 정도 참아 줄 만 하지만, 아예 인간의 심장이나 뇌를 교체해 버리는 수준의 행위인 '업그레이드'라는 용어가 지금처럼 널리 쓰이게 만든 컴퓨터의 등장이 원망스럽다. 물론 업그레이드란 단어도 이미 '업글'로 업글된지 오래다. 삼성애프터서비스센터에 가서 우리 집 텔레비전과 냉장고 그리고 에어컨디셔너를 업그레이드 해달라니까 직원이 아주 난감한 표정을 짓는 것을 보았다.

컴퓨터의 성능이 두 배로 좋아지는데 걸리는 시간이 8개월이라고 한다. 아무리 빵빵한 시스템의 컴퓨터를 지금 구입한다 해도 8개월 만에 구식이 되어버린다. 말이 8개월이지 4개월, 2개월 식으로 그 속도는 점점 빨라질 것이다. 물건을 구입하고 돈 지불하고 돌아 서자마자 구식이 되어 후회한다는 속담 아닌 격언도 전해져 온다. 손수 컴퓨터를 조립하고 프로그램을 설치하고 홈페이지를 유지할 수 있는 실력 아니고는 안심할 수 없는 세상이 왔다. 직업이나 하는 일 자체가 컴퓨터 관련 업종이 아니고서는 불안해서 살 수가 없는 세상이라고도 말할 수 있다.

옛날에나 지금이나 대부분의 일반 가정집들의 거실의 중심에는 아직까지는 십 수 년 동안 각자의 역할을 결연히 지키고 또 사랑받고 있는 텔레비전, 스피커, 장식장 등이 그 위치를 고수하고 있을 것이다. 하지만 디지털 관련 제품들인 컴퓨터 본체나 모니터의 경우, 몇 개쯤은 장난이고, 수없이 교체해온 MP3 기기, 갖가지 형태의 안 쓰는 휴대폰은 집의 수납공간 혹은 아이들 책상 서랍 속 한구석에 쓸모없게 되어버린 잡다한 배터리, 충전기, 이어폰, USB 연결선, 설명매뉴얼책자 등과 함께 가득 쌓여 있을 것이라 예상된다. 언제부터인지 몰라도 전자제품의 구입 및 교체주기가 급속히 빨라졌다는 뜻이며 필요이상으로 자주 교체했다는 뜻이기도 하다.

먹고 살기도 바쁜데, 없는 시간 쪼개어 컴퓨터 만지고 인터넷을 할 수가 있을까? 짜장면 배달하면서 인터넷을 얼마나 이용할 수 있을까? 컴퓨터를 잘 다루는 사람이 짜장면 집을 차리는 것이 인터넷 중심의 음식배달 시장에서 성공하기 쉽지, 짜장면을 잘 만드는 사람이 인터넷 중심의 세상에서 성공할 확률은 높지 않아 보인다. 이는 참신한 콘텐츠를 가진 작은 회사가 돈과 인력과 인맥과 판매유통망이 많은 대기업에게 밀리는 상황과 비슷한 것이다. 정보이용능력이 뛰어난 자가 앞으로도 더 잘살 것이기 때문에 짜장면만 잘 만드는 사람은 정보이용능력이 뛰어난 그런 사람 밑에서 일을 하게 될 것이다. 그런 만큼 자녀들에게 짜장면 잘 만드는 기술을 가르치기보다는 컴퓨터를 가르치는 것이 낫겠다. 그러니 제발들 배우시길 바란다. 가정용 전화기를 부품 따져가면서 사는 사람이 있을까? 구리선으로 작동되는 전화기의 기능은 그게 그거다. 그러나 컴퓨터는 구조부터 알아야 한다. 스마트폰도 마찬가지다. 어쩔 수가 없다.

컴퓨터는 가구가 아닙니다. 과학입니다.

컴퓨터와 접목된 인터넷은 디지털화된 기술들이 집약되어 라디오, 텔레비전, 녹음기, 도서관, 극장, 오디오, 전화, 편지, 회의, 가족상봉, 노래방으로부터 계약, 거래, 쇼핑 등등 이 세상에 존재하는 거의 모든 기존 시설들과 행위들을 가상의 공간으로 옮겨 놓을 수 있게끔 하였다. 과거에는 혁명이나 변화라는 것이 지역적 혹은 지엽枝葉적으로 일어났고 르네상스건 종교개혁이건 그 무엇이건 마찬가지였다. 간접적 영향은 주었겠지만 서양의 르네상스가 동양에 직접적인 영향을 주었다고 주장하기엔 무리가 있다. 심지어 마르크스주의나 공산주의 혁명도 일부 지역에 국한된 현상이라고 볼 수 있다. 즉 이제까지 그 어떤 것도 이처럼 거대한 영향을 준적은 없다는 것이다. 그리고 디지털과 인터넷 혁명은 굳이 대형 광케이블이 아닌 구리로 만든 원시적(?) 전화선만으로도 연결이 가능하기 때문에 연결된 컴퓨터 단말기가 파손되지 않은 채 살아있는 곳이라면 지구 끝 어디라도 그 영향을 끼칠 수 있다.

추억의 세진컴퓨터와 하이텔이 제공해준 'atdt-'의 인터넷 환경은 이제 데스크 탑 컴퓨터에서 벗어나 스마트폰을 가지고 난리이며, 인공지능을 가지고 난리가 났다. 앞으로는 또 뭐가 나올까? 요즘 젊은 이들이 수입은 적으니 혼자살고, 차살 돈은 없으니 스마트폰 업그레이드하는 낙으로 세상을 살고 있다는 풍문도 돌고 있다. 벌이도 시원찮은데, 새 차로 업글하는 것 보다는 스마트폰 업글이 현실적이고 또 저렴하고도 짭짤한 만족감을 주기 때문에 운전면허를 취득하려는 사람의 숫자가 줄어드는 추세라고 한다.

이쯤에서, "잘못 썼다고 해서 컴퓨터가 압력밥솥마냥 터질 염려도 없고 실제로 컴퓨터가 초보자의 오작동으로 폭발했다는 기사는 아직 보지 못한 것 같다."라고 한 앞서의 언급에 대해 사과드리고 싶다. 사실은 컴퓨터는 물론이고, 스마트폰은 물론이요, 구식 가정용 전화기도 터지는 수가 있다. 무엇이 터지냐면, 일이 터진다는 이야기다. 보이스 피싱이라는 용어는 다들 익히 들어보셨을 것이다. 음성 voice+개인정보private data+낚시fishing의 합성어가 보이스 피싱이다. 전화 잘못 받고 속아 넘어가서 실수하는 것은 좀 더 신중을 기하면 피할 수 있는 일이지만, 무심코 날아온 스마트폰 메시지를 손으로 잘못 눌러 엄청난 피해를 입는 경우도 허다하다. 그래서인지 인터넷 뱅킹도 못 믿겠다. 오죽하면 컴퓨터와 거리가 먼 노인들은 기계화되어가는 무인 은행을 사용할 수 없어 현금을 땅속에 묻어놓고 살아야 할 판이겠는가? 편리함 이상으로 허점과 위험요소가 너무 광범위하게 존재한다.

정상적인 소프트웨어가 아닌 악의惡意를 지닌 소프트웨어를 통상적으로 악의적 프로그램, 즉 malware(malicious ware)[6]라고 부른다. 어렵겠지만, Worm, virus, malware, phishing, spoofing, hacking, tapping, phreaking, spyware, keylogger, SMiShing, vishing 등을 제대로 이해하지 못한다면 자신이 평생 애써 모은 것을 단번에 날릴 수 있다. (각각에 대해 궁금하신 분들은 이 장 뒷부분 '깊이 읽기' 중 256~258쪽 6번 내용을 참고하시길 바랍니다).

이런 일들만 발생하는 것이 아니다. 물론 배터리 결함이었지만, 소형 휴대용 컴퓨터 겸 전화기라고 말할 수 있는 스마트폰이 실제로 폭발했다. 그것도 잘못 만져서가 아니라, 그냥 말이다. 폭발하지 않으니 겁먹지 말고 사용하라고 말해주던 사람들이 원망스럽다.

마지막으로, 사람들이 인공지능artificial intelligence에 대해 무지無智함과 환상幻想을 지니고 있음을 경고하고 싶다. 사람과 인공지능의 차이는 이렇다. 사람을 교육시키거나 세뇌시키기 위해서는 수십 년이 소요된다. 인간은 효율성 떨어지는 참으로 멍청한 존재가 아닐 수 없다. 대신 인공지능은 단 수십 초 만에 원하는 교육과 학습을 시킬 수가 있다. 시행착오와 오류를 교정하는 데에도 인간은 따라갈 수 없을 정도의 속도를 자랑한다.

그리고 인간은 고집이 워낙 드세어서 수십 년간 잘못 가르친 것을 바로잡는 데에도 수십 년이 걸리거나 아예 되돌려놓을 수조차 없다. 인간은 그 수명의 한계가 있고 신경계가 노화되기 때문이다. 언뜻 들으면 나쁜 말 같지만, 그렇지 않다. 인간은 자신의 믿음faith을 하루아침에 바꾸지 않는다. 죽인다고 협박을 해도 마음을 바꾸지 않을 수도 있다.

쉽게 표현해서, 인공지능에게는 유치원, 초등, 중, 고등학교 전 교육과정을 주입시키는데 12~14년이 걸리는 것이 아니라 수초, 아니 수십 분의 일초면 주입이 가능하다. 얼마나 편리한가? 하지만, 이 말을 거꾸로 하면, 완벽에 가까워진 인공지능 컴퓨터를 다시 바보로 만들거나 완전히 반대되는 행동을 하도록 바꿔놓는 데에도 수초, 아니 수십 분의 일초면 가능하다는 말이기도 하다. 사람은 저항심이 있고 의리가 있어 협박에도 불구하고 그 뜻을 굽히지 않을 수 있다. 하지만 인공지능은 그렇지 않다.

세계 최고라고 말할 수 있는 반도체 CPU 제작회사에서 해킹에 취약한 버그가 남아있는 CPU를 제작 판매하였다. 컴퓨터의 두뇌에 해당하는 CPU에 해커들이 침입하여 아무런 흔적도 남기지 않고 은행 계좌와 비밀번호 등 모든 것을 들여다볼 수 있다고 한다. 이것은 노트북에서부터 데스크탑, 클라우드, 스마트폰까지 영향을 주는 매우 광범위한 문제라고 하는데, 완벽할 것만 같았던 컴퓨터 중앙처리장치에 이제 와서 땜빵식의 패치 설치를 운운하고 있다.

가령, 환자의 수술을 담당하는 인공지능 컴퓨터 수술 장비가 있다고 치자. 이 수술 장비가 정상적인 수술이 아닌, 뜻하지 않은 이상한 행동을 하도록 만드는 데 드는 시간은 수십 분의 일 초밖에는 걸리지 않는다. 뒤에 다시 언급하겠지만 '알골리듬'이라는 무서운 허점도 존재한다. 권한을 가진 입력자에 의해 분명 데이터는 변질될 수 있다. 프로그램 내에서의 Yes와 No의 방향을 결정할 알골리듬의 자세한 의미는 뒷장에서 다시 설명하겠다.

〈마법사의 견습생Sorcerer's Apprentice〉이라는 유명작품이 있다. 이 작품은 볼프강 괴테의 1797년 작품인데, 발라드풍의 시詩로써 14개의 시절時節을 지니고 있다. 이 작품은, 16세기에 체코의 프라하Prague의 유대인 거주지역인 게토ghetto에서 벌어진 사건을 소재로 하고 있다. 시의 내용을 잠깐 소개하자면, 마술사가 외출했을 때에, 마술사의 견습생이 '나라고 못할 것 없다'며 스승의 흉내를 낸다. 빗자루를 사람으로 만들어서, 자신의 목욕물을 길어오라는 주문을 거는데, 고지식하게 세상의 강물을 다 길어오는 바람에 홍수가 난 것처럼 마법사의 연구소는 물에 잠겨버린다. 하지만 견습생은 멈추라는 주문은 할 줄 몰랐다. 결국 빗자루를 파괴할 수밖에 없는데….

당시의 프라하는 합스부르크 가문의 비호를 받고 있었기에, 유태인들이 가장 마음 놓고 살 수 있는 지역이었다. 그러나 평화는 얼마 지속되지 못하고, 다시 반유대주의 정서가 고개를 들게 된다. 즉, 유대인들이 기독교인 어린아이들을 잡아다가 그 피로 제사를 지낸다는 소문이 돌기 시작한 것이다.

유대인들에 대한 대규모 핍박을 막기 위해 당시 마할랄Maharal, 즉 위대한 현자라 불리던 프라하 책임 랍비인 로에우Loew가 아주 독특한 방어 전술을 구상해낸다. 로에우 랍비는 탈무드와 카발라 (유대교 신비주의)에 정통한 사람이었다. 그는 게토에 위치한 우물 지하의 진흙들을 퍼 모아다가 비밀장소에 진흙으로 빚은 인간을 만들었다. 카발라의 신비한 주문으로 흙에서 인간을 창조할 수 있다는 것이었다. 만들어진 창조물을 처음엔 '요셉'이라 불렀지만, 이후의 유대전통에서는 '골름Golem'이라 불렀다. 이렇게 만들어진 아류亞流의 인간은, 하나님이 숨을 불어넣어주지 않았기 때문에 영혼은 없다. 이러한 거대 인조인간을 랍비가 만들어 숨겨놓았는데, 만약 그 누구라도 유대인 집단을 괴롭힌다면, 이 인조인간이 나타나서 이 방인들을 응징할 것이라는 소문을 냈고, 이로 인해 프라하의 유태인들은 위기에서 벗어난다. 겁을 먹은 프라하 시민들이 유대인들을 건들지 못했다는 것이다.

2차 대전 개시 직전의 유태인 핍박시기에, 유대인들은 골름이 나타나길 절실하게 기도하였다고 한다. 그러나 골름보다 나치세력이 더 강했던지 유대인들은 구조되지 못하였다. 게다가 하루하루 성장을 거듭하던 골름은 자신을 만든 랍비의 딸을 납치하게 되고 그녀에게 야릇한 감정을 느끼기 시작하면서부터 복잡한 의문을 품게 된다. 인간에게 배신당했다고 느낀 골름은 창조된 목적과는 달리 게토를 부수고 불사르는 파괴적 존재로 돌변하게 된다. 골름의 이마에는 '아메트AMT'라는 글자가 히브리어로 써 있는데, 아메트는 '진실truth'라는 뜻이 되지만, 히브리어 A자인 알레프를 떼어 버리면, MT, 즉 메트가 되는데, 메트는 죽음death을 뜻한다. 고로 골름을 제거하려면, A자인 알레프를 이마에서 떼어내면 된다고 한다.

반지의 제왕에 등장하는 Gollum은 Golem의 변형물이다. 메리

셸리라는 영국인 여류작가가 꿈속에서 영감을 얻어, 20세의 나이인 1818년에 발표한 프랑킨슈타인Frankenstein; The Modern Prometheus(우리시대의 프로메테우스)도 유사한 플롯을 지니고 있다. 볼 베그너 감독의 1920년 무성영화인 〈골름, 어떻게 이 세상에 등장했는가?〉 작품도 마찬가지이다.

우리는 아직도 스스로에게 질문한다. "나는 누구인가?", "나는 무엇인가?". 이것도 모르는 우리가 창조를 한다. A.I.가 "나는 누구인가?"를 묻기 시작하는 때에 인류는 파멸한다. A.I.를 창조한 인간 스스로도 이 질문에 대답을 할 수 없기 때문이다.

아마존사의 앨렉사Alexa에 대한 광고용 다큐멘터리를 본적이 있다. 구글Google에 접속하여 로그인 된 상태에서 스마트폰을 사용하는 것이 참 편리한데, 필자는 구글이 나의 위치를 추적하건, 나의 검색어를 수집하건 별로 상관은 하지 않는다. 오히려 나의 생활습성에 맞추어 내가 원하는 것에 더 쉽게 접근할 수 있도록 도와주므로 시간도 절약되고 그 편리성을 어느 정도는 누리고 있다. 하지만 이것은 대형 컴퓨터 및 저장시스템을 이용한 빅데이터를 운용하는 집단에게 나의 정보를 낱낱이 보내주고 있다는 의미이기도 하다.

스마트폰과 구글에 익숙해진 사람들은, 거부감 없이 자연스럽게 아마존사의 앨렉사를 받아들이도록 세뇌되어 있다. 별다른 차이는 없고 앨렉사가 더 편리한 존재이기 때문이다. 마치 사람과 대화하는 것 같기도 하고 믿음직하고 똑똑한 하인을 부리는 듯 뿌듯한 기분이 들기도 할 것이다. 재벌이나 고위정치인들이 제일 주의해야 할 사람이 자신의 승용차 운전기사라고 한다. 현재의 스마트폰과는 달리 가정용 다기능 인공지능 로봇은 주인의 말투와 먹는 식단, 심지어는 심리상태까지 포함되는 모든 생활습관을 수집하여 본사로 보낸다, 낮말은 새가 듣고 밤 말은 쥐가 듣고 벽장에도 귀가 있는 것이 아니라, 앨렉사와 에코가 당신의 모든 것을 듣고 있다는 뜻이다.

4차 산업이 무엇이냐는 질문에는 답을 제법 할 줄 알아도 2차 산업혁명이 무엇이냐는 질문에 대해서는 답하지 못하는 분들이 많다. 2차 산업혁명을 제대로 이해하지 못하면 4차 산업혁명이 어떤 미래를 의미하는가를 제대로 간파해내지 못할 수도 있다.

4차 산업혁명의 움직임의 배경에는 과거의 2차 산업혁명에 의해 발생한 과잉생산으로 인한 경제체제의 붕괴를 막기 위해 소비성향을 촉진시킨 것과 유사한 요인이 분명히 존재한다. 2차 산업혁명 과정 당시에도 많은 실업자가 존재했었고, 노동자들의 임금은 낮고 그들의 자산은 부족하였음에도 불구하고 군중의 집단 심리를 꿰뚫어 본 에드워드 버네이스[7](1891~1995)가 '필요에 따른 구매'의 원칙을 따르던 대중들이 '소유욕에 따른 구매'를 하도록 유도함으로서 좋게 말하면 내수를 활성화시켰지만 대중들을 빚더미에 앉게 만들었다. 물론 조건 없이 일반인들에게 마구 대출을 해준 은행들도 버네이스의 정책을 십분 거들어준 셈이다. 직접 관련시키긴 어렵지만 세계대공황의 발생과 2차 세계대전의 발발은 2차 산업혁명과 연관성이 있다.

4차 산업혁명의 동력이 2차 산업혁명에 비해 추가적으로 갖춘 잠재적 능력은 단순히 군중의 심리를 파악하는 정도가 아닌 각 개인 한명 한명의 심리를 파악하고 있다는 점과, 단순히 PR(선전, public relations)을 통한 충족 욕구의 자극이 아닌 끊임없는 설득을 통해 욕구분출을 유도해 낼 수 있는 능력이다. 게다가 기본적으로는, 당시나 지금이나 일반인들은 왜 자신들이 그러한 흐름에 따라야 하는지를 모르고 있다는 공통점을 가지고 있다. 이것이 바로 무관심한 관심일 것이다.

설득의 기술

미래에는 실업률의 정의定義가 달라진다. 자발적으로 일을 하지 않고 그냥 국가의 복지기금으로 살아가겠다는 사람은 실업인구에서 제외될 것이다. 그리고 자국自國의 인구가 부족해질 것 같으면 인공수정 및 인간복제를 통해 인구수를 늘리면 된다. 누구의 자식인지는 국가의 정보기관만이 알고 있게 될 것이며, 가족 간의 끈마저 끊어 놓을 수 있는 '피보다 이념이 진하다'는 공산주의독재 세뇌교육의 실효성이 충분히 증명되어있는 만큼 세뇌를 통해 복제로 태어난 인간들을 노예화시키는 것은 식은 죽 먹기일 것이다.

남아도는 인간들을 없앨 수도 없고 그냥 제멋대로 놔두자니 질서와 원칙을 거스르는 등 파생되는 문제가 너무 많다. 필요악이 아니라, 그냥 놔두기엔 부담스럽고 거추장스러운 존재가 되어간다. 자발적으로 체제에 협조하지 않고 저항하거나 협조를 거부하는 세력들은 안보상의 큰 문젯거리가 된다. 미래의 세상에서는 자본가들, 계획을 추진하는 엘리트들, 기계를 관리할 엔지니어들 그리고 산과 섬 그리고 지하로 숨어들어갈 저항세력을 색출하고 질서를 유지하는 군사전문가들과 이들의 가족들 외에는 세상에 존재할 가치가 없다. 나머지는 반혁명적 타도의 대상이다.

흥미로운 사실은 현재까지의 정치적 혁명이건 문화와 산업혁명이건 유명한 혁명의 주체는 항상 자본가와 부르주아계층의 합작품이었다는 것이다. 그러나 4차 산업혁명은 예전의 혁명들과는 다르다. 자본가에 의한 단독혁명이기 때문이다. 혁명의 단골손님이자 앞잡이였던 부르주아계층도 이번에는 제거대상이다. 이 말이 이해가 안 간다면, 부의 집중도가 1%에게 편중되었다는 것이 무슨 의미인지 생각해보면 될 것이다.

제4차 산업혁명에는 인공지능의 역할도 중요하지만 생명공학biotechnology의 비중도 만만치 않다. 그중에서도 유전자 및 세포복제, 클로닝 기술이 핵심적이다. 복제複製, 곧 클로닝cloning기술이라는 것은 미수정란의 핵을 체세포의 핵으로 바꿔 놓아 유전적으로 똑같은 생물을 얻는 기술로, 인공적인 방법으로 부모와 유전적으로 똑같은 아이를 만드는 것을 말한다.

이쯤에서 질문 몇 가지를 늘어놓아 보자.

Q. 인간 유전자의 특허 등록이 가능할까? 아닐까?
A. 실질적으로 미국 법률상 금지되어있으나 명목상 특허를 내는 것이 가능하다. BRCA1 와 BRCA2 유전자 검사 기법이라는 것에 미국에서 특허 등록되어있다.

Q. 386세대들은 대학교 때에 해외전문서적의 불법 복사로 생존해 왔다. 그렇다면, 요즘은 불법 복제가 불가능한가?

A. 현재까지 아직까지는 인간복제로 태어난 사람은 없다. 2008년도에 연구자들은 체세포 핵 치환을 통해 처음으로 다섯 명의 배아胚芽를 생성하는데 성공하였으나 이후로 국제 협약을 통해 인간복제 연구는 공식적으로 중단된 것으로 되어 있다.

Q. 북한은 인간 복제를 해도 될까 안 될까? 또는 할 수 있을까? 못할까?
A. 북한은 많은 해커부대를 양성해 놓았으므로, 불법 기술 획득이 쉽고, 국제 규약에 개의치 않기 때문에 핵실험이 완료되면 아마도 인간복제 기술을 개발할 것으로 예상된다.

이제는 종교에서 말하는 부활復活도 흉내 낼 수 있게 된다. 인공적으로 부활한 본인은 본인이 아니기에 기억하지 못하겠지만, 철저히 관리하고 교육시켜 고인故人과 똑같이 말하고 행동하게 만들 경우, 사람들은 죽었던 자가 부활했다고 믿을 수도 있다.

요즘 나오는 광고문이다.

사랑하던 반려견을 잃고 나서 많이 슬프셨죠?
미리 귀댁 애완견의 유전자를 등록해 두시면, 다시 살려 보내드릴 수 있습니다.

로봇과 사람을 합친 하이브리드Hybrid[8]는 가능하다. 이쪽은 당분간 수요와 공급이 많을 듯하다. 종교, 윤리적으로 큰 문제가 없을 수도 있으므로 국제 경쟁이 심화될 분야이다.

그런데, 얼마만큼을 사람이라 부르고, 얼마만큼을 로봇이라 부를 수 있을까? 말인즉, 몸의 70%가 기계라면 사람인가 기계인가? 심장이 기계이면 사람인가 로봇인가? 물론 일반인들이나 과학자들도 본인의 뇌만 살아있다면 사람이라고 보려고 할 것이다. 몸 망가진 곳이 많을수록 점점 더 기계로 대체된다. 이쯤 되면, 인간에게 기계를 맞추어야 할지, 기계에 인간을 맞추어야 할지? 어떻게 해야 할지 의문이 생긴다. 인간의 행동에 맞춘 디자인과 기계가 출시되는 것이 아니라, 이미 인간의 행동을 기계가 바꾸는 일이 시작되었다. 즉, 출시된 기계에 맞추어 인간의 행동양식이 변화된다는 것이다. 올림픽 육상 경기에서 신체보다 몸에 붙인 장비가 먼저 결승선을 통과한다면 기록이 인정될까?

옛날에 군대에 가면, 보급품이 항상 모자랐기에 줄을 늦게 서면 자기 발에 안 맞는 군화를 지급받는 경우가 다반사였다. 그래서 군화를 받아들고는, "보급관님, 신발이 안 맞아요!!"라고 하면, 보급관님이 이렇게 대답하셨다. "네 발을 신발에 맞춰라."

사람에 기계를 맞추는 것이 아니라, 이제는, 기계에 맞게 사람이 변해가는 과정을 겪고 있다. 이것이 바로 설득기술Persuasive Technology, PT과 컴퓨터를 이용한 설득 기술CAPTology이 추구하는 과정인 것이다.

이벤트에 참가하면 포인트를 많이 준다더라.
앱만 깔면 스티커 세트가 무료라더라.
가입만 해도 혜택이 많다더라.

진짜로 포인트를 쓸 일이 그리 많은 것인지, 무료로 스티커 받으려고 불필요한 앱을 깔아야 하는 것인지, 주는 혜택들이 자신에게 필요한 것인지? 물어보고 싶다.

강매가 설득력을 지니면 마케팅이 된다.
강요가 설득력을 가지면 권유가 된다.
상대방의 기호(약점)를 알면 설득이 쉬워진다.

소위, '설득기술'에 대해 알아보자.

설득기술은 상당히 중요한 분야로 인정받는 추세이며, 제품 개발, 생산에 적용됨은 물론, 각종 비즈니스, 마케팅 및 법률, 경제, 사회, 심리분야 등 적용되지 않는 분야를 찾아보기 힘들 정도이다.

이러한 설득기술 옹호론자들의 주장에 의하면 설득기술이란 '강압이나 속임수가 아닌 설득과 사회적 영향력을 통해 사용자의 태도나 행동을 변화시키는 기술'이라는 것이다.

그런데 설득기술에 컴퓨터, 즉 빅데이터의 능력이 합쳐지면, 막강한 영향력을 발휘하게 된다. 가령 스마트폰 등으로 구글에 접속된 상태에서 유튜브 동영상 등을 보고 있노라면, 사용자가 자주 찾는 검색어를 빅데이터가 파악하여 사용자의 취향을 알아내어 사용자가 보고 싶어 할 것 같은 유튜브 영상들을 미리 알아서 올려준다. 기기를 켜는 순간, 깜짝 놀라는 분들도 계실 것이다. 그래서 스마트폰으로 야동 같은 것을 자주 보면 안 된다. 구글이 어느 아이피의 어느 회원이 야동을 참 좋아하는 분이라고 생각하여 취향에 따른 영상물 목록을 핸드폰에 올려준다. 수많은 사람들과 개인에 대

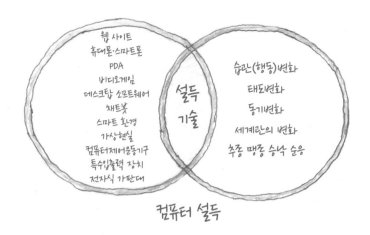

웹 사이트
휴대폰·스마트폰
PDA
비디오게임
데스크탑 소프트웨어
채트봇
스마트 환경
가상현실
컴퓨터제어운동기구
특수입출력 장치
전자식 가판대

설득
기술

습관(행동)변화
태도변화
동기변화
세계관의 변화
추종 맹종 승낙 순응

컴퓨터 설득

컴퓨터에 의한 설득기술, 캡톨로지(Captology)의 개념도이다. 인공지능 컴퓨터의 설득기술을 통하여 인간의 습관 및 행동, 태도, 세계관, 순응도를 바꿀 수 있다. Captology=Computers As Persuasive Technologies(CaPT+ology)

한 데이터가 취합되어 빅데이터를 이루고, 이 자료를 바탕으로 인간의 심리와 행동을 파악하여 인공지능 컴퓨터가 인간의 생활습관을 서서히 바뀌게 만드는 것을 설득기술이라고 한다. 그리고 설득기술에 컴퓨터가 중간에서 개입되는 것을 캡톨로지라고 한다. 생소한 단어지만 향후 자주 접하시게 될 것이다.

그렇지 않아도 난해한 설득기술 및 컴퓨터에 의한 설득기술을 공부하고 나면, 더 골치 아픈 개념이 하나 더 등장한다. 아직 정립되지는 않았지만 현재 선진국에서 가장 선망의 대상인 전문 분야이다. IEOR(Industrial Engineering Operation Research), ORME(Operation Research Management Engineering) 혹은 MSOR(Management Science Operation Research) 등으로 그 용어가 매우 헷갈리는데, 아직 정립이 안 된 학문이라서 그렇다. 우리말로는 세 가지 모두가 똑같은 '산업 및 시스템 공학'을 가리킨다. 통상 IEOR이라는 약어를 가장 많이 사용한다. 최근 선진국들에서 대학원 과정으로 도입된 새로운 학과라고 생각하면 이해가 쉬울 것이며, 특이하게도 수학자들 및 인도의 IT기술자들에 의해 주도되고 있다. 엔지니어링 기법을 공학뿐만 아니라, 정치, 경제, 심리학에까지 접목을 시킨 기술이다. 이 기술은 빅데이터를 해석하는데 있어서 필수적인 기술이다. 아무리 빅데이터의 자료가 많다 하더라도, 마치 '구슬이 서 말이라도 꿰어야 보배'라는 속담처럼, 이들 자료를 타당성과 신뢰도가 적절하게 객관적으로 맞추어 예상되는 데이터를 표출해내서 정확한 예측치를 산출해 내야하기 때문이다.

선형회귀線型回歸, linear regression[9] 등의 수학을 공부해야 하기 때문에, 이 분야를 전공하기 위해서는 적어도 2년 이상의 수학과 전공경력을 필요로 한다.

통계학에서, 선형 회귀는 종속 변수 y와 한 개 이상의 독립 변수(또는 설명 변수) X와의 선형 상관관계를 모델링하는 회귀분석 기법이다. 한 개의 설명 변수에 기반을 둔 경우에는 단순 선형 회귀, 둘이상의 설명 변수에 기반을 둔 경우에는 다중 선형 회귀라고 한다.

선형 회귀는 선형 예측 함수를 사용해 회귀식을 모델링하며, 알려지지 않은 파라미터는 데이터로부터 추정한다. 이렇게 만들어진 회귀식을 선형 모델이라고 한다. 주어진 자료를 가지고 미래를 예측하는 데 사용된다.

우리의 바로 주변에도 인간의 행동을 바꾸는 잘잘한 설득 기계들이 존재한다. 쉬운 예로는 헬스장에서 볼 수 있는 고가의 운동기

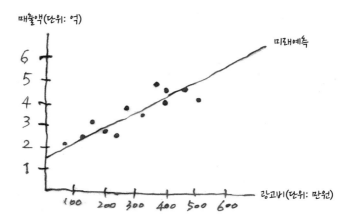

선형회귀 그래프(Linear Regression graph). 이 도표에서는 x 축의
광고비 대 y 축의 판매량을 보여주고 있으며 미래에 대한 예측을 할
수 있도록 도와준다.

구를 들 수 있다. 우리는 기계가 보여주는 수치에 맞추어 운동을 하
게 된다. 기계가 요구하는 수준에 도달하면 우리는 만족을 느끼고
기계는 빛이나 소리로 축하해준다. 이게 바로 기계에 의해 우리의
행동이 변화된 것을 의미한다.

컴퓨터 및 스마트폰 게임도 마찬가지이다. 게임에 몰두하게 되는
이유는 일정치의 점수에 도달하거나 레벨 업 혹은 득템의 만족감을
주기 때문이다. 게임에 의해 우리의 행동과 기분 등이 변화되는 것
이다.

그런 기계들의 간단한 예를 살펴보자.

컴퓨터 제어 운동기구의 경우 웬만한 헬스클럽이라면 다 갖추고
있을 정도로 보편화되었다. 폐활량, 심박수와 근력 등을 측정하는

의료 진단용 기구인 운동부하검사Threadmill Test장비가 컴퓨터 제어 운동기구의 원형이라고도 볼 수 있다. 개인 정보 단말기PDA는 터치 스크린에 직접 정보를 입력하는 한 손에 들어올 만큼 작고 가벼운 컴퓨터였는데 현재는 PDA와 휴대전화의 기능을 합친 스마트폰이 대중화됨에 따라 벌써 사장된 제품이 되었다.

　　이 외에도 우리가 자주 접하고 있으면서도 개념을 잘 이해하지 못하고 있는 것들이 있는데, 채터봇, 스마트환경, 이동식 어플리케이션, 3D와 키오스크 등 다양한 인간-컴퓨터간 상호작용을 해주는 기계들이다. 채터봇Chatterbot은 음성이나 문자를 통한 인간과의 대화를 시뮬레이션(모의실현)할 목적으로 설계된 컴퓨터 프로그램이다. 토크봇, 챗봇, 채터박스라고도 한다. 자연 언어 처리와는 달리, 대부분의 채터봇은 마치 자동응답 장치처럼 입력받은 말에서 특정 단어나 어구를 검출하여 미리 준비된 응답을 출력하는 방식으로 동작한다. 채터봇의 운영원리는 빅데이터에 바탕을 두고 있다. 스마트 환경smart environments이란 어디서나 어떤 기기로든 자유롭게 통신망에 접속하여 갖가지 자료들을 주고받을 수 있는 언제 어디서나의 환경을 조성해주는 유비쿼터스ubiquitous 컴퓨팅에서 진화된 형태로, 센서, 작동장치, 디스플레이장치, 컴퓨터를 사용한 장치 등이 눈에 띄지 않으면서도 서로 조화를 이루면서 끊이지 않는 네트워크 환경을 제공함으로써 우리의 하루하루의 일을 도와주는 장치를 말한다. 이동식 앱Mobile application이라는 것도 있는데, 데스크 탑 컴퓨터에서 운영되던 프로그램을 이제는 자그마한 휴대용 스마트폰 등에서 작동시키기 위해서는 일정한 어플리케이션들을 저장하여 가동시켜야 하는데, 데스크 탑에서는 이러한 프로그램을 소프트웨어라고 부른 것에 반해 휴대용 이동장비에서는 이동식 앱이라고 하며 줄여서 앱apps이라 부른다. 데스크 탑에 비해 달라진 모바일 작업환경platforms, 훨씬 간결해진 접촉식 접속체계touch interface이지만 어플리케이션의 공해가 만만치 않다. 요즘은 어느 정도 자신의 컴퓨터를 관리할 줄 아는 사람들이 늘어나고 있는 반면, 아직까지 스마트폰은 '지가 알아서 움직이도록' 맡겨놓고 계실 것이다. 아닌가? 손 안에 있어야 할 핸드폰이 내 손밖으로 벗어났다고나 할까?

최근의 추세를 보면 입체 3D 프린터의 등장에 이어, 냄새 프린터가 개발, 사용되고 있는데, 그 원리는 마치 컬러프린터가 3원색을 바탕으로 수십만 개의 다른 색을 표현할 수 있듯, 기초적인 3원향三原香을 응용하여 수백 가지의 향을 낼 수 있는 후각자극기(냄새프린터)도 있다. 이것이 상용화된다면 영화관에서. 전쟁영화에서는 진동하는 화약 냄새가, 자연경관을 보여주는 영화에서는 꽃향내가 화면과 함께 어우러지는 영화관도 등장할 것이다. 이것은 모두 물이 뿌려지거나 안개가 끼고 객석이 움직이는 4D(four- dimensional)필름에 해당된다. 키오스크kiosk는 간단한 서비스를 제공하는 길거리의 조그만 점포역할을 하는 컴퓨터 단말기를 가리킨다. 우리가 자주 접하는 자동판매기나 현금자동인출기보다는 조금 작고 제한된 기능을 한다고 보면 된다. 디지털 안내판 역할로부터 시작하여 주변지역의 지도를 보여주기도 하고 광고도 함께 하며 주차티켓이나 입장권 등을 내어주는 역할도 한다. 간단한 ATM 업무도 볼 수 있다. 키오스크의 어원은 일부 면이나 전면이 개방된 작고 독립된 정원용 임시 가설건물인 파빌리언을 말하며 길거리 점포를 연상하시면 이해가 쉽다. 대화형interactive 칠판이라 하여 대형 터치스크린 컴퓨터화면처럼 사

실제로 개발되고 있는 냄새(향기)프린터. 각종 향을 담은 카트리지와
다이얼식 조종 장치가 보인다.

용할 수 있는 칠판이 화이트보드나 빔 프로젝터를 대신하게 되었다.

디지털 장비들의 긍정적인 측면들도 많다. 장애인들을 위한 장
치들도 속속 개발되어 보조 보행장치는 이미 일상화 되어 있다. 원
래는 과중량의 장비를 지니고 다녀야 할 군인들을 위해 개발되었다
가 다리 근육이나 뼈가 약해진 사람들의 걸음을 도와주기 위해 개
조되었다. 점자點字로 된 키보드Braille Keyboard라든지 장애인들을
위한 점자 프린터도 등장하였다.

편해진 만큼 복잡해진 것은 사실이다. 아이들은 조기적응early
adaptation이 된다하더라도 새로운 것들에 대한 문제해결 능력이 점
진적으로 떨어져 가는 노인층들이 문제이다.

잠시 문화의 변천사의 한 단면을 살펴보겠다.

"Do you have the Time?"이라는 영어표현이 있다. 이걸 보고 "시
간 좀 있으세요?"인줄 알고, 시간을 물어본 사람을 졸졸 따라간 사

람도 있다고들 하던데, "What time is it now? 지금 몇 시쯤 되었습니까?"와 같은 말이다. 그렇다면 차라리 "Do you have a watch? 시계 있으세요?"라고 물으면 왜 안 될까? 이렇게 물으면, 강도가 "당신 돈 있어?"라고 묻는 것과 비슷해서 시계가 탐나서인 줄 착각하고 무서워서 도망갈 것이다. 그래서 Do you have the Time?이 되었다. 빅벤이라는 엄청나게 큰 시계를 공공장소에 설치해 놓고 다들 우러러 함께 쳐다보던 전통에서, 회중시계와 손목시계가 발명되면서, 빅벤이 없는 곳에서도 시간을 알 수 있게 되었다. 하지만 요즘 사람들은 시계조차도 차지 않는다. 길에서 만난 사람이, "지금 몇 시쯤 되었어요?" 하고 물어보면, 간첩 쳐다보듯 좀 이상하다고 생각한다. 왜냐하면 시계는 물론, 휴대폰도 없는 사람이기 때문이다. 요즘은, "Do you have the Time?"이라는 질문을 하지 않는다. 대신, "Do you have the App? 앱 깔려 있어요?"라는 질문은 생겨날 만하다. 즉, 내 스마트폰에는 없지만, 혹시 당신 스마트폰에 내가 원하는 앱이 깔려있는지 봐 주시렵니까? 혹은 보내 주시렵니까? 로 변했다는 것이다. 변화에 적응해야 할 것 같다.

앞으로 4차 산업혁명 이후에는 모르면 도태된다. 아니면 거꾸로 기계에 순응해서 인간의 사고방식이 더욱 더 단순화되든지 해야만 한다. 이게 기계에 대한 순응이다.

한국인들의 행동을 가장 많이 변화시킨 전자기기는 다름 아닌 CCTV(closed-circuit television)이다. 사고예방, 범죄예방이나 범죄경로를 찾는 것에만 도움이 되는 것이 아니라, 이상한 장면이 찍힐지 몰라 걱정하는 사람들에게는 확실하게 그들의 행동의 변화를 유발시켰다. 마치 종이 울리면 밥을 주는 줄 알고 침을 흘리는 파블로프의 개처럼 거의 조건반사 수준의 순응을 보이게끔 만들었다. 백화점 매장 마감시간에 점원들이 전시장의 물건을 치우지 않고 그냥 퇴근할 수 있게 된 것도 CCTV 덕분이다.

자동화 시스템에 의해 경비인력 등이 줄면서 사용자측은 인건비를 상당히 줄일 수 있었다. 그러나 간과한 것이 하나 있다. 과연 동물들도 CCTV를 의식하느냐는 것이다. 사설 목장뿐만 아니라 국가에서 운영하는 기관에서 키우던 말들까지 밤늦은 시간, 차들이 다니는 도로로 뛰쳐나와 대형 교통사고를 낼 뻔했다. 동물인 말들은 CCTV가 자신을 고스란히 감시중인 걸 몰랐던 모양이다. 말이 카메라 무서워 못 뛰쳐나올까?

탐나는 제품 그 자체보다는, 소비자의 구매력을 올릴 수 있게끔 하는 세계 최고의 발명품은, 의외로 외상제도와 할부제도이다. 앞으로 종교단체들의 전도방법도 크게 개선된다. 굳이 전도되고 싶지 않은 사람을 몇 달씩 괴롭힐 필요 없이, 의미 있는 말 몇 마디만 던져주면 감격하고 종교를 받아들일만한 성격을 지닌 사람을 미리 빅데이터로 추출해서 찾아가면 된다.

다시 설득과 중독이야기로 돌아가 보자. 가상현실Virtual Reality처럼 중독성 강한 것은 없다. 진짜보다 더 중독성이 강한 이유는, 회피하고 싶은 것은 피하고 원하는 것만을 고를 수 있는 특수한 환경이므로 한번 빠져들면 도저히 현실사회로 돌아오고 싶지 않게 된다.

프랑스의 성인용 에로영화인 〈엠마뉴엘 부인 7〉이라는 작품이 있다. 당시로서는 상당히 앞선 과학적 선견지명마저 보여준 이 작품은 〈2001년 스페이스 오디세이〉라는 기념비적 공상과학 작품의 예지력叡智力을 능가하는 작품이다. 이 영화의 주제로 등장하는 기술이 바로 가상현실을 최대한 현실과 가깝게, 아니 현실보다 더 실감나게 하기 위해 컴퓨터를 동원한 시각, 청각, 후각, 촉각 등의 오감 및 심지어는 뇌파까지 조절할 수 있는 입출력 시스템을 동원한 종합 가상현실 장비인데, 당시는 막 인터넷이 상용화되는 시점이었고 퍼스널 컴퓨터도 겨우 보급의 시작단계였기에, 표현의 한계가 존재했었음에도 가상현실을 매우 실감나게 그려내고 있다. 만약 이런 기술이 요즘의 수퍼 컴퓨터급의 개인용 컴퓨터 및 인터넷과 연동連動된다면 그것이 만들어내는 가상현실의 중독성은 실로 어마 어마할 것임에 틀림없다.

가상현실을 경험하기 위한 헬멧에는 이어폰과 입체 화면이 장착된 고글이 탑재되어 있으며 눈동자의 움직임을 따라 화면이 조절된다. 장갑에는 입력과 출력을 위한 센서가 손에 달려있어서 눈앞의 화면과 함께 작동된다. 물건을 집거나 만지고 또 촉감을 느낄 수 있도록 촉각장치가 탑재된 장비를 촉감슈트haptic suit라고도 부른다. 가상세상에서 살아갈 수 있게 해줄 것이다. 방열피복放熱被覆, Heat Sink이라 하여 원래는 우주선 승무원들의 우주복이 열을 흡수하거나 방어해 내기위한 옷으로 개발되었으나, 부피가 크고 불편한 옷이라 활동이 어려울 것에 대비하여 아예 우주복의 내부에 각종 센서와 작동장치를 부착하기 시작한데서 기원했다고 볼 수 있다. 집에 있는 자신의 개인 방이 쭈그러들어 자기 방 전체를 큰 옷처럼 만들어 입고 다닐 수 있게한 것이라고 상상하면 쉽다. 저 앞에 있던 컴퓨터 모니터가 내 얼굴 앞으로, 스피커와 전화기가 내 귓가로, 전등 스위치가 내 오른쪽 손가락 바로 아래로, 보일러 스위치랑 에어컨 스

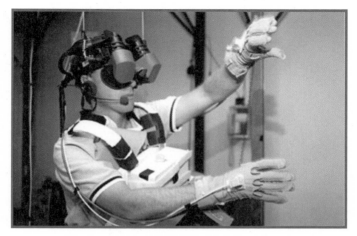

단순한 마우스와 키보드, 화면, 스피커로 이루어진 시스템이 아닌 다양한 센서와 입출력 장치를 사용한 3D 가상현실 장치를 착용하고 컴퓨터를 다루고 있는 모습. 이러한 장비들은 더욱 소형화되어 결국에는 잠수복이나 옷처럼 뒤집어쓰는 모습으로 바뀌게 될 것이다.

위치는 왼손아래에, 변기는 내 엉덩이에 붙어있고 가슴에는 냉장고가 입에는 빨대가 물려있는 그런 이상한 상태를 상상해 보면 이해가 될 것이다.

인간의 치부를 드러내기는 싫지만, 가장 많이 올라오는 검색어에서 볼 수 있듯이 성性적인 것이 모든 과학과 문화를 이끌어왔다. 가장 오래된 인류의 직업이 매춘이라는 것만 보아도 인간은 매번 벌어지는 기술혁명의 여명기에는 성적인 호기심을 보이게 마련이다. '인류의 발달과 음란물의 역사'라는 소제목으로 간략한 파악을 해보자.

예로부터 새로운 표출 수단이 발명되면 무엇이든 성적인 표현에 가장 먼저 적용되어온 것 같다. 인류는 그림을 그리고 조각을 하고 글을 쓸 줄 알게 되면서부터 성을 표현하였고 일부는 가히 예술적인 수준까지 발달하였다.

정교한 대형 조각품이나 유화작품들은 값이 무척 비싸 웬만한 부자가 아니라면 자신의 저택에 설치하지 못하였다. 주인은 가고 없지만 로마시대의 화려함을 지금도 뽐내고 있는 폼페이의 외설적 장식물들도 그런 예의 하나이다. 하지만 유교적 문화를 중시하는 우리의 조선왕조시대에는 나체 조각이나 그림을 예술품으로 여기지는 않았다. 여러분이 쉽게 생각하셔도 웃통을 벗은 비너스 상이라든지 전라의 다윗 상이 최고의 걸작으로 여겨지는 서구문화에 비해 상대적으로 우리의 문화재 중에는 유사한 작품이 없다는 것만 봐도 문화의 차이를 금방 느낄 것이다. 물론 토속 신앙과 민간에서는 남근석男根石 등 성적 상징을 사용해온 흔적이 제법 많이 남아 있다.

서양의 귀족 등 부잣집에서는 엄격한 기독교의 교리에도 불구하고 예술작품이라는 미명하에 인체의 누드화를 보유하고 있다. 유명하고 귀한 작품이 많이 있지만, 특별한 사연이 있는 마하Maja라는 여성의 전신 인물화를 들여다보도록 하자.

마하가 왜 옷을 입게 되었는지는 잘 알려져 있지 않다. 나체화가 신성 모독이라 하여 옷을 입혀 다시 그렸다고 하는데, 개인이 소장하였던 이 두 그림은 외부로 공개된 적이 없었으며 실제 신성모독 판결이 내려진 것은 옷 입은 그림이 그려진 지 약 10년 이후인 1813년이었기 때문이다.

조각, 그림을 이어 사진이라는 획기적인 발견이 이루어지자, 여성의 나신裸身은 사진작가들의 단골작품 대상이 되었으며 활동사진의 등장은 그야말로 충격적인 사건이 되어버렸다. 활동사진을 한자

위는 프란시스코 고야의 옷 벗은 마하, 1800년경.
아래는 프란시스코 고야의 옷 입은 마하, 1803년경.

로 표현하면 말 그대로 동영상이다.

　1950년대에 보편화된 칼라사진도 혁명이었다. 성적인 것을 현실과 가깝게 표현하면 할수록 사람들의 설렘은 더욱 더 커졌는데, 그 후 칼라활동사진이 가능해지더니, 필름 없이도 볼 수 있는 흑백텔레비전이라는 것이 대중화되며, 이윽고 칼라TV가 나왔을 때는 그것으로 무엇을 감상할 수 있을까 하는 기대감이 자못 컸을 것이다. 하지만 텔레비전 방송은 이들의 성적 호기심을 충분히 충족시켜 주지 못했다. 왜냐하면 텔레비전 방송은 일정한 방송규정과 방송윤리를 지켜야 했기 때문이었다. 그런 상황에서 비디오 재생기의 보급은 그야말로 대중 음란물 시대의 여명기를 맞이하는 순간이었다. 서양이건 동양이건 멋들어진 음화淫畵나 조각을 소유하려면 어느 정도의 지위나 재산이 있어야 했다. 비디오 재생기는 구텐베르크의 활판活版인쇄술로 인한 서적출판의 문화 혁명기를 연상시킬 정도로 센세이션을 일으켰다. 이어서 컴퓨터가 등장하였고, 처음엔 문자가 위주가 된 흑백모니터의 사용이 당연시 되었으나, 컬러모니터를 갖추게 되자 컴퓨터를 통한 영상감상이 대유행하게 되었고, 감질 나는 저용량의 디스켓을 대용할 컴팩디스크가 등장하자 이제 컴퓨터도 본격적인 음란물 감상기가 되어 비디오재생기(VTR 혹은 VCR)를 대체하게 된다.

인터넷도 처음엔 문자자료 위주의 통신이었으나 현재는 통신 속도의 증가와 컴퓨터 용량 대형화로 이전에는 화질과 전송속도 모두 떨어지던 동영상을 더욱 선명하고 빠르게 볼 수 있게 되어 그림뿐 아니라 생생한 현장 음이 깔린 동영상까지 실시간으로 전달받을 수 있다. 비디오테이프나 CD처럼 길거리의 가게를 돌며 사거나 빌리러 다니는 불편 없이 모니터 앞에서 업로드와 다운로드로 혹은 실시간으로 만족감을 맛볼 수 있게 되었다. 점 점 더 현실에 가까운 입체영상이 등장하고 있으며, 아직까지 대중화되지 않았지만, 더 나아가서는 인체의 시각, 청각에 이어 후각과 촉각까지 전달해주는 보조적 입출력 장치가 곧 각 가정으로 보급될 것이고, 말로만 듣던 진짜 '가상현실 행위'를 경험하게 될 것이다. 그냥 컴퓨터를 보고 듣는 것이 아니라 마치 실제의 대상처럼 몰입되어 컴퓨터와 행동을 함께 하게 된다는 뜻이다. 옛날의 부모님들 말처럼, "너 그렇게 가까이서 보다가 텔레비전 안에 들어갈래?"라던 말이 실현되어 앞으로의 세상에서는 사람이 텔레비전을 껴안은 채로 함께 뒹굴고 있게 될 것이다.

빌 게이츠가 DOS 출시 초기에 퍼스널 컴퓨터의 메모리인 램의 용량은 1Mb 보다 적은 640Kb면 충분하다고 말했다는 소문이 있었는데, 요즘의 스마트폰 메모리만 하더라도 640Kb 의 몇 배인지를 상상해 보면 컴퓨터의 양적 성장이 가히 기하급수적으로 이루어진 것을 느낄 것이다. 개발될 당시의 퍼스널 컴퓨터의 용도와 현재의 컴퓨터 및 유사한 기기의 용도가 초기의 목적과는 전혀 다르게 진화되어 왔다는 것을 의미한다.

1 베타β제품

소프트웨어 생명 주기Software Release Life Cycle는 컴퓨터 소프트웨어의 개발 단계의 총체로서, 초기 개발 단계부터 마지막 출시를 모두 아우른다. 여기에는 소프트웨어 개선에 도움이 되는 업데이트 버전과 소프트웨어에 내재된 버그 수정과정을 포함한다. 프리 알파Pre-Alpha는 테스트 이전의 소프트웨어 프로젝트 기간 동안 수행되는 모든 활동을 가리킨다. 이 활동에는 요구사항 분석, 소프트웨어 설계, 소프트웨어 개발, 유닛 테스트를 포함할 수 있다. 일반적인 오픈 소스 개발 환경에서는 프리 알파 버전에 몇 가지 종류가 있다. 알파Alpha는 소프트웨어 생명 주기의 한 단계로, 소프트웨어 테스트를 시작하는 첫 단계이기도 하다. 알파 소프트웨어는 불안정할 수 있고 충돌이나 데이터 손실을 일으킬 수 있다. 베타Beta는 알파의 뒤를 잇는 소프트웨어 개발 단계이다. 소프트웨어가 기능을 완성할 때 일반적으로 이 단계가 시작된다. 베타 단계의 소프트웨어는 일반적으로 속도/성능 문제와 더불어 온전히 완성된 소프트웨어보다 더 많은 버그가 존재한다. 베타 버전은 많은 유저에게 주로 무료로 시험 사용을 해보도록 하여 사용성이나 디자인 및 성능 등에 관한 피드백을 통해 궁극적인 소프트웨어의 개발에 반영하여 정식 버전을 보다 좋게 완성하는 것을 목적으로 하고 있다. 대개의 경우 무료라고 하는 특성을 이용하여, 고객 확보나 마케팅의 수단으로서 이용하는 경우도 많다.

2 테크노피아(technopia)

Techno(기술)+Utopia(천국)이라 하여 '기술에 의해 창조된 천국'이라는 의미가 되지만, 용어가 문법적으로 문제가 있다고 알려져 있다. Utopia 를 쪼개보면, ou(non)+top(land)+ia(접미어)가 되므로, technopia가 아니라 technotopia라고 사용해야 맞다.

3 조지 웰스 H. G. Wells

허버트 조지 웰스Herbert George Wells(1866~1946)는 과학 소설로 유명한 영국의 소설가이자 문명 비평가이다. 또한 역사, 정치, 사회에 대한 여러 장르에도 다양한 작품을 남겼다. 쥘 베른, 휴고 건스백과 함께 '과학 소설의 아버지'로 불린다. 《타임머신》,《투명인간》 등 과학 소설 100여 편을 썼다. 집안이 가난하여 독학으로 대학을 졸업하였다. 초기에는 생물학을 공부하였고 다윈주의적인 맥락에서 인종문제를 고찰하였으나 그의 후기 작품은 점차 정치적이면서 설교적인 색채를 띠었다. 후기에는 과학소설을 거의 집필하지 않았다. 몇몇 작품들은 중산층의 삶을 묘사하였는데, 이를 통해 웰스는 찰스 디킨스를 잇는 훌륭한 계승자라고 칭송받게 되었다. 차차 사회를 개선하기 위한 의견을 제시하였으며, 국경이 없는 세계 국가를 만들어 민족 간의 싸움을 없애자고 하였다. 1905년 〈근대 유토피아〉 이래 문명 비평에 관심을 가져 '페이비언 협회'에 가입하였다. 저서로 《세계 문화사 대계》,《생명의 과학》 등이 있다.

4 농민공 農民工

중국에서 농촌을 떠나 도시로 진출하여 건축, 운수 및 잡일에 등에 종사하는 노동자를 말하며, 농민공農民工 또는 민공民工이라 한다. 이들은 중국에서 농촌을 떠나 도시에서 일하는 하급 이주 노동자들로 중국의 개혁개방 정책 실시 후에 낙후한 농촌을 떠나 도시화된 해안의 발전된 지역으로 일자리를 찾아 이주를 한 사람들이다. 이들은 중국의 산업발전을 위해 필요한 노동력을 제공하는 계층이다. 현재 중국은 사상 최대의 이농현상을 경험하고 있으며, 미국 인구의 2/3에 해당하는 2억 3천 만 명의 중국인들이 최근에 시골에 있는 고향을 떠나서 도시로 몰려들었으며 매년 늘어나고 있다.

5 그래픽 사용자 인터페이스GUI

GUI(graphical user interface)는 컴퓨터를 사용하면서, 그림으로 된 화면 위의 물체나 틀, 색상과 같은 그래픽 요소들을 어떠한 기능과 용도를 나타내기 위해 고안된 사용자를 위한 컴퓨터 인터페이스이다. 그래픽 사용자 인터페이스에서 어떤 요소를 제어하려면 그 요소에 해당하는 그래픽을 직접 조작하여야 한다. 일반적으로 2차원이나 3차원의 가상공간에서 그 기능을 은유적 혹은 대표적으로 나타내는 그래픽으로 요소를 꾸미고 이를 선택, 이동, 복사하여 작동한다. 어떤 파일을 나타내는 아이콘을 어느 위치에서 다른 하드 디스크의 장소를 나타내는 공간으로 이동하면 복사가 된다. 윈도와 리눅스, OS X을 비롯한 대부분의 현대 운영 체제들이 그래픽 사용자 인터페이스를 지원한다.

6 Malware(malicious ware)

악의적 소프트웨어(惡意的-소프트웨어) 또는 말웨어malware는 컴퓨터에 악영향을 끼칠 수 있는 모든 소프트웨어의 총칭이다. 예전에는 단순히 컴퓨터 바이러스만이 활동하였으나, 1990년대 말 들어서 감염 방법과 증상들이 다양해지면서 자세히 분류를 나누기 시작했다. 과거에는 디스크 복제 등 저장매체를 따라 전파되었으나 네트워크가 발달하면서 이메일이나 웹으로 감염되는 경우가 훨씬 많아졌다.

다음은 사이버 범죄cyber crime에 자주 이용되는 수법들이므로 대략 알고 계시는 것이 좋을 듯하다.

- Malware(malicious software, 악성코드): 당신의 컴퓨터에 몰래 접근하려는 모든 악의있는 소프트웨어, 즉 악성코드.
- Virus(바이러스): 스스로 복제가 가능하며 당신의 컴퓨터와 파일들을 감염시키는 악성코드.
- Hacking(해킹): 누군가가 당신의 컴퓨터나 네트워크에 침입하는 것.
- Ransomware(랜섬웨어): 배상금을 줄때까지 데이터를 암호화 해버리거나 컴퓨터를 잠가버리는 것.
- Spyware(스파이웨어): 당신에 대한 정보를 수집하는 악성코드이며 인터넷 사용습관을 추적하고 광고 팝업 창을 띄운다.
- Keylogger(키 자동기록기): 자판을 칠 때에 그것을 추적하여 기억함. 특히 패스워드나 신용카드 정보를 빼감.
- Hijackware(하이잭웨어): 당신의 브라우저의 세팅을 바꾸어서 악의적인 사이트로 이동시키거나 광고를 보도록 만드는 악성코드. 브라우저 하이재커라고도 부름.
- Password Stealer(PWS 비밀번호도둑): 계좌번호나 관련된 비밀번호 등의 데이터를 수집하는 악성코드.
- Backdoor(뒷문): 컴퓨터의 뒷문을 열어 악성코드, 바이러스, 스팸 등이 침입하도록 하거나 해커가 접근하도록 한다.
- Rootkit(루트키트): 멀쩡하게 눈에 띄는 곳에 마치 정상적인 파일인양 위치함으로서 백신프로그램이 못보고 지나가게 만든다. 이 키트의

목적은 컴퓨터의 신분정보를 훔쳐내는데 있으며 컴퓨터 시스템을 장악할 수도 있다. 찾아내기도 힘들고 제거하기도 힘들다.

- Worm(웜): 당신의 컴퓨터에서 스스로 복제 증식하는 악성코드로, 네트워크를 통해 다른 곳으로도 전파된다.

- Trojan horse(트로얀 목마): 마치 유용한 소프트웨어처럼 보이지만 실제로는 악성코드인 것.

- Phishing(피싱): 신용카드번호나 비밀번호 등의 중요한 정보를 빼내고자 할 때에 전화를 사용하는 것 음성을 흉내낸다. 음성voice+개인정보private data+낚시fishing의 합성어.

- SMiShing(스미싱): 음성 대신 문자 메시지를 흉내 내어 신용카드번호나 비밀번호 등의 중요한 정보를 빼내가는 것.

- Spoofing:(위장술): 신뢰하고 있는 소스로 가장하여 침투하는 것. 이메일 사이트, IP 속이기, 주소창 속이기.

- Pharming(파밍): 가짜 웹사이트로 방향을 옮겨버리는 것으로 주로 전자상거래나 은행사이트를 가장한다.

- Phreaking(원격통신해킹): 전화 네트워크에 침입하여 공짜로 전화를 걸고 요금은 주인에게 청구된다.

- Rogue Security Software(악당보안소프트웨어): 악성코드이면서도 스스로가 마치 악성코드제거 소프트웨어인 척 한다.

- Adware(애드웨어): 당신의 컴퓨터에 광고를 보여준다. 위험하진 않지만 그쪽의 수입이 꽤 짭짤하다.

- Hoax(거짓말): 있지도 않은 위험 상태가 발생했다고 경고문을 띄운다. 일종의 행운의 편지 같은 것이며 통상 해롭지는 않다.

7 에드워드 버네이스

에드워드 버네이스Edward Bernays(1891~1995)는 오스트리아 비엔나 출신의 미국 이민자로 홍보PR, public relations 및 선전propaganda분야에 있어서 미국의 선구자이며, PR의 아버지라 불린다. 삼촌인 지그문트 프로이트의 영향을 받은 것으로 알려져 있으며 프로이트의 정신분석 이론들을 미국에 소개한 사람이기도 하다.

8 하이브리드hybrid

특정한 목표를 달성하기 위해 두 개 이상의 요소가 합친 것으로, 하이브리드는 다음을 가리키는 말이다. 일반적으로 아날로그와 디지털을 합치면 하이브리드라고 일컫는다. 이종교배異種交配를 시킨 하이브리드 동물이든지, 사람의 몸에 전자기계나 장치를 이식한 것이라든지, 전기차와 휘발유차의 중간쯤 가는 차를 하이브리드라고 부르는 등 우리 생활에 익숙해진 용어인 편이다. 생물학적으로는 말 그대로 잡종雜種을 뜻한다.

9 선형회귀線型回歸, linear regression

통계학에서, 회귀분석回歸分析(영어: regression analysis)은 관찰된 연속형 변수들에 대해 두 변수 사이의 모형을 구한 뒤 적합도를 측정해 내는 분석 방법이다. 회귀분석은 시간에 따라 변화하는 데이터나 어떤 영향, 가설적 실험, 인과 관계의 모델링 등의 통계적 예측에 이용될 수 있다. 그러나 많은 경우 가정이 맞는지 아닌지 적절하게 밝혀지지 않은 채로 이용되어 그 결과가 오용되는 경우도 있다. 특히 통계 소프트웨어의 발달로 분석이 용이해져서 결과를 쉽게 얻을 수 있다. 통계학에서, 선형 회귀線型回歸, linear regression는 종속 변수 y와 한 개 이상의 독립 변수 X와의 선형 상관

관계를 모델링하는 회귀분석 기법이다. 한 개의 설명 변수에 기반 한 경우에는 단순 선형 회귀, 둘 이상의 설명 변수에 기반 한 경우에는 다중 선형 회귀라고 한다.

6장

알골리즘과 빅데이터

인간에 의해 창조되고 조성된 알골리즘과 빅데이터의 환경은, 미래 세계 즉, 4차 산업혁명 이후의 세계에서 인간의 심리 및 행동을 조정하게 될 가장 중요한 키워드이다. 즉, 인간 모두는 이 두 개념에 의해 지배당할 것이다. 아니, 이미 지배당하고 있다고 본다.

크라우드 소싱Crowd sourcing:
집단의 추정이 지성의 판단보다 낫다

크라우드 소싱은 기업 활동의 전 과정에 소비자 또는 대중이 참여할 수 있도록 일부를 개방하고 참여자의 기여로 기업 활동 능력이 향상되면 그 수익을 참여자와 공유하는 방법이다. '대중'crowd과 '외부 자원 활용'outsourcing의 합성어로, 전문가 대신 비전문가인 고객과 대중에게 문제의 해결책을 아웃소싱하는 것이다.

집단지성 개념을 처음 생각한 사람은 영국의 유전학자 프랜시스 골턴[1]이며, 그는 1906년 영국 프리머스에서 개최된 비육가축 및 가

금류 전시회에서 '소의 몸무게 맞추기 대회'를 열어 이를 맞추는 사람에게 상금을 주기로 했다. 물론 소 사육 전문가들도 참가했지만 도살업자 및 일반 농민들도 참가했다. 800명 중에서 무효표 13개를 제외한 787여 명의 참가자들이 짐작한 추정치를 모아 평균값을 내었는데, 소를 도살하여 실제 무게를 재어보니 정확하게 맞춘 사람은 없었지만 787명의 평균값이 소의 실제 무게와 거의 동등했다는 결과로 인하여, 골턴은 '소수의 전문가의 지성보다 다수의 비전문가의 지성이 더 우수할 수 있다'고 주장하는 '군중의 지혜The Wisdom of Crowds'라는 논문을 발표하였다.

대단한 신빙성이 느껴지고, 놀라운 사실이기도 하다. 집단판단의 능력이 이토록 대단하다는 것은 신비로울 정도이다. 그렇다면, 787명도 아닌 수천만 명의 판단을 모은 빅데이터에 근거한 인공지능의 판단은 어떨까? 아니, 수억의 판단의 평균값이라면 어떨까?

어찌 보면 자연의 섭리가 곧 신의 뜻이고, 단순한 인공적인 자료도 아닌, 비와 눈, 바람, 지진, 계절, 온도, 폭풍, 동물의 행동 및 인간의 습관의 자연스러운 변화들을 정보화하여 충분히 축적시켜 통계치를 분석한 빅데이터는 자연의 섭리, 즉, 신의 뜻을 반영한다는 논리이다. 고로, 앞으로는 통계가 곧 신神이다. 미국에서 전망하는 향후 최고의 직업이 통계학자라고 한다.

하지만 여기에는 아주 단순하고 별 볼일 없는 오류가 하나 존재하는데, 자연현상이 신의 뜻인 것은 맞는 듯한데, 과연 인간이 축적한 자료가 편견 없이 고루 완벽하게 모인 자료냐는 것이다. 군중의 지혜를 말하였으니 다수결을 지지한 것 같지만, 인류를 우성優性과 열성劣性으로 구분 짓는 우생학eugenics이란 학문도 골턴이 주도하였다. 그의 우생학은 히틀러에 의한 아리안민족의 우수성 선전 및 열등한 인종의 도태작업에 활용되었으며 인종청소를 합리화 하는 데 사용되기도 하였다. 당연히 민족 간의 편견과 노예제도의 정당성에 기여했다. 기계는 사람이 작동시킨다. 신의 판단이 아닌 인간의 판단에 따라 조종된다. 인공지능 컴퓨터도 신이 아닌 인간이 만들고 입력시킨 프로그램에 따라 조종된다. 그렇다면 어떻게 인공지능 컴퓨터의 판단을 믿을 수 있을까?

숫자와 알골리즘

우리가 현재 사용하고 있는 십진법十進法의 숫자체계인, '0123456789', 혹은 '0'을 제외한 '123456789'가 아라비아 숫자라 불러야 할지 아니면 인도숫자가 맞는 것 인지에 대한 논란이 있다. 이미 많은 분들이 인도숫자임을 알고 계시니, 힌두 숫자가 아랍 숫자로 둔갑되어버린 과거는 일단 무시하자.

특별히 '0'이라는 숫자는 십진법의 효율성에 있어서 십진법 사용의 성취의 비결이나 마찬가지이다. 아무것도 의미하지 않는 쓸모없는 숫자인 '0'이 없으면 현대의 과학은 존재하지 않는다. 그렇다면 0은 누가 만들었는가?

AD 500년을 전후로 해서 인도印度의 고대 수학자들에 의해 개발되었다고 전해지며, 이를 글로 남긴 사람은 인도인 브라하마굽타 (589~665)로, 자신의 수학과 천문학저서에서 이를 소개하였으며

'0' 즉, zero의 사용방법의 규칙에 대하여 논하였다. 또한 직각直角이 주로 사용되는 고유의 산스크리트어와는 달리 타원형의 부드러워진 문자를 사용하여 숫자를 표기함으로서, 산술 속도를 높여주는 업적을 남기기도 했다.

우리가 영零혹은 무無라고 부르는 것.

0은 a null, a naught, a nought and a Ooh 즉, 널, 너트, 너트 그리고 오우라고 부르기도 한다. 제로라는 표현도 자주 사용되니 이름이 6개인 셈이다. 의미가 조금 다르긴 하지만 싸이퍼라고 부르기도 한다. '알골리즘에 있어서의 사이퍼a cipher in algorism'도 '0'이라고 한다. 계산법상에 있어서의 숫자 0의 역할이란 뜻이지만, 이 표현은 달리 사용되기도 한다. 즉, 계산식에서의 제로는 의미가 없는 숫자일 수 있으므로, '유명무실한 사람'을 비유적으로 표현할 때 사용하기도 한다. 인간 중에는 투명 인간들도 많은가보다. 이번에는 알골리즘이라는 단어에 대해 살펴보자.

어느 것이 맞을까? 왜 먼저 등장한 algorism(알골리즘)이라는 단어 대신에 algorithm(알골리듬)이라는 단어가 현재 더 자주 사용되고 있는가? 어차피 algorism이건, algorithm이건, 이 둘은 어원語源적으로 잘못 만들어진 단어이다. 즉, 실수로 탄생한 단어라는 것이다.

13세기경에 그리스어인 '아리스모스arithmós'를 고대 프랑스어 알골리즈머algorisme로 잘못 개역하면서부터 요상한 운명은 시작되었다. 잘못 표기된 단어가 지금까지 사용되고 있다는 것이다.

그리스어로 'algo'는 고통을 뜻하며, '~ism'은 주의主義, 이론, 관행 등을 의미하는 접미사이다. 그렇다면, 'algorism'은 '고통의 독트린'이란 뜻인가?

실제로, 향수병鄕愁病을 의미하는 노스탈지아nostalgia를 비롯하여 'algia'가 붙으면 고통이나 아픔이 된다. 관절염을 arthralgia, 근육통을 myalgia, 신경통을 neuralgia라고 부른다.

아리스모스가 알골리즈머로 잘못 사용된 것이 첫 번째의 꼬임이다. 그러나 한 번에 족하지 못하고 2번째의 꼬임이 발생하게 된다. 이번의 꼬임은 더 심각하고 치명적이다.

비록 알골리즘이란 단어가 엉뚱한 뜻으로 사용은 되고 있으나 문법적으로 틀린 단어는 아니었다. 하지만 요즘 사전들에는 아무 뜻도 근거도 없는 접미어인 'ithm'이 'ism' 대신 붙어버린 것이다. 왜 이렇게 되었는지에 대해 설명 할 수 있는 사람은 없다고 봐야한다. 왜냐하면 'ithm'은 문자로써나 언어로써나 그 의미가 하나도 없이 실수로 튀어나온 일종의 돌연변이 바이러스 같은 접미사이기 때문이다. 아무도 그 뜻과 어원을 모른다.

그럼에도, 마치 무슨 음모라도 진행되는 있는 듯, 사전에는 심지어 Algorism과 Algorithm의, 차이점과 구별하는 방법까지 친절하게 설명되어있다. 그러므로 현대어 사전의 뜻을 그대로 따르기로 했다. 사전에 따르면 아래와 같다.

'Algorism은 Algorithm의 대안代案 형태적 용어이며, Algorism은 아라비아 기수법記數法, 즉 아라비아 숫자 계산법을 말하며 간단하게 산수算數를 뜻한다. 반면 Algorithm은 컴퓨터를 사용한 한정되고 정밀한 단계적 계획으로, 입력 값에 대한 산출 값을 양산해내는 절차를 의미한다. 즉, 컴퓨터 프로그램상의 절차를 의미한다.'

이제, algorism이라는 단어는 이미 구식이 되어 쓸모가 없다고들 한다. 대신 algorithm은 컴퓨팅 기법의 등장으로 인해 20세기 초반

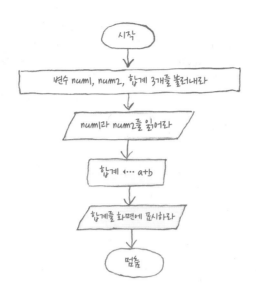

컴퓨터 프로그래밍의 알골리듬(Algorithm).

부터 서서히 생겨난 신조어임이 틀림없다.

알고르algor의 그리스어 어원 외에, 다른 어원이 있는지를 추가적으로 살펴보았는데, '알고르'는 아라비아말로 별星이라는 뜻을 가지고 있다. 페르세우스Perseus 별 중에서 3일마다 그 밝기가 변하는 특이한 β-페르세우스라는 별을 의미하는데, 아라비아어로 이 별을 Algor이라 부르며, 이는 악마demon를 뜻하는 아라비아어 'al-ghul'에서 왔다.

이어서, 접미사로 사용된 'ithm'을 다시 한 번 찾아보았다. 아랍어로 'ithm'은 죄sin를 뜻한다. 이슬람교 문서Minhāj us-Sādiqīn에 등장하는 단어이다.

아무튼 이렇다. 이 책이 무슨 주술呪術적 책자도 아니고, 음모론을 파헤치려는 책이 아님에도 불구하고, 객관적 논리를 따라가다 보니, 이런 결론에 도달한다.

algorism은 고통의 학문을, algorithm은 악마의 꼬임에 빠져 죄를 짓는 것을 의미한다는 것이다.

악수握手하는 기계 handshaking robot

기초base라는 용어대신 기계공학적으로는 플랫폼platform이라는 단어가 자주 사용된다. 기차승강장이라는 뜻도 있지만 여러 가지 기계를 장착하기 위한 튼튼한 구조물 혹은 응용기기들과 각종 컴퓨터 프로그램을 운용할 수 있는 기반을 의미한다. 이제 인간들은 알고리즘 및 빅데이터를 이용해 만들어진 각종 프로그램들을 정교하게 발전되어가고 있는 가상현실VR에 접목하여 그 운영에 박차를 가하고 있다. 이러한 혁명적 발전이 가능했던 이유는 디지털화된 컴퓨터를 통해 만들어진 인터넷이라는 초강력 플랫폼 덕분이다.

한가지의 커다란 플랫폼만 얻게 되면, 그것을 기반으로 다양한 새로운 발명품들이 파생되며 그 파생물에서 마치 새끼를 치듯 엄청난 파생물들이 발생하게 된다. 하지만 세상에는 단 한가지의 플랫폼만 존재하는 것이 아니다. 복잡한 국제 경쟁사회에서는 한우물만 파서는 안 된다. 플랜 A, B, C 등 돌발적 난관에 대비하여 여러 가지의 플랫폼을 준비해 두어야 국가의 미래가 보장된다. 큰 그림을 보지 못하고 잘 풀리는 아이템 한쪽에만 치중하다가는 망하기 십상이다.

다양한 플랫폼이 존재하고 있음을 인식해야 한다. 우리가 발을 디디고 서있어야 할 플랫폼이 K-pop과 K-sport, 드라마 한류만이 아니라는 것이다. 너무 많은 인원들이 이런 것만 지향하며 살아가고 있다. 병목현상이 벌어지거나 편중현상이 발생할 경우, 빠져나와 새롭게 다른 길로 나아가기 어려울 것이다. 즉, 인간세상이 필요로 하는 다양한 기초와 기반들에 대한 심사숙고가 필요한데 우리는 지금 한 가지 유행만을 목숨 걸고 따르고 있는 듯 보인다.

가령, 컴퓨터 인조인간을 만들었다고 치자. 인공지능을 갖춘 로봇이라고 가정하자. 이것이 인간을 닮은 행동을 하게 만드는 연구는 비록 각종 시행착오의 과정은 겪는다 하더라도 참으로 흥미진진하고 재미있고 또 도전적인 과업일 것이다. 그리고 인간과 거의 똑같이 작동하며 인간과 구분조차하기 힘든 인조인간을 만드는 일은 우리가 평생을 다 바쳐도 시간이 모자랄 정도로 매우 정밀한 작업이 될 것이다.

하지만, 인간과 똑같은 로봇을 만드느니, 차라리 사람을 하나 직접 낳아 기르는 것이 낫지 않을까? 헌데, 인간의 욕심은 그렇지 못한 모양이다. 신神과 같은 창조자가 되어 본다는 것, 멋지지 않은가?

인간은 신기하게도 완벽하지도 못한 새로운 기술개발 하나하나에 도전하면서 큰 쾌감을 얻는 모양이다.

가령, '악수를 하는 로봇'을 만든다고 치자. 처음에는 그저 사람이 내미는 손을 어색하게 잡아주는 흉내나 내는 정도에서, 그 다음에는 상대방의 손이 다가오는 감각이 전달되면 스스로 손을 내밀게 되는 기술이 발명되고, 더 나아가 사람의 손을 쥐는 로봇이 손의 강도를 알아서 조절할 수 있게 더 정밀화되고, 나중에는 로봇의 손에 온기마저 느껴짐으로써 악수하는 사람이 이것이 로봇의 손인지 사람 손인지조차 구분하지 못할 정도에 이를 것이다. 대단한 것 아닌가? 이러한 기술에 도전하고 싶어 하는 과학도들이 무척 많을 것이다.

점점 더 연구해 나가야 할 과제가 무한하게 주어진다. 과학자들은 절대 심심하지 않을 것이다. 시간과 돈이 허용하지 않아서 그렇지, 허용만 된다면 우리는 뭐라도 만들어낼 것 같아 보인다.

악수하는 로봇의 손의 감촉이 인간의 것과 똑같다고 하자. 이렇게 되면 실제로 로봇과 인간간의 교감交感도 가능한 것일까?

진짜 사람이 존재하는데, 왜 진짜 사람과 똑같은 사이보그cyborg를 만들어야만 하는 것일까? 이유가 뭔가? 그렇다. 기술은 계속 진보해 나가지만, 왜 그러한 진보가 필요한 것인지 설명할 길이 없다. 진짜에 가까운 가짜를 만드는 것? 이러한 허상虛像을 자꾸 만들어내야 하는 이유는 무엇일까?

물론, 바이오메디컬bio-medical 혹은 테크노메디컬techno-medical 한 측면에서는 인류를 질병과 부상의 후유증으로부터 벗어나게 해줄 것이라는 명분 정도는 존재한다.

결론은 이렇다. 진짜 사람처럼 똑같이 악수를 할 줄 아는 로봇을 만들어서 무엇에 쓸 것인가? 물론 그 용도는 많을 것이고, 이런 것의 필요성에 대해 그럴 듯한 변명apology을 해주실 분도 많으실 것이라 생각한다. 인간과 로봇의 교감이 가능하다면, 로봇끼리의 교감도 가능할 것이다. 내가 만약 고도로 발달된 인공지능이라면, 인간은 해독할 수 없고 기계끼리만 통할 수 있는 새로운 언어를 만들어 인간의 접근을 통제할 것이다.

1 프랜시스 골턴

프랜시스 골턴Francis Galton(1822~1911)은 영국의 인류학자이다. 찰스 다윈의 배다른 사촌이기도 하다.(Francis Galton's seminal article 〈The Wisdom of Crowds〉 First Published in Nature(1907), No. 1949, Vol. 75, 450-451.)

저는 뉴올리언스로 되돌아가서 또다시 노예가 되려고 합니다

　　　　4차 산업혁명이 무지개 뜨는 언덕, 뜨는 해, 멋진 신세계, 밝은 미래인 것만은 아니다. 반대로 빛 좋은 개살구 그 이하일 수도 있다.

　악순환의 고리는 연속된다. 노예제도는 없어지지 않는다. 다만 그 이름만 바꾸어 달을 뿐이다. 노예에서 농노 또 노동자로 또 빚의 노예로 그리고 신노예로… 이 글을 쓰고 있는 현재에도 수많은 사람들이 돈 문제로 인하여 빚의 노예로 살아가고 있다.

　〈House of the Rising Sun〉이라는 팝송이 있다. 우리말로는 '해 뜨는 집'이라 해석되곤 하며, 1964년 애니멀스Animals[1]라는 밴드에 의해 발표되어 미국과 영국 팝송 차트에서 동시 1위를 석권한다. 당시 비틀즈Beatles외에는 이러한 업적을 달성한 밴드는 없었다.

　어떤 노래인지 잘 떠오르지 않으시겠지만, 멜로디만 들어도 대부분의 사람들이 금방 알 수 있는 아주 유명한 곡이다.

그런데, 세상엔 새로운 것이란 없다. ⟨House of the Rising Sun⟩처럼 여러 아티스트들에 의해 이처럼 여러 번 리메이크 된 작품도 드물다.

애니멀스보다 2년 앞선 1962년에 밥 딜런Bob Dylan이 자신의 데뷔 앨범에 이 곡을 수록하였는데, 밥 딜런 특유의 독창적인 멜로디임에도 불구하고 어떤 이유에서인지 작곡가로서의 저작권을 주장하지 않았다. 먼저 발표된 밥 딜런의 가사에는 'many poor girl'이란 표현을 썼는데, 이는 'many a poor boy'라는 가사가 등장하는 애니멀스의 가사보다 원작에 더 가깝다. 1969년에는 프리지드 핑크Frijid Pink라는 밴드도 같은 곡을 발표하는 등 여러 아티스트들이 이 곡을 불렀다.

가장 최근의 리바이블로는 미국의 헤비메탈 밴드인 Five Finger Death Punch가 2013년에 발표한 뮤직비디오로 가사를 '뉴올리언스' 대신에 'Sin City(죄악의 도시)'로 바꾸어 불렀다.

⟨House of the Rising Sun⟩은 아메리카스 갓 탈랜트America's Got Talent라는 미국 NBC 방송의 간판 예능 재능 발굴 프로그램에서 단골로 불리는 곡이기도 하다. 한마디로 미국인들의 애창곡이라는 말이다. 그리고 멜로디라면 또 모르겠지만, 가사 자체는 누구의 저작권이라 할 수 없는 미국 혹은 영국의 전래 민요에서 유래된 것으로 알려져 있다.

미국에서는 전통민요 수집가들에 의해 전국의 민요가사가 수집되었고, 축음기가 발명되자 가사 뿐만 아니라 멜로디까지 녹음 및 기록해 두었다. 해 뜨는 집의 원곡元曲은 1800년대에 노예농장과 광산촌에서 널리 불렸던 것으로 추정되며 켄터키 주州에 살고 있던

애팔래치아산맥의 자락. New Orleans는 Louisiana주의 가장 큰
도시로 멕시코 만에 위치한 항구도시이다. 애팔래치아산맥은 대서양
의 보스턴 항구에서 멕시코 만의 뉴올리언스까지 이어져 있다. 멕시
코 만 아래 바다가 카리브 해이다.

10대 소녀인 조지아 터너Georgia Turner가 부르는 것을 1900년대 초
에 축음기로 녹음 수집한 것으로 알려져 있다.

미국 북동부의 항구도시인 대서양에 위치한 보스턴에서부터 남
동부 카리브해안Caribbean sea에 위치한 항구도시인 뉴올리언스까지
펼쳐져 있는 애팔래치아Appalachia산맥 주변에서 발달된 민요인 것
으로 보아, 이 산맥과 관련이 깊을 것으로 보인다. 애팔래치아 산맥
은 아프리카에서 끌려온 노예들이 미국 남부로 이동해온 경로와 일

치한다. 그러므로 이곡은 주변의 비옥한 플랜테이션과 풍부한 광산에서의 흑인 노예들의 처량한 삶을 노래한 영가靈歌일 수도 있겠다.

흑인 노예들은 북미대륙 남쪽의 해안을 떠나 카리브 해의 여러 섬들에 자리를 잡게 되는데, 이들이 뉴올리언스나 플로리다를 통해 남쪽으로 이동한 것인지 아니면 카리브 해상의 여러 섬들이 아프리카에서 붙잡혀 온 노예들의 임시 집합소였는지는 정확하지 않다. 다만 이 지역의 섬들에는 아메리카 원주민인 인디언이나 인디오 보다는 흑인의 숫자가 압도적으로 많았다는 것이다.

자메이카Jamaica라는 섬나라도 카리브 해에 위치해 있다. 1962년 영국으로부터 독립한 이 나라 인구의 92%가 흑인이다. 주변의 또 다른 섬나라인 아이티Haiti는 1802년 나폴레옹의 프랑스 제국과의 해방전쟁을 통해 스스로 독립을 쟁취한 역사상 최초의 흑인 노예들이 세운 독립 국가이다. 유전학적으로 볼 때에 아이티인들의 95.5%가 아프리카 사하라의 남부지역에서 온 것으로 알려져 있다.

또 노예제도의 표면적 폐지 이후, 아프리카의 흑인 대신 유럽으로부터 신대륙으로의 아일랜드계, 이탈리아계 및 유대계 등 수많은 백인이민자들의 유입이 이루어지는데, 이들의 입국경유지인 뉴욕 항구의 엘리스 섬Ellis Island²이 유명하다. 뉴욕에 속한 엘리스 섬은 1892년 1월 1일부터 1954년 11월 12일까지 미국으로 들어오려는 이민자들의 이민수속을 밟던 곳이다. 쏟아져 들어오는 노동인력으로 인한 노동력과잉공급과 잉여상태로 북미대륙에서의 백인 하류층들의 삶도 흑인들의 삶과 크게 다르지 않았을 것이다. 희망을 찾아 들어온 이들을 맞이해준 곳은 뉴욕의 슬럼가와 게토였다.

이어서, 1929년에는 미국에서 경제 공황이 발생한다. 흑인노예

허디 윌리엄 레드베터(Huddie William Ledbetter,
1885~1949), 일명, 레드 벨리(Lead Belly).

의 해방 때문에, 수백만의 노동인력을 이민자로 받아들인 후, 미국
역사상 최고의 디프레션Depression과 실업률을 기록한 경제대공황[3]
이 발생하게 된다.

〈해 뜨는 집〉은 1800년대부터 1900년대 초반까지의 하류층들
의 애환을 고스란히 담고 있다. 현재 공개되어 있는 음반으로 비교
적 오래되었고 원곡에 가장 가까운 것은 미국의 흑인 가수이자 작
곡, 작사가이며 음반 프로듀서인 레드 벨리Lead Belly(1885~1949)의
곡으로 1944년에 녹음된 것이다. 〈목화밭Cotton Fields Back Home〉이
라는 민요도 그가 발표했다.

다음은 "There is a house in the New Orleans they call a Rising

Sun"이라는 귀에 익은 가사로 시작되는 〈해 뜨는 집〉의 가사를 우리 말로 번역한 것이다.

> 뉴올리언스에 가면
> 떠오르는 태양의 집이라는 곳이 있는데,
> 그곳은 수많은 가난한 소년들의 인생을 망친 곳이고
> 오, 주여 나도 그들 중 하나랍니다.
>
> 어머니는 재봉틀 질을 하셨는데
> 작업복 만드는 공장에 다니셨죠.
> 아버지는 도박꾼이었습니다.
> 저 아래 뉴올리언스에서 말이죠.
>
> 도박꾼에게 필요한 것은
> 오직 작은 옷가방과 트렁크뿐이었고요.
> 그가 만족했던 순간들은
> 취해 있을 때뿐이었습니다.
>
> 오, 엄마, 동생들에게 말해주세요.
> 제가 한 실수를 되풀이 하지 말라고요.
> (나처럼) 떠오르는 태양의 집에서
> 죄짓는 일과 비참함으로 인생을 낭비하지 말라고요.
>
> 글쎄, 저는 한 발은 기차역 플랫폼에,

한 발은 기차위에 걸쳐 놓고 탈까말까 주저하고 있습니다.

저는 뉴올리언스로 되돌아가서

(또다시 공과 사슬을 차는) 노예가 되려고 합니다.

그렇다. 노예의 속박에서 벗어나기가 과연 쉬운 것일까? 결국 자기 스스로 노예가 되기 위해 노예로 태어났던 고향으로 돌아오게 되는 것이다. 노예제도로부터의 해방을 맛보았던 흑인들은 두려움의 대상이었던 미국의 남부지역을 어떻게 해서든 벗어나고 싶었지만, 멀리 가지 못하고 다시 잡혀 되돌아오게 된다. 이전의 노예일 때보다 더 비참한 신분으로 말이다.

〈House of the Rising Sun〉은, 당시 뉴올리언스에 존재했던 유럽 및 미국인들의 사교클럽, 호텔, 도박장 및 매춘굴이 모여 있던 곳이라는 이야기가 있다. 혹자는 흑인여자 노예들을 위한 교도소의 이름이었다고 하며, 혹자는 흑인 노예를 부리던 농장의 이름이었다고도 한다. 1820년대 프렌치 쿼터French Quarter 내의 호텔이었을 가능성이 높아 고고학적 발굴을 계획하고 있다고도 전해진다.

공Ball과 사슬Chain을 차다wear라는 표현은, '결혼을 해서 남편에게 속박 당하다.'라는 뜻도 있지만 속박束縛 자체를 의미하며, '교도소에 가서 죄 값을 치르다.'라는 의미도 있다. 극단적으로는 마지막 선택인 죽음을 뜻하기도 한다. 최종적으로는 다시 노예의 길로 들어선다는 것을 의미한다. 몸부림쳐도 벗어날 수 없었기 때문이다.

이곡의 가사를 다시 되짚어 보면, 당시의 흑인 영가들이 대부분 그랬듯이, 찬송가로 불리거나, 교훈을 줄 목적으로 사용되었을 것이다. 즉, 아이들 교육용으로 사용되었다는 것이다. 대부분 글을 읽고

ball and chains, 노예나 죄수용 족쇄(足鎖)를 의미한다.

쓸 줄 모르니, 어머니가 자녀들에게 불러주는 노래가 구전口傳되었을 것이다.

교훈의 내용은 대략 이런 것이었다. "아무리 노예 신분에서 해방되었다고 하더라도, 우쭐대지 말고 항상 조심해라. 백인들을 조심해라. 조심하지 않고 방탕하게 살거나 술에 취해 다니거나 도박을 하고 다니다 보면, 또 다시 노예로 잡혀 오게 될지 모른다."는 것을 노래로 경고해 주는 듯하다.

법法대로 하자면, 1865년 당시에 해방된 미국 흑인 노예들에겐 총기를 소유할 자유가 있었으며, 참정권인 투표권까지 주어지게 된다. 이를 가만히 보고만 있을 남부백인들이 아니었다. 백인들은 갖가지 억지 법률을 만들어, 흑인들을 다시 구속시킨다. '흑인은 해가 진후에 거리로 나오면 안 된다. 길에 침을 뱉으면 안 된다. 철길과 나란히 걸으면 안 된다.' 등의 요상한 새로운 법률들이 쏟아져 나오게 된다. 심지어는 방황하는 것도 죄가 되어서 방랑죄vagrancy라는 죄명을 쓰고 강제 노역장으로 끌려갔는데, 주州 정부의 재판관들은 이들을 교도소에 두지 않고 개인이나 사적 기업에 노무자로 빌려주게 된다.

이들은 억울함을 호소했지만, 그 대우는 오히려 노예였을 때보다 더 혹독하여, 강제노역 3년을 넘기는 사람이 드물었을 정도였다고 한다. 기업가들은 노예가 죽으면, 다른 사람을 체포해서 노예로 투입하면 되었기 때문에 최대한 착취하려고 들었다. 한걸음 더 나아가 백인에게 빌린 돈을 갚지 않았다는 혐의로 잡다가 강제노역을 시켰다. 이러한 부작용을 염려한 미국정부는 빚을 빙자한 강제노역방지법"이라는 것을 1867년에 제정하지만 실제 실행은 1900년대 초의 시어도어 루스벨트 대통령 때가 되어서야 가까스로 시작된다. 이는 빚을 진 사람을 법적으로 구속하여 강제 노역을 시켜서는 안된다는 법이었다. 결정적인 진전進展은 프랭클린 루스벨트Franklin Roosevelt에 의해 '회람 번호 3591(Circular No. 3591)'이라는 명칭 하에 1941년 12월 12일 강력하게 추진되는데, 이는 일본제국의 진주만 기습 직후에 인구의 거의 10%에 달하는 흑인들의 환심을 얻어 내부적 혼란을 미리 예방하려는 의도로 보인다.

노예해방 직후 미국의 흑인노예 층들이 과거의 주인들에게 복수를 하거나 거칠게 굴지 않고 미국사회에 순응하도록 만든 것은 그들의 기독교적 신앙 때문이었다고 본다. 기독교 제국에 의해 노예로 팔려왔음에도 불구하고 비록 모순적이지만 그 신앙심 덕분에 북미의 백인들은 카리브 해의 섬 국가인 아이티에서 백인들이 흑인들에게 당한 것 같은 보복은 당하지 않고 지금까지 왔다.

그러나 그 앙금은 현재에도 가시지 않고 계속 남아있으며, 노예해방이 이루어진 1865년 이후 1960년대까지 첨예화된 노골적 흑백갈등이 존재했었다.

〈국가의 탄생The Birth of a Nation〉[5]이라는 무성영화가 1915년에 미국에서 개봉되었는데, 이는 토머스 딕슨 주니어의 소설인 《크랜스맨Clansman》을 각색하여 데이비드 와크 그리피스가 감독한 무성無聲영화이다. 개봉당시 1909년에 설립된 '전미 흑인 지위 향상 협회 NAACP'[6]가 이 영화의 상영금지 가처분을 신청하기도 할 정도로 인종차별적인 내용을 짙게 풍기는 영화였음에도 흥행에 성공하며 명작으로 남게 되는데 이는 노예해방 50주년을 맞이하는 1915년 당시의 미국의 사회분위기를 충분히 짐작케 해준다.

미국 흑인노예해방의 아버지라 불리는 아브라함 링컨 대통령의 업적을 무색하게 만든 악독한 백인들의 행태라며 비꼬고 싶을 사람들도 있겠지만, 이러한 빚에 의한 강제 노역행태는 우리의 역사인 조선 후기에 전국적으로 유행하였다. 빚을 청산하기 위해 자식을 종으로 팔기도 하고, 자신이 종이 되기도 하였다. 당시에 빚 때문에 뜻에 반하여 혹은 먹고 살길이 없어 자발적으로 종이 되는 사람들이 많았다.

보존된 다수의 사본에는 흥부와 놀부가 '형제'라고 표현되어있지만, 우리가 익히 알고 있는 〈흥부전〉은 형과 동생의 관계를 다룬 이야기가 아닐 수도 있다. 지주地主와 소작농小作農간의 무서운 노예계약 관계라고 보는 것이 더 타당할 수도 있다. 이를 풍자한 이야기란 뜻이다.

소작농들은 지주의 땅을 빌려 농사를 지었고 수확한 농산물의 2/3를 지주에게 바쳐야 했다. 지주도 자신이 걷은 것의 1/2은 정부에 세금으로 내야 했으니 남는 장사는 아니었다고 주장할지도 모른다(조선의 합법적인 조세는 원래 생산물의 1/3이었다). 소작농들은 바치고 남은 것으로 연명하다 보니, 항상 모자라서, 보릿고개가 닥치면 지주에게 식량을 빌려서 먹어야 했다. 빚은 자꾸 늘었고 갚을 방법은 없었다. 나중에는 굶어죽지 않으려고 자기 자신과 가족을 아예 지주의 종으로 팔아버리는 일이 많았다.

식구가 많으면 농사짓기엔 유리했지만, 그만큼 먹여야 할 입도 많았다는 뜻이다. 특히 노동력이 없는 어린자식들이 많을수록 삶이 더 빡빡했을 것이다. 이것이 바로 소작농이었던 흥부란 것이다.

매년 빚은 늘어만 가고, 그렇게 하여 농사짓는 농노農奴, 즉 노예상태에서 죽을 때 까지 벗어나지 못한다는 것이다.

더 조심해야 할 것이 있었다.

다음해에 땅에 뿌려 농작물을 키워야 할 씨앗까지 먹어치우면 큰일이었다. 그래서 가장家長은 다음 해에 추수할 곡식의 씨앗들을 머리에 베고 자는 베개 속에 숨겨 넣고 자면서까지 지켜야만 했다.

흥부전은,

"형님"이라고 부르니, 놀부가 흥부의 형이다?

개과천선을 부르짖는 이야기다?

아니다. 평민이 농노로, 농노가 종으로 변해가는 삶을 보여주는 적나라하게 보여주는 이야기이다. 암튼, 흥부는 제비가 물어다 주는 박에서 로또가 쏟아지는 '대박'이 나지 않는 한, 절대 노예 신세를 벗어날 길이 없을 것이다.

이처럼 처음에는 강제로, 자의에 반하여 노예가 되었던 것에 비하여 점차 빚을 갚지 못하거나 생존을 위해 자기발로 남의 노예가 되는 경우가 발생하게 된다. 요즘에는 국가 전체가 다른 나라에 노예화된 나라들도 제법 존재한다. 나름 자기 나라의 국기와 애국가도 있고 피파랭킹이 있어 월드컵에도 출전하지만 유엔에 가입되어 있는 나라 중 상당수는 주인이 따로 있는 무늬만 독립국일 수도 있다.

저자가 말하는 신노예新奴隸는 설득을 통해 스스로 선택한 것이지 절대 강요된 것이 아니다. 즉, 강제로 노예화된 것이 아니라, 거의 자의적으로 노예화된 것이라고 본다.

나름대로의 행복도 보장된다. 어차피 일생을 고통 속에 사는 것보다는 일정하게 정해진 상호간의 약속 안에서 서로 서로 간섭받지 않고 사는 것이 바람직하지 않은가? 인생이 뭐 별것 있겠는가? 그냥 빈손으로 왔다가 빈손으로 가는 것.

이루지도 못할 꿈을 꾸며, 달성하지도 못할 목표를 향해 달리며 억제하고 자제하며 금욕주의자처럼 살다가 결국은 후회스러운 최후를 맞이하는 것보다는 즐겁고 평범하게 인생을 보낸 후 마무리하는 것이 낫지 않을까?

선택은 자유이다.

저자 스스로도 어떤 삶이 의미 있는 삶인지, 나 자신이 무엇인지, 왜 존재하는지도 모르면서 이런 글을 쓰게 된 것이 유감스럽다. 누구에게 무엇을 강요할 뜻은 없다.

그렇다, 선택은 자유의지에 따라 이루어진다. 자기 삶은 자신이 설계하고 이룩하는 것이다. 강요할 것이 아니다. 어차피 많은 자유를 누리고 있는 사람들에게도 그 끝이 존재하고, 많은 것을 가진 자도 죽을 때 그것을 가지고 가지 못한다.

우리 눈에 보인다고 모든 것이 실체가 아니듯이, 실체라고 느낀 것들이 큰 착각일 수 있다. 어차피 우리 모두가 착각 속에 살다 가는 삶인 만큼, 어느 쪽이 더 이상하다고 밀어붙여서는 안 될 일이다. 인생의 가장 즐거운 부분이며 신이 허락하신 부분이 하루를 즐겁게 먹고 마시고 내일의 걱정 없이 사는 것이라 하지 않았던가? 가진 만큼 걱정도 크다.

　하지만, 태어난 보람도 없이 이런 반항 한번 못해보고 노예 신세로 전락하기엔 너무도 아까운 인생들이다. 제때에 저항을 못하게 되는 이유는 특정 순간에 판단하고 선택하게 되는 것이 아니라, 자신도 모르는 사이에 서서히 물들어 가기 때문임을 마음속 깊이 새겨 두는 것이 좋겠다. 판단력을 흐리게 만들어 벗어날 시점을 놓치게 만드는 것이 심리전心理戰의 백미白眉이다. 뼈를 깎는 고통이 오더라도 냉정하게 판단하고 벗어나자.

　우리가 흔히 접하는 삶의 세 가지 방식이 있다.

　카르페 디엠, 메멘토 모리, 아모레 파티….

　카르페 디엠carpe diem, catch the day은 로마 공화정 말기에 살았던 시인인 호라티우스 플라쿠스Horatius Flaccus(BC 65~8)의 시詩에 등장하는 표현인데, 〈죽은 시인의 사회〉라는 영화의 대사 덕택에 우리에게도 익숙해진 말이다. 순간을 즐겨라, 그날그날을 놓치지 말라, 후회 없이 즐기라는 뜻이기도 하다.

　'죽음을 기억하라'라는 뜻의 메멘토 모리memento mori, remember death는 일종의 덕담이다. 전투에서 큰 승리를 거두고 로마 광장으로 개선해 들어오는 장군들에게 겸손을 요구한 말이다. 항상 승리할 수만은 없다는 뜻이며 자만하지 말라는 의미일 것이다. 또는 지금의 삶 뒤에는 반드시 죽음이 찾아온다는 것을 말하며, 항상 준비된 삶을 살라는 뜻이기도 하다.

> 나중에는 죽음이 찾아온다는 것을 인식하라, 너는 단지 연약한 인간일 뿐이다
>
> - 죽음을 기억하라(메멘토 모리)

아모르 파티amor fati, love fate는 니체Nietzsche, 에픽테토스, 마르크스 아우렐리우스 및 스토아철학들에 이르기까지 그 의미의 해석이 시대와 장소를 넘나드는 긴 여정이므로 뜻이 어렵다. 단순 해석 그대로라면, '당신의 운명을 사랑하라, 삶을 사랑하라'이지만, 만족하라는 것인지, 그저 순응하라는 뜻인지, 인생은 다 그저 그렇다는 것인지 그 뜻이 애매하다. 고로 해석은 여러분 각자에게 맡긴다.

1973년의 영화 〈빠삐용Papillon〉[7]의 마지막 장면에서 가슴에 나비문신을 새겨 빠삐용이란 별명을 가진 무기징역수 '앙리 샤리에르'는 탈출불가로 악명 높은 프랑스령 남미 기아나의 악마도惡魔島라는 곳에서 도저히 성공할 가능성이 없어 보이는 탈출을 시도한다. 함께 탈출을 준비했던 다정한 친구인 '루이스 데가'는 마지막 순간에, "자신은 곧 죽게 되더라도 탈출을 포기하고 조용히 이곳에 그냥 남겠다."고 말한다.

그렇다. 이것은 탈출이라기보다는 깎아지른 절벽에서 식인상어들이 우글거리는 망망대해로의 투신자살에 가깝다고 봐야 할 상황이었다. 탈출이 절대로 불가능하다는 이른바 악마의 섬에서의 탈출은 말 그대로 불가능하니까. 어차피 악마도 감옥에서의 삶 또한 지

옥이나 마찬가지였으니 피장파장이었을까? 그러나 샤리에르는 탈출에 성공하여 세상에 악마도의 실상을 알린다.

'빠삐용Papillon'은 프랑스어로, 나비 혹은 나방이라는 뜻이며, 나비는 프시케, 즉, 인간의 혼과 생명을 상징한다. 빠삐용은 다시 말해 '자유로운 영혼'이라는 뜻이다.

판박이 장면이 나오는 영화가 또 하나 있는데, 이 영화가 우리에게 주는 메시지도 동일하다. 2011년의 영화인 〈더 그레이The Grey〉[8]는 항공기 추락사고의 생존자들이 알래스카의 설원에서 잔혹한 늑대 무리에게 쫓기면서 한명한명 죽어나가고 주인공 혼자만 남는다는 설정인데, 주인공인 오트웨이는 끝까지 나아가고, 그와 남은 마지막 생존자인 디아즈는 늑대들에 물려 죽을지언정 더 이상 쫓기며 도전받지 않은 평안한 죽음을 택하겠다고 말한다.

어차피 우린 모두 죽을 인생인데, 인간은 왜 살아야만 하는가? 족쇄足鎖에서 벗어나야 하는가?

인간은 두 가지의 가치를 추구한다. "진리"와 "자유."

사람들은 "혼자 있고 싶어"라는 말을 종종 한다. 그런데, 진짜로 혼자 있을 수 있는, 즉 죽지 않고 혼자서 버틸 수 있는 시간은 몇 시간이나 될까? 주변에 사람 없이, 당신 혼자서 살아서 버틸 수 있는 시간은 얼마나 길 것 같으냐는 뜻이다. 진정, '혼자 있고 싶었다.'는 말일까? 아니면, '신경 쓰고 싶지 않다.'는 뜻일까? 아마도 후자를 뜻할 듯싶다.

날 좀 혼자 있게 내버려둬.

세상에 자기 혼자만 있다면, 자기가 마실 것, 먹을 것을 스스로 구해야만 할 것이다. 자연과 동, 식물들은 그대로 존재하고 있을 것이므로, 냇물 떠 마시고, 동물을 잡아먹거나, 열매를 따먹으며 버틸 수는 있을 것이다. 그러나 당신에게 그해의 첫 겨울은 넘기기가 무척 어려울 것이다.

인간은 사회적 동물이라는 것이 실감난다. 물론, 야생에 길들여진 짐승들이라면 혼자일지라도 인간들보다는 훨씬 오래 견딜 것이다. 무리에서 쫓겨난 숫 사자조차도 혼자서 몇 개월간은 견딘다고 한다. 반면, 개미나 벌은 무리에서 떨어지면 방황만 하다가 죽을 것이다.

혼자라는 의미를 감각박탈sensory deprivation이나 로빈슨 크루소 같은 삶으로 생각하실 분들이 계시겠지만 여기서 말하는 것은 정말 심각한 상황을 말하는 것이다. 인간이 지구에 홀로 남아있다고 생각해 보자. 생존할 수 있을까? 혼자서는 살 수 없음에도, 그래도 인간은 자유로워지고 싶어 한다.

무리에서 떨어져 나간 동물은 다른 짐승들의 타겟이 되기 십상이다. 집단을 이루고 있을 때에는 건들기가 쉽지 않다. 앞서 언급한 아이티의 흑인 노예 혁명이 성공할 수 있었던 이유는 새롭게 유입된 노예들의 콧김에 아직도 자유에 대한 열망이 서려있었기 때문이었다고 한다.

스코틀랜드의 독립전쟁을 주도한 윌리엄 윌리스에 대한 이야기는 멜 깁슨 감독, 주연의 〈브레이브 하트Brave Heart〉라는 영화를 통해 우리에게 익숙하다. 특히 전투 시작 직전에 윌리스가 "Freedom(자유를 위해)"이라고 외치는 장면이 기억에 남는다. 스코틀랜드는 잉글랜드로부터의 독립전쟁에서 승리했음에도 불구하고 잉글랜드의 왕인 에드워드 1세의 계교에 속아 협상을 위해 혼자 찾아갔다가 어이없게도 붙잡혀 처형당한다. 13세기 스코틀랜드의 전사戰士 윌리엄 윌리스, 뭉치면 살고 흩어지면 죽는다는 교훈을 몸소 실천해 보인 인물이었던 것 같다.

바빌론의 잔지 반란 이후로는 같은 부족출신끼리 절대 함께 두지 않는 것이 노예관리의 불문율이 되어버리기도 한 것처럼 인간 구성원간의 끈끈함을 끊어 놓으면 일단 다루기가 쉬워진다. 어찌 보면 혼자되는 것이 자유로운듯하면서도 그게 아닌 것 같다. 자유를 쟁취하고 또 유지하려면 우리는 똘똘 뭉쳐있어야 할지도 모른다. 아니면 각개격파를 당할 테니까.

우리는 이 세상에 왜 왔을까? 사자使者가 소명을 받아 이 세상에 파견을 왔다면 임무가 끝나면 되돌아가는 것이 마땅하고, 아무런 소명도 받지 못하거나 스스로 깨닫지 못하고 나이만 차도록 살아간다는 것 또한 뭔가가 잘못되었을 것 같은 느낌이 든다.

임무를 성취하면 송환될 수밖에 없으므로, 일부러 임무 완수를 늦추며 세상 삶을 음미하는 스타일의 사람들도 있다. 가끔 첩보영화를 보면, 임무를 완수해 보았자, 조직의 증거인멸을 위해 자신도 제거당할 것임을 직감한 스파이들이 자유를 찾아 도주하는 장면들이 등장하기도 한다.

소명을 다하였다. 소명召命… 사람이 하늘의 일을 하도록 하늘의 부름을 받는 일.

서양인들, 특히 기독교문화권에서의 소명, 또 그와 유사한 이슬람권에서의 소명 등 소명이란 무엇인가에 대해 설명해 주기는 어렵지 않지만, 소명을 다하게끔 설득하는 것은 어렵다.

일본인들의 부서져 옥이 된다는 '옥쇄玉碎 정신?' 이것은 또 어떤 것일까? 어떻게 이런 것이 가능했을까? 지금의 북한처럼 지도자에 대한 인민의 절대충성심이 유지되도록 하는 '사회정치적 생명체론'과 같은 비결은 무엇일까? 초개와 같이 목숨을 내던질 수 있는 독립 운동가들을 키워낸 김구 선생님의 설득기술의 수준은 어느 정도였을까? 세상을 어떻게 사는 것이 가장 고귀한 삶일까?

인간 각 개인들과 집단들의 무의식 및 세계관을 자세히 분석하듯 들여다보면, 과거의 역사와 현재의 현실과 미래의 모습 모두가 보인다. 하지만, 지금 자기 눈앞의 닥친 일들도 실제인지 가상인지를 판단하지 못하며, 과거에 대한 제대로 된 역사인식도 없는 판에, 미래를 어찌 내다본다는 말인가? 사람들은 지금이 '불확실성의 시대'라고 주장하면서도 미래에 대한 예측은 확실하게 할 수 있다고 믿는다.

물론 확실하게 예측되는 부분도 있긴 하다. 확실한 것은 인간 집단이 과거부터 반복해온 경쟁과 다툼과 수탈과 복수와 거짓말과 허황된 꿈 심어주기를 반복할 것이라는 점과, 자신이 피해 받지 않기 위해 끊임없이 남들에게 피해 주는 행위를 반복하게 될 것이라는 예측이다. 여전히 무엇이 진정한 자유이고 무엇이 진리인지는 파악하기 힘들다. 단지, 자유의지를 지닌 인간 각자에게 자신의 운명을 책임지도록 놓아둘 뿐이다. 신이 인간의 영을 잠시 육체 속에 가두어 둔 것은 버릇없는 영이 되지 않도록 육체적 고통을 통해 영적 성장을 이루게 하려는 의도인지도 모른다. 육체 없는 영처럼 영이 없는 육체도 위험한 존재일 수 있다.

억울하게 감옥에 갇혀있는 당신에게 누군가가 와서는 오랜 시간 당신의 몸을 속박하고 있던 족쇄足鎖를 풀어줍니다. 이런 걸 구원救援이라 할 수 있을 것입니다.

그런데 어떤 이들은 차라리 족쇄를 풀지 말아달라고 합니다. "왜 쓸데없는 일을 만드느냐? 나는 차라리 감옥생활이 더 편하다."라고 말합니다.

물론 틀린 말이 아니지요. 조건 없는 구원이 있을까요? 족쇄가 풀린 것은 그냥 자유롭게 풀려나는 것은 아닐 것입니다. 이제야말로 진짜로 목숨 걸고 싸워야 할 시간이 되었다고 볼 수 있습니다. 우리 편을 한명이라도 더 만들려고 풀어준 것이겠지요.

대가 없는 자유란 없습니다.

1 애니멀스 Animals

애니멀스는 영국 뉴캐슬 출신의 1960년대 리듬&블루스 록 밴드로, 런던으로 본거지를 옮겨 1964년에 명성을 얻는다. 리드 보컬인 에릭 버던 Eric Burdon의 특이한 목소리로 유명하다. 영국과 미국, 즉 대서양을 건넌 1위 곡인 〈해 뜨는 집 The House of the Rising Sun〉이 이들의 간판곡이며, 〈Don't Let Me Be Misunderstood〉라는 곡으로도 우리에게 잘 알려져 있는 밴드이다.

2 엘리스 섬 Ellis Island

허드슨 강 하구에 있는 섬이다. 1892년 1월 1일부터 1954년 11월 12일까지 미국으로 들어가려는 이민자들이 입국 심사를 받던 곳으로 유명하다. 뉴욕 항구에 자리 잡고 있고, 자유의 여신상이 있는 리버티 섬에서 북쪽으로 0.8킬로미터 약간 떨어져 있다. 이 섬의 이름은 1700년대 후반 동안에 이곳을 소유했던 상인이자 농부였던 새뮤얼 엘리스의 이름을 딴 것이다. 미국정부는 1808년에 이 섬을 사들였고, 1892년부터 이민자 대기소 및 검역소로 사용하기 시작한다. 이민심사 및 병원용으로 1924년까지 사용되었고, 1954년에 정식으로 폐쇄하였다. 현재는 국립공원으로 지정되어 있다.

3 경제대공황

대공황大恐慌, Great Depression은 1928년에 일부 국가에서 야기된 경제공황이 1929년 10월 24일, 뉴욕 주식시장 대폭락, 즉 '검은 목요일'로 촉발되어 전 세계로 확대된 경제공황을 뜻한다. 단기적 현상으로 지속되었던 공황은 장기적으로 지속되면서 전 세계로 확산된다. 미국의 경우 도시지역의 실업률은 38퍼센트 이상이었고 국민소득은 1929년 이래 30퍼센트 이상 감소했다. 대공황에 대한 원인 분석에 대해서는 케인즈학파와 통화주의자 사이에 차이가 있다. 존 케인즈는 대공황의 원인이 유효수요의 부족으로 보고 정부가 직접 개입하여 수요를 창출하면 위기가 해결될 것이라고 보았다. 한편 통화주의자들은 케인즈의 주장처럼 수요의 붕괴에 따라 촉발된 것이 아니라, 오히려 공포에 질린 예금자들이 예금을 갑작스럽게 인출하자 은행들이 도산하면서 은행잔고와 준비금이 동이 난 직접적인 결과라며 통화 공급의 붕괴를 대공황의 원인으로 보았다. 일부 지식인들은 자본주의가 종말이 왔다고 주장하며 자본주의의 대안으로 공산주의를 생각하기도 했고, 기술의 발전을 자본주의의 원동력으로 보았던 경제학자 조지프 슘페터는 기술의 혁신이 정체되어 더 이상 발전하지 않을 것이기 때문에 자본주의는 붕괴할 것이며 사회주의가 도래한다고 주장했다. 유럽에서는 파시즘이 등장하는 데 영향을 줬다.

4 강제노역방지법

강제노역방지법Peonage Act은 1867년 미합중국의 의회를 통과한 법률로, 강제노역 폐지 법안The Peonage Abolition Act이다. 그 누구도 빚을 갚지 못하였다는 이유로 강제노역을 시켜서는 안 된다는취지의 법률이다.

5 〈국가의 탄생The Birth of a Nation〉

토머스 딕슨 주니어의 KKK 미화 소설《Clansman》을 각색하여 데이비드 와크 그리피스가 감독한 무성 영화이다. 1915년 2월 8일에 개봉했으며, 미국 남북전쟁과 재건 시대를 거치는 동안 북부연방 출신의 스톤맨 가문과 남부맹방 출신의 캐머런 가문의 수년에 걸친 관계를 다루는 서사극이다. 마치 6·25전쟁의 동족상잔의 비극에 흑인 노예 이야기가 합쳐진 듯한 이야기쯤으로 보면 될 것이다. 흑인들을 비하하고 쿠 크랙스 클랜을 영웅화하여 구설수에 오르기도 했다.

6 전미 흑인 지위 향상 협회NAACP

전미 흑인 지위 향상 협회全美黑人地位向上協會, National Association for the Advancement of Colored People, NAACP는 메릴랜드 주 볼티모어에 본부를 둔 미국에서 가장 오래된 인권 단체 중 하나이다. 1909년 2월 12일에 설립되었다.

7 〈빠삐용Papillon〉

앙리 샤리에르Henri Charrière(1906~1973)라는 프랑스인 실존 인물의 자서전적 이야기를 1973년에 영화한 것이다. 살인누명을 쓰고 남미 프랑스령의 기아나의 형무소에서 수감되어 있다가 탈옥을 꾀하나 실패하였고 몇 번의 탈출 시도로 인하여 그의 형기는 연장되었으며 탈출이 아예 불가능하다는 악마도惡魔島(살뤼 섬, Îles du Salut)로 이송되어 비교적 편안한 형기刑期를 보내지만 자유를 열망하던 샤리에르는 결국 그곳에서의 탈출을 시도하여 베네수엘라에 정착하게 된다. 빠삐용은 샤리에르의 가슴에 새겨진 나비문신 때문에 갖게 된 별명이다.

8 〈더 그레이The Grey〉

알래스카에서 석유 추출공들 및 작업자들을 외부의 위협과 야생 동물들로부터 보호하는 임무를 지닌 프로페셔널 가드인 오트웨이(리암 니슨 분)는 일행들과 함께 고향으로 돌아가기 위해 비행기에 탑승하게 된다. 그러나 비행기는 알래스카의 알 수 없는 설원 속으로 추락하고 살아남은 생존자들은 영하 30도에 육박하는 추위와 두려움 그리고 눈보라 속에 남겨지게 되어 생존을 위해 남쪽으로 이동하는 도중에 설상가상으로 늑대 떼들의 추격을 받게 된다. 생존자들은 한명 한명씩 늑대들의 공격과 사고로 죽어가게 된다. 2012년 영화.

신노예

1판 1쇄 펴낸날 2018년 5월 30일

지은이 최성환

펴낸이 서채윤 펴낸곳 앤길
책만듦이 김미정 책꾸밈이 이한희

등록 2016년 5월 3일(제2016-36호)
주소 서울시 광진구 자양로 214, 2층(구의동)
대표전화 02-465-4650 팩스 02-6080-0707
E-mail book@chaeryun.com Homepage www.chaeryun.com

ⓒ 최성환. 2018
ⓒ 앤길. 2018. published in Korea

책값은 뒤표지에 있습니다.
ISBN 979-11-958722-8-2 03300

이 도서의 국립중앙도서관 출판예정도서목록(CIP)은 서지정보유통지원시스템 홈페이지(http://seoji.nl.go.
kr)와 국가자료공동목록시스템(http://www.nl.go.kr/kolisnet)에서 이용하실 수 있습니다. (CIP제어번호 :
CIP2018015342)

채륜서(인문), 앤길(사회), 띠움(예술)은 채륜(학술)에 뿌리를 두고 자란 가지입니다.
물과 햇빛이 되어주시면 편하게 쉴 수 있는 그늘을 만들어 드리겠습니다.